D1719958

ELISABETH LEIX (HRSG.)

Die Beizjagd

**ERFOLG IN PRÜFUNG
UND PRAXIS**

Mit Beiträgen von
Prof. Dr. Thomas Blaha, Jörg Frye, Reiner Gulyasch,
Hans-Abrecht Hewicker, André Knapheide,
Prof. Dr. Peter Kunzmann, Elisabeth Leix,
Klaus Leix, Prof. Dr. Michael Lierz, Claas Niehues,
Bernd Pöppelmann, Prof. Dr. Thomas Richter,
Severin Wejbora

KOSMOS

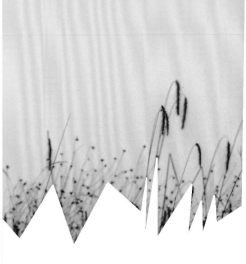

☞ Inhalt

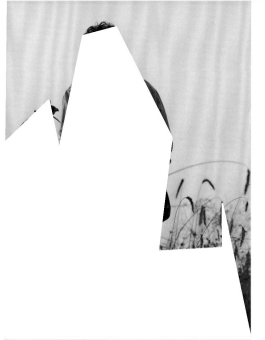

VORWORT

VORWORT ZUR AKTUELLEN AUSGABE

Als 2018 „Die Beizjagd" grundlegend überarbeitet wurde und als Neuauflage erschien, ahnte niemand, dass uns noch im Sommer desselben Jahres eine Gesetzesänderung der Bundeswildschutzverordnung nach über 30 Jahren den Sperber als Beizvogel wieder zurückbringen würde. In die große Freude mischte sich etwas Ärger darüber, das Sperber-Kapitel nur am Rande überarbeitet zu haben. Umso erfreulicher ist, dass die rege Nachfrage an „Die Beizjagd" dazu geführt hat, dass sich der Verlag nun nach nur drei Jahren für eine erneute Überarbeitung und Neuauflage entschieden hat. Dieses Vorhaben bot uns nicht nur die Möglichkeit, den „Sperber" grundlegend zu überarbeiten, sondern auch, neue Grafiken zum besseren Verständnis der Falknersprache und Federnzählung einzubringen. Neue Bilder und eine Aktualisierung aller Kapitel runden das Werk ab. Gerne hätten wir auch das absehbare, überarbeitete Haltegutachten für Greifvögel und Eulen in die vorliegende Ausgabe eingearbeitet. Dessen Bearbeitung läuft seit 2016. Trotz bereits fortgeschrittener Verhandlungen, in denen nur noch einzelne Passagen offen blieben, konnten wir dieses Vorhaben nicht umsetzen. Die Corona-Pandemie brachte ab Ende März 2020 nicht nur die Welt ins Wanken, sondern verhinderte auch die Verabschiedung des Gutachtens.
Ich danke allen Mitautoren für ihre Unterstützung und den Fotografen für die Bereitstellung der Bilder. Allen Leserinnen und Lesern wünsche ich viel Freude mit „Die Beizjagd" und viel Erfolg beim Ausüben der „Kunst, mit Vögeln zu jagen".

DIE KUNST, MIT VÖGELN ZU JAGEN

Dr. Heinz Brüll, Verfasser des 1962 in der Erstauflage erschienenen Buches „Die Beizjagd – ein Leitfaden für die Praxis" war eine herausragende Persönlichkeit und hat grundlegende Maßstäbe für die deutsche Falknerei gesetzt. Die Freundschaft, die uns in den letzten seiner Lebensjahre verband, beeinflusste meinen Werdegang im Hinblick auf Jagd und Falknerei nachhaltig. Deshalb ist es mir eine außerordentliche Ehre, auf der Basis seines einstigen Standardwerks die Grundkenntnisse der Falknerei nach heutigem Wissensstand vorzustellen.
Die Beizjagd, die Jagd mit abgetragenen Greifvögeln auf frei lebendes Wild in seinem natürlichen Lebensraum, oder „die Kunst, mit Vögeln zu jagen" ist eine Jagdart, die sich seit mehr als 3500 Jahren in ihren Grundzügen kaum verändert hat. Dies war einer der Gründe, weshalb die Falknerei bereits 2010 gemäß der UNESCO-Konvention in die weltweite Repräsentative Liste des immateriellen Kulturerbes der Menschheit aufgenommen wurde.
Eine als Kunsttechnik oder Kunsthandwerk eingestufte Tätigkeit kann niemals allein anhand theoretischen Wissens erlernt werden. Erst mit Ausübung der praktischen Beizjagd, im täglichen Umgang und bei der Jagd mit dem eigenen Beizvogel zeigt sich die Falknerei in ihrer Vielfalt, kann sie als Kunst verstanden werden.
Getreu dem Motto der UNESCO-Kommission – „Wissen, Können, Weitergeben" – empfiehlt es sich auch heute noch, einer alten Falknertradition folgend, sich einem „Lehrprinzen" anzuschließen und diesen Mentor

das Jahr hindurch während des Abtragens und der Jagdsaison zu begleiten. Nur so kann sich ein angehender Falkner – der Begriff „Falkner" soll in diesem Buch der Einfachheit halber für alle Geschlechter stehen – der Verantwortung bewusst werden, welche die Entscheidung für einen Beizvogel mit sich bringt. Nur so kann er die Folgen ermessen, die in der täglichen Betreuung, dem Training und dem Jagen mit einem Beizvogel, unter Umständen über Jahrzehnte hinweg, bestehen; in Aufgaben, die neben Verantwortung viel Geduld, Ausdauer und Disziplin unter immensem Zeitaufwand erfordern und langfristig nur von denen erfüllt werden, die sich mit viel Passion in den Dienst der Beizjagd und ihrer Liebe zum Beizvogel stellen.

Unter Berücksichtigung der ethologischen und tiermedizinischen Erkenntnisse der letzten Jahrzehnte, moderner Trainingsmethoden und eines zeitgemäßen Tierschutzgedankens ist ein Buch entstanden, das zur Vorbereitung der Falknerprüfung dient und angehenden Falknern eine prinzipielle Anleitung zum Abtragen der bei uns in Mitteleuropa am häufigsten zur Beizjagd verwendeten Beizvögel vorstellt. Vielleicht findet auch der versierte Falkner einige hilfreiche Anregungen und neue Aspekte darin.

Drei der vier Sachgebiete der Falknerprüfung, „Haltung, Pflege und Abtragen von Greifvögeln", „Ausübung der Beizjagd und Versorgung des gebeizten Wildes" sowie „Rechtsgrundlagen der Falknerei" wurden von erfahrenen, praktizierenden Falknern neu erarbeitet. Das Sachgebiet „Greifvogelkunde" wurde, analog zu Dr. Heinz Brülls Standardwerk „Die Beizjagd", nicht behandelt, da hierzu bereits umfangreiches Lehrmaterial existiert.

Dem Tierschutzgedanken, der Ethik und der Wildbrethygiene hingegen widmet dieses Buch ein eigenes Kapitel, um dem hohen Standard und den Anforderungen auf diesem Gebiet gerecht zu werden. Die Geschichte der Falknerei rundet das Gesamtbild der „Beizjagd" ab.

Die vermutlich größte Herausforderung bestand für wohl alle Autoren darin, im Rahmen des möglichen Buchumfangs die Grundlagen ihres jeweiligen Sachgebiets unter Beschränkung auf wirklich Wichtiges so kompakt wie möglich und doch verständlich darzustellen. Trotzdem ist es gelungen, einen Überblick der unterschiedlichen Vorgehensweisen vorzustellen, die beim Abtragen der einzelnen Beizvogelarten angewendet werden können.

Ich hoffe, mit diesem Buch nicht nur angehenden Falknern einen Leitfaden an die Hand zu geben, sondern allgemein am Thema Interessierten einen Einblick in eine einzigartige Mensch-Tier-Beziehung zu bieten. In Zeiten der Globalisierung, virtueller Realitäten und veränderter Lebensbedingungen sind Falkner der Aufklärung verpflichtet, um in der Bevölkerung das Verständnis für natürliche Vorgänge und dementsprechend auch die Passion der Jagd mit abgetragenen Beizvögeln zu wecken und erhalten. Damit auch kommende Generationen dieses Kulturerbe weiterhin leben dürfen, erfordert unser Tun ein tadelloses Auftreten bei der Jagd und in der Öffentlichkeit, im Umgang mit unseren Beizvögeln, Jagdhunden, Frettchen und Beizwild, sowie ein respektvolles Miteinander.

Ich bedanke mich recht herzlich bei meinen Mitautoren für die gute Zusammenarbeit, bei allen Fotografen für die Bereitstellung der Bilder und bei meiner Familie, Klaus und Laura, für ihre Unterstützung in allen Bereichen. Ein besonderer Dank gilt Prof. Dr. Thomas Richter für seine Hilfe und kritischen Anmerkungen.

DIE GESCHICHTE
DER FALKNEREI

ALTERTUM UND MITTELALTER

WURZELN DER BEIZJAGD

Raum und Zeit der Entstehung der Beizjagd sind nicht zuverlässig zu ermitteln, doch ist anzunehmen, dass ihre Heimat im südrussisch-zentralasiatischen Steppengürtel nördlich des Kaspischen Meeres zu suchen ist. Ihr Alter ist wahrscheinlich höher anzusetzen, als die derzeit bekannten ältesten Zeugnisse andeuten.

Wir gehen heute von einer Entstehung dieser Jagd um spätestens 1500 v. Chr. bzw. noch weit davor aus. Höchstwahrscheinlich ist sie vor etwa 3500 bis 4000 Jahren in Mittelasien entstanden. Von dort erfuhr sie eine Ausbreitung nach Osten bis China und Japan, nach Süden über Persien bis nach Arabien und nach Westen bis nach Westeuropa und Nordafrika. Vermutlich sind Herkunft und Verbreitung mit den großräumigen und mobilen asiatischen Reiterkulturen in Verbindung zu bringen.

Zentrum der Beizjagdentwicklung scheint ab der Mitte des letzten vorchristlichen Jahrtausends Persien bzw. der heutige Iran gewesen zu sein. Von hier verbreitete sich diese Art des Jagens nach Osten, Westen und Süden, soweit Landschaft und Mentalität ihrer Bewohner die notwendigen Voraussetzungen boten. Der gegenwärtig älteste literarische Nachweis ist der aus dem fünften vorchristlichen Jahrhundert stammende Bericht des griechischen Geschichtsschreibers Ktesias über die Beizjagd bei den Indern. Griechen und Römer betrieben die Falknerei nicht.

GERMANIEN UND DEUTSCHLAND

Die germanischen Volksstämme erhielten spätestens im zweiten nachchristlichen Jahrhundert bei ihrer Begegnung mit den Skythen und Sarmaten im Raum um das Schwarze Meer von der für sie neuen Jagdart Kenntnis.

Älteste bildliche Darstellung der Falknerei: assyrisches Rollsiegel aus dem 13. Jh. v. Chr.

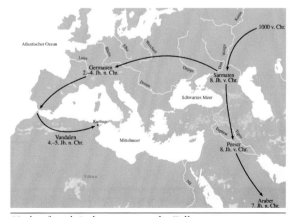

Herkunft und Ausbreitungswege der Falknerei

Während der Völkerwanderungszeit gelangte die Beizjagd vermutlich durch Vermittlung der Ostgoten im Verlauf der Germanenzüge nach Mittel- und Westeuropa bis nach Spanien und Nordafrika.

Erste Berichte über Falknerei in Europa stammen aus Gallien (dem heutigen Frankreich) im späten 4. und im 5. Jahrhundert. Zu gleicher Zeit beklagt Augustinus das Verhalten der von Hunden und Beizvögeln begleiteten germanischen Wandalen im Raum von Karthago (Nordafrika). Von dort stammen auch die frühesten Darstellungen germanischer Falkner.

FRÜHES UND HOCHMITTELALTER

Habicht und Sperber waren in Germanien die mit Abstand weitest verbreiteten Beizvögel, während der Wanderfalke nur in den seltenen Offenlandschaften eingesetzt werden konnte. Aus der intensiven Behandlung der Rechte

an den zur Beizjagd eingesetzten Greifvögeln in den „leges" (= Gesetzessammlungen) der einzelnen germanischen Völkerschaften wird geschlossen, dass die Falknerei im 5. bis 7. Jahrhundert ein regelrechter Volkssport bei den Germanen in Mitteleuropa war.

VOM „VOLKSSPORT" ZUR BEDEUTUNGSLOSIGKEIT

Mit der fortschreitenden Einführung der Regalität der Jagd in der merowingischen und insbesondere der karolingischen Epoche verlor die Bevölkerung zunehmend das Recht zur eigenen Jagdausübung und damit auch zur Ausübung der Beizjagd. Vom 8. bis zum 12. Jahrhundert gab es zwar weiterhin Falknerei in Mitteleuropa, aber sie hatte ihre große Bedeutung weitgehend verloren.

DER NORDEN – DAS BESCHAFFUNGSZENTRUM

Während sich in England die Entwicklung ähnlich wie auf dem Festland vollzog, konnte

Hasenbeize der Wandalen. Mosaik in Karthago aus der zweiten Hälfte des 5. Jh. (Musée du Bardo, Tunis)

sich die Falknerei in Skandinavien aus landschaftlichen, mehr aber noch aus jagdrechtlichen Gründen kaum entfalten. Sie passte nicht in das Bild einer bäuerlichen Erwerbsjagd.

Umso größer war die Bedeutung des Nordens für den Falkenhandel. Neben Preußen und den Inseln der Ägäis bildete er Jahrhunderte hindurch das dritte und zugleich wichtigste Beschaffungszentrum. Norwegische und isländische Falken finden wir seit dem 11., grönländische Beizvögel seit dem 13. Jahrhundert erwähnt. Der hohe Bedarf an Falken und insbesondere der Wunsch nach Gerfalken, die nur im Norden Europas vorkommen und in ihrer besonders begehrten weißen Form hauptsächlich nur in Island zu finden waren, führte zu einem regen Handel und Geschenkaustausch mit Falken zwischen den Herrscherhäusern in ganz Europa.

FALKEN IM DIPLOMATISCHEN DIENST

Der König von Dänemark, zu dessen Reich Island gehörte, und der Hochmeister des Deutschen Ordens, in dessen Herrschaftsbereich die Zugstraßen der nördlichen Wanderfalken – insbesondere die Frische und die Kurische Nehrung in Ostpreußen – lagen, ließen den Falkenfang umfangreich professionell betreiben und nutzten diese Geschenke im diplomatischen Interesse ihrer Politik.

KREUZZÜGE

Zu einem *zweiten Höhepunkt* der Falknerei – allerdings nur bei den Herrschenden – kam es infolge der Kreuzzüge: Bei diesen Kriegen gerieten die europäischen Ritterheere in Kontakt mit den arabischen Völkern, bei denen sich die Falknerei schon damals großer Beliebtheit erfreute. Dieser Umstand verlieh der europäischen Falknerei neuen Schwung, sodass sie sich im Hoch- und Spätmittelalter zu

FALKENFANG

Sowohl in Europa als auch im Osten wurden Falken seit dem 13. Jahrhundert vornehmlich mit Hilfe einer komplizierten Fangeinrichtung, die als „Falkenlager" (auch „Falkenlegge" o. ä.) bezeichnet wurde, gefangen. Die Entwicklung dieser Einrichtung lässt sich bis ins 20. Jahrhundert hinein verfolgen.

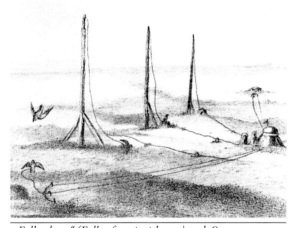

„Falkenlager" (Falkenfangeinrichtung) nach Otto von Riesenthal

einer der wesentlichsten höfischen Beschäftigungen neben dem Turnier und dem Minnesang entwickelte. In jener Zeit wurde auch die Falkenhaube von den Arabern übernommen.

FRIEDRICH II. VON HOHENSTAUFEN

Eindrucksvolles Beispiel für diese Epoche ist Kaiser Friedrich II. von Hohenstaufen (1196–1250). In seinem klassischen Werk „De arte venandi cum avibus" („Über die Kunst, mit Vögeln zu jagen") fand die Hinwendung zur Falknerei ihren vollkommensten Ausdruck. Das erste Buch ist ornithologischen Inhalts, die nachfolgenden fünf beschäftigen sich mit der Beizjagd im Allgemeinen und den Eigenarten ihrer Technik im Hinblick auf die verschiedenen Falkenarten im Besonderen. Der Kaiser akzeptierte ausschließlich, was durch Erfahrung oder Experiment bestätigt war.

Sein einzigartiges Werk blieb nur in wenigen Handschriften erhalten. Ein Bruchstück, die ersten zwei Bücher, wurde 1596 in Augsburg gedruckt und 1756 von J. E. Pacius in Ansbach ins Deutsche übersetzt. Die 1942 erschienene vollständige lateinische Ausgabe und die 1964 herausgekommene deutsche Übersetzung aller sechs Bücher Friedrichs II. sind das verdienstvolle Lebenswerk des Bonner Historikers Carl Arnold Willemsen. Nachdem mit Kaiser Maximilian I. (1459–1519) als letztem Ritter noch einmal ein begeisterter Falkner auf dem Herrscherthron gesessen hatte, brachten dann Reformation, Gegenreformation und der Dreißigjährige Krieg für die Falknerei einen erheblichen Bedeutungsverlust.

ENTWICKLUNG DES SCHRIFTTUMS

Die Araber verfügten über eine bis ins 8. Jahrhundert zurückreichende Fachliteratur, die durch Übersetzungen vielfältig auf den europäischen Raum ausstrahlte. Ab dem 12. Jahrhundert entwickelte sich in Europa ein breites, stark voneinander abhängiges didaktisches Schrifttum, dessen anfängliche Zentren Süditalien, die Provence und Spanien waren. Ziemlich gleichzeitig entstanden die ersten Texte in den Landessprachen. Deutschland lieferte einen wertvollen Beitrag mit der um 1300 aufgezeichneten Älteren Deutschen Habichtslehre, die – mehrfach überarbeitet – um 1480 zum ersten gedruckten Jagdbuch der Welt, dem in Augsburg erschienenen „Beizbüchlein", führte. Bis ins 13. Jahrhundert lassen sich auch die Anfänge der deutschen Fach- und Standessprache der Falkner zurückverfolgen. Frankreich gab der Welt mit der „Fauconnerie" des Charles d'Arcussia im 16. Jahrhundert den einzigen Fachschriftsteller, dessen Leistungen am Werk Friedrichs II. gemessen werden können. Im Jahre 1617 erschien die einzige deutsche Übersetzung, die entscheidenden Einfluss auf unsere nationale Falknereiliteratur ausübte.

Kaiser Friedrich II. und sein Falkenmeister. Aquarellkopie aus des Kaisers Werk "De arte venandi cum avibus", um 1250 (Biblioteca Apostolica Vaticana)

NEUZEIT BIS
IN DIE GEGENWART

17. UND 18. JAHR-
HUNDERT

Eine *dritte Welle* der Falknereibegeisterung
finden wir dann in der Zeit des Barock und
des Rokoko von 1650 bis 1790. In dieser Zeit
diente die prunkvolle und finanziell sehr auf-
wendige Beizjagd auf Reiher und Milane mit
Ger- und Wanderfalken an den deutschen
Fürstenhöfen der Prachtentfaltung und
Demonstration des Reichtums der Herrscher
und entwickelte sich zu einem Statussymbol
des Adels und des Klerus.

HOCHBURG NIEDERLANDE

Die Niederlande wurden durch ihre für den
Falkenfang günstige geografische Lage ein
Zentrum der Falkenfänger und freien Be-
rufsfalkner, die sich als Fachkräfte in ganz
Europa verdingten. Durch den aus ihrer
Heimat mitgebrachten flämischen Wort-
schatz beeinflussten sie die Fachsprache der
deutschen Falknerei nachhaltig. Die Nieder-
länder kamen ganz überwiegend aus dem
kleinen Ort Valkenswaard in Brabant, wo
heute in einem Falknereimuseum diese
Tradition des Ortes weiterhin präsentiert
wird.
Der landsässige Adel beizte mit den Faustvö-
geln im Niederen Flug, in Deutschland und
England gern mit dem Habicht, in Italien bevorzugt mit dem Sperber. Die Beize mit einem Habicht war wenig kostspielig und im
Hinblick auf den geringen Aufwand mitunter
recht ertragreich. Daher stammt auch die
Bezeichnung „Küchenmeister" für den Beiz-
habicht.

LETZTE BLÜTE UND NIEDERGANG

In der ersten Hälfte des 18. Jahrhunderts
erlebte die Beizjagd ihre letzte große Blüte.
Erwähnung verdienen neben dem kaiserli-
chen Hof in Wien und den Landgrafen von
Hessen vor allem Kurfürst Clemens August
von Bayern (1700–1761), ein Wittelsbacher
als Erzbischof von Köln, und – alle seine Zeit-
genossen an Aufwand weit hinter sich las-
send – der der Beize leidenschaftlich verfal-
lene Markgraf Carl Wilhelm Friedrich von
Brandenburg-Ansbach (1712–1757).
In der zweiten Hälfte des 18. Jh. führten die
durch das Zeitalter der Aufklärung veränder-

*Ausschnitt aus J. H. Tischbeins Gemälden von der Reiherbeize
des Landgrafen von Hessen 1763 mit drei Falkonierknechten
aus Valkenswaard (Schloss Fasanerie bei Fulda)*

Der Kölner Erzbischof Kurfürst Clemens August als Falkner

BEIZJAGD-PROTAGONISTEN DES 18. JAHRHUNDERTS

Kurfürst Clemens A. v. Bayern

Von 1723 bis 1761 Erzbischof von Köln, erbaute der Wittelsbacher das Jagdschloss Falkenlust in Brühl, das zum Weltkulturerbe zählt.

Markgraf Carl W. F. v. Brandenburg-Ansbach

Der Markgraf veranlasste die erste deutsche Überset-zung des Buches von Kaiser Friedrich II. Er unter-hielt zeitweise mehr als 50 Falkner, brachte sein Markgrafentum durch die mit der Falknerei ver-knüpften Kosten bis an den Rand des Staatsbank-rotts und erbeizte während 25 Regierungsjahren nicht weniger als 34 429 Stück Wild.

Die Landgrafen von Hessen-Kassel

Die Landgrafen ließen u. a. von dem berühmten Johann Heinrich Tischbein d. Ä. die monumentale Darstellung einer Reiherjagd malen. Die Gemälde hängen heute im Schloss Fasanerie bei Fulda.

ten gesellschaftlichen Bedingungen und die sozialen Umwälzungen im Zusammenhang mit der Französischen Revolution zu einem schnellen Ende der Falknerei in Zentral-europa. Obendrein mag die Einführung der Schrotflinte zu dieser Entwicklung beigetra-gen haben. Jedenfalls ist in Mitteleuropa nach 1800 keine nennenswerte Ausübung der Falknerei mehr festzustellen.

MEISTERWERK „TRAITÉ DE FAUCONNERIE"

Am Niedergang der Falknerei in der zweiten Hälfte des 18. Jahrhunderts änderte auch deren kurzes Aufflackern in den Nieder-landen durch die Gründung des Loo Hawking Club (1839–1855) auf Anregung einiger englischer Adliger nichts mehr. Diese kurze Phase der Wiederbelebung hin-terließ in Kontinentaleuropa allerdings ein Denkmal, das man zweifellos als das pracht-vollste und gleichzeitig tiefstschürfende Werk der Neuzeit über die Falknerei be-zeichnen kann: das in französischer Sprache geschriebene „Traité de Fauconnerie" von H. Schlegel und A. H. Verster van Wulver-horst (1845–1852).

WIEDERBELEBUNG NACH 1848

Die deutsche Revolution im Jahr 1848 brachte auf dem Gebiet des Jagdrechts die Ablösung des Jagdregals und die untrennbare Verbindung von Grundeigentum und Jagd-recht. Als Gegengewicht gegen die daraus re-sultierende Verrohung der jagdlichen Sitten wurde in der zweiten Hälfte des 19. Jahrhun-derts immer wieder die Reaktivierung der Falknerei zur Veredelung der Jagd in Deutschland angeregt.

GRÜNDUNG VON DFO UND IAF

Der eigentliche Motor ihrer Wiederbelebung in Mitteleuropa war der deutsche Nervenarzt

Dr. med. et phil. Friedrich Jungklaus (1875–1953), zusammen mit dem jungen Kunststudenten Renz Waller (1895–1979). Jungklaus war an der Gründung des Deutschen Falkenordens (DFO) in Berlin im Jahr 1921 maßgeblich beteiligt. 1923 fand in Leipzig die erste Ordenstagung statt.

Die Gründung des DFO und der geradezu furiose Start der Organisation hatten eine starke Ausbreitung der Falknerei sowohl im europäischen Raum als auch in Nordamerika zur Folge.

1968 gründeten in Düsseldorf sieben nationale Falknerverbände (Deutschland, Frankreich, Großbritannien, Italien, Niederlande, Österreich, Schweiz) die „International Association for Falconry and Conservation of Birds of Prey (IAF)". Diese Organisation vertritt heute 110 Mitgliedsverbände aus 80 Staaten mit insgesamt rd. 60 000 Mitgliedern.

UNESCO-KULTURERBE FALKNEREI

Das UNESCO-Übereinkommen zum Schutz des immateriellen Kulturerbes von 2006 nahm am 16.11.2010 in Nairobi die Falknerei für die Staaten Belgien, Frankreich, Katar, Marokko, Mongolei, Saudi-Arabien, Spanien, Südkorea, Syrien und Vereinigte Arabische Emirate in die Repräsentative Liste des immateriellen Kulturerbes der Menschheit auf. Daraufhin rief die IAF den 16. November zum Weltfalknertag aus. Erst 2013 trat Deutschland dem UNESCO-Übereinkommen bei und schrieb die erste Bewerbungsrunde für die nationale Liste des immateriellen Kulturerbes aus. Trotz starker Konkurrenz gelang es im ersten Anlauf, die Falknerei in diese nationale Liste aufnehmen zu lassen. Im Dezember 2016 erneuerte die UNESCO den Eintrag der Falknerei in der Repräsentativen Liste und erweiterte ihn auf 18 Staaten, zu denen seitdem auch Deutschland gehört.

Urkunde über die Eintragung der Falknerei in die Repräsentative Liste des immateriellen Kulturerbes der Menschheit am 1. Dezember 2016

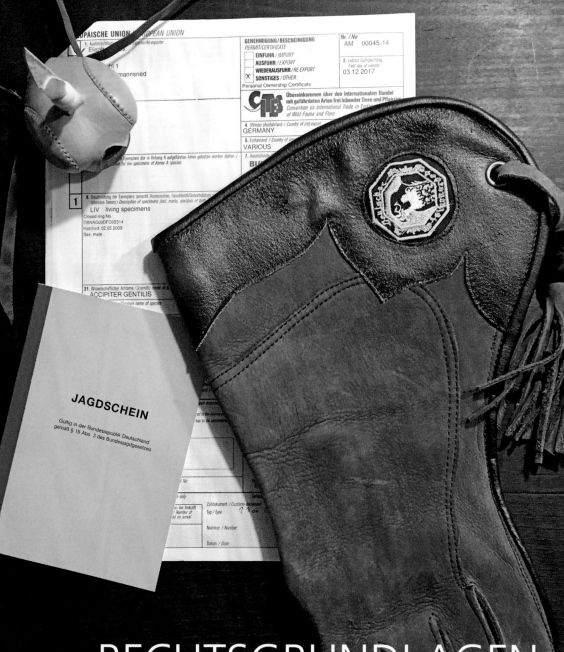

RECHTSGRUNDLAGEN

BEIZJAGD UND RECHT

RELEVANTE RECHTS-GEBIETE

Das Jagdrecht und das Naturschutzrecht waren früher getrennte Rechtsgebiete. Heute gilt das Naturschutzrecht für alle wild lebenden Tierarten, also auch für die dem Jagdrecht unterliegenden Tiere, wenn auch mit Einschränkungen. Die strikte Trennung von Jagdwesen und Naturschutzrecht führt zum Prinzip der Spezialität des Jagdrechts gegenüber dem Naturschutzrecht bei den sogenannten „Doppelrechtlern" – Tieren also, die sowohl dem Artenschutz als auch dem Jagdrecht unterliegen: mithin alle heimischen Greifvögel.

JAGD- VOR ARTENSCHUTZRECHT

Als Spezialrecht geht das Jagdrecht dem Artenschutzrecht vor, soweit es Bestimmungen zum Schutz der Art enthält. Nur wenn dies nicht der Fall ist, greift das Artenschutzrecht. Daneben ist zu berücksichtigen, dass die Regelungsmöglichkeiten von Bund und Ländern im Bereich des Artenschutzrechts mittlerweile durch die EG-Artenschutzverordnung sowie durch die von der Bundesrepublik Deutschland umzusetzenden gemeinschaftsrechtlichen Rechtsakte und internationalen Abkommen bestimmt werden. Durch Letztgenannte werden unter anderem die Artenkataloge der jagdbaren Wildtiere vorgegeben. Die Gesetzgebungszuständigkeit für das Jagdwesen und auch das Naturschutzrecht ist im Rahmen der Föderalismusreform 2006 aus der Rahmenkompetenz des Bundes in die konkurrierende Gesetzgebung überführt worden. Die Befugnisse der Länder bei der früheren Rahmengesetzgebung sind durch ein Abweichungsrecht von der bundesgesetzlichen Regelung ersetzt worden.

Abweichungsfeste und dem Bund vorbehaltene Jagdrechtsbereiche sind die Bestimmungen zu Jagdscheinen und die Normen, die sachlich zum Tierschutz gehören. Die Kataloge der jagdbaren Wildtierarten gehören jedoch nicht zum abweichungsfesten Kernbereich; die Länder können daher eigene Kataloge erlassen, die einem etwaigen (älteren) Bundeskatalog vorgehen. Damit stehen insbesondere dem Jagdrecht nachhaltige Änderungen bevor.

JAGDRECHTLICHE GRUNDLAGEN

Das Bundesjagdgesetz (BJagdG) bildet die Grundlage der jagdrechtlichen Bestimmungen in der Bundesrepublik Deutschland. Allerdings haben die Länder Abweichungskompetenz (s. o.), sodass insbesondere die Landesjagdgesetze mit ihren Regelungen sowie ihre Durchführungsbestimmungen von den bundesrechtlichen Regelungen abweichen können.

GREIFVÖGEL UND JAGDRECHT

Verfassungsrechtlich umstritten ist nach wie vor die Frage, ob eine Reduzierung des bundesrechtlichen Kataloges der jagdbaren Tierarten durch den Landesgesetzgeber zulässig ist, ob also Nordrhein-Westfalen im Jahre 2014 die Greifvögel aus dem Jagdrecht nehmen durfte. Eine abschließende Entscheidung wurde allerdings hinfällig, da die nachfolgende nordrhein-westfälische Landesregierung die Greifvögel 2019 wieder ins Jagdrecht aufnahm.

Autor André Knapheide mit seinem Steinadler

Das BJagdG findet daneben seine Ergänzung in der Bundesjagdzeiten-Verordnung (BJagdZV) und der Bundeswildschutz-Verordnung (BWildSchV). Das Jagdrecht hat damit vielschichtige Rechtsquellen und kann je nach Bundesland unterschiedlich ausgestaltet sein.

DOPPELTE RECHTSBINDUNG

Für die Falknerei besteht eine Doppelbindung an das Jagdrecht, denn Beizjagd ist Jagd und Beizvögel sind Wild. Die Beizjagd ist seit der Einführung eines speziellen Falknerjagdscheins im Jahre 1935 vom Gesetzgeber ausdrücklich legitimiert. Zudem hat das Bundesverfassungsgericht in seiner Entscheidung vom 5. November 1980 (Az.: BvR 290/78) die Beizjagd als eine Erscheinungsform des Grundrechts auf freie Entfaltung der Persönlichkeit (Art. 2 GG) anerkannt. Ihr Verbot sowie ihre unverhältnismäßige oder unnötige Behinderungen wären mithin verfassungswidrig, notwendige Einschränkungen sind aber – wie in allen Bereichen – zu respektieren.

Seit 2010 wurde die Falknerei von der UNESCO für mehrere Länder in die Repräsentative Liste des immateriellen Kulturerbes der Menschheit gemäß der UNESCO-Konventionen aufgenommen. Am 01.12.2016 wurde die deutsche Falknerei der Liste hinzugefügt, nachdem sie bereits 2014 auf der nationalen Liste stand. Die Bundesrepublik hat sich damit verpflichtet, die Falknerei als Kulturgut zu erhalten und darüber hinaus aktiv zu fördern.

JAGDRECHT

BEIZJAGD IST JAGD

Diese Feststellung, die sich aus § 1 Abs. 4 BJagdG ergibt, führt zu folgenden Ergebnissen:
Nicht jedermann kann die Beizjagd ausüben, denn § 15 Abs. 1 Satz 3 BJagdG bestimmt:
„Wer die Jagd mit Greifen oder Falken (Beizjagd) ausüben will, muss einen auf seinen Namen lautenden Falknerjagdschein mit sich führen."
Der Jahresjagdschein allein berechtigt nicht zur Ausübung der Beizjagd. Seit dem 1. April 1977 besteht eine doppelte Prüfungspflicht. Danach ist die Ersterteilung des Falknerjagdscheins davon abhängig, dass der Bewerber die Jägerprüfung – ggf. auch als „eingeschränkte Jägerprüfung" ohne Schießprüfung und den Nachweis waffentechnischer und waffenrechtlicher Kenntnisse – sowie zusätzlich eine Falknerprüfung bestanden hat. In der Falknerprüfung muss er ausreichende Kenntnisse des Haltens, der Pflege und des Abtragens von Beizvögeln, des Greifvogelschutzes sowie der Beizjagd nachweisen (§ 15 Abs. 7 BJagdG).
In der obigen Formulierung des § 15 Abs. 1 Satz 3 BJagdG ist die Jagd mit Eulen (strigiformes) nicht aufgeführt, demzufolge ist z. B. die Beizjagd mit dem Uhu in Deutschland nicht möglich.

BEIZJAGD WO?

Das Jagdrecht steht dem Eigentümer auf seinem Grund und Boden zu (§ 3 BJagdG). Er kann es jedoch an einen Dritten verpach-

Ein Falkner lässt seinen Falken aus dem Auto starten.

ten (§ 11 Abs. 1 Satz1 BJagdG). Außerdem
können Jagderlaubnisscheine erteilt werden
(§ 11 Abs. 1 Satz 3 BJagdG i. V. m. dem Landesrecht). Nur wer eine dieser drei Voraussetzungen (Grundeigentümer, Pächter oder
Jagderlaubnisinhaber) erfüllt, darf in dem
betreffenden Gebiet die Beizjagd ausüben.
Wer eigenmächtig in einem fremden Revier
das Flugtraining seines Beizvogels durchführt

oder dort nicht jagdbare Tiere mit dem Beizvogel „bejagt", bewegt sich am äußersten
Rande der Legalität: Der frei fliegende Beizvogel kann nämlich doch jederzeit Wild anjagen, sodass der Falkner Wilderei (§ 292 StGB)
begeht. Außerdem ist der Falkner mit seinem
Beizvogel zur Jagd ausgerüstet und verhält
sich somit ordnungswidrig (§ 39 Abs. 2 Nr. 6
BJagdG).

NICHT NACH EIGENEM ERMESSEN

Die im Jagdrecht verankerten Beschränkungen sind zu beachten, z. B. die sachlichen
(§ 19 BJagdG) und örtlichen Verbote.
Das Verbot, Wild aus Kraftfahrzeugen zu erlegen (§ 19 Abs. 1 Ziff. 11), gilt allerdings regelmäßig nicht für die Beizjagd aus dem PKW auf
Rabenkrähen: „Erlegen" bedeutet Töten von
Wild, doch das Fliegenlassen des Beizvogels
aus dem PKW erfüllt nicht das Tatbestands-
merkmal des „Erlegens", da hierzu noch die
weitere Verfolgung des Wildes mit nicht be-
stimmtem Ausgang hinzukommt. Zu beachten
ist allerdings, dass in den Fällen, in denen
Rabenkrähen ausschließlich dem Naturschutzrecht unterliegen und eine Jagdzeit durch

Nur der Habicht darf mit behördlicher Genehmigung noch als Nestling oder Ästling der Wildbahn zu Beizjagdzwecken entnommen werden.

anzeige) von Greifen und Falken der nach Landesrecht zuständigen Stelle schriftlich anzuzeigen (§ 3 Abs. 2 Ziff. 4 Buchst. a und b BWildSchV).

Die Kennzeichnung heimischer Greifvogelarten hat nunmehr nach den Bestimmungen der §§ 7, 12-15 Bundesartenschutzverordnung zu erfolgen (§ 3 Ab. 3 BWildSchV): Dort wird die Kennzeichnung der geschützten Arten unter Einschluss der in Anlage 4 zu § 3 Abs. 1 BWildSchV genannten 18 Greifvogelarten bundeseinheitlich geregelt. Die Vorschriften umfassen die Kennzeichnungspflichten, die Kennzeichnungsmethoden sowie die Anforderung an die vorgeschriebenen Kennzeichen und an das System der Abgabe und Kontrolle der Kennzeichen.

Bei der Beizjagd sind auch die örtlichen Verbote (§ 20 BJagdG) sowie die Schonzeitvorschriften (§ 22 BJagdG) zu beachten. Teilweise genießt die Beizjagd aber auch Privilegien, weil sie zur „stillen Jagd" gehört und deshalb die öffentliche Ruhe, Ordnung oder Sicherheit nicht stört und das Leben von Menschen nicht gefährdet (§ 20 BJagdG). Die allgemein anerkannten Grundsätze deutscher Waidgerechtigkeit sind zu beachten (§ 1 Abs. 3 BJagdG). Hierzu zählen auch die anerkannten Regeln der guten falknerischen Praxis.

BEIZVÖGEL SIND WILD

Diese zweite in § 2 Abs. 1 Ziff. 2 a. E. BJagdG verankerte Feststellung wird für Greifvögel jedoch dadurch deutlich eingeschränkt, dass sie in der Anlage 1 zu der auf § 36 BJagdG basierenden Bundeswildschutzverordnung (BWildSchV) nicht aufgeführt sind, sodass die jagdrechtlichen Artenschutzvorschriften des § 2 BWildSchV keine Anwendung finden – insoweit gilt das Naturschutzrecht.

BESCHAFFUNG

Neben der Naturentnahme ist insbesondere der rechtsgeschäftliche Erwerb aus legaler Nachzucht, Schenkung, Erbe und auch Import als Erwerbsmöglichkeit gegeben.

Landesverordnung geregelt wird, tatbestandlich das sachliche Verbot des „Nachstellens" auf Wild aus Kraftfahrzeugen gemäß § 4 Abs. 1 Ziff. 9 BArtSchV, vorbehaltlich anderweitiger Regelungen der Landesverordnung, erfüllt ist.

KENNZEICHNUNGSPFLICHT

Die BWildSchV regelt in ihren Vorschriften auch die Anzeige- und Kennzeichnungspflichten: Zunächst sind heimische Greifvögel unverzüglich, dauerhaft und unverwechselbar durch den Halter zu kennzeichnen (§ 3 Abs. 2 Ziff. 3 BWildSchV). Zudem sind die Begründung des Eigenbesitzes (Bestandsanzeige) bzw. der Zu- und Abgang (Zu- und Abgangs-

Nur der Habichtsnestling und -ästling kann bei Vorliegen einer Sondergenehmigung der zuständigen Behörde für Beizzwecke der Natur entnommen werden (§ 22 Abs. 4 Satz 3 BJagdG i. V. m. Art. 9 Abs. 1 Buchst. c und Abs. 2 der Richtlinie 79/409/EWG). Die Entnahme aus der Natur ist grundsätzlich Jagdausübung und setzt neben dem gültigen gelösten Falknerjagdschein und der Genehmigung der nach Landesrecht zuständigen Behörde auch die Genehmigung des Jagdausübungsberechtigten voraus (Ausnahme: abweichendes Landesrecht).

Alle anderen Greifvögel dürfen nicht ausgehorstet oder gefangen werden. Hier verbleiben die eingangs genannten Erwerbsmöglichkeiten. Ein Verstoß bedeutet u. U. für den Nicht-Jagdausübungsberechtigten schwere Wilderei (§ 292 Abs. 2 Strafgesetzbuch) und für den Jagdausübungsberechtigten eine Straftat gemäß § 38 Abs. 1 BJagdG.

Darüber hinaus sind die Schonzeitvorschriften zu beachten: Danach haben alle Greifvögel ganzjährige Schonzeit, da eine Jagdzeit nicht festgesetzt ist (§ 22 Abs. 2 Satz 1 BJagdG).

HALTUNG

Gemäß § 3 Abs. 1 BWildSchV besteht zunächst ein völliges Halteverbot für heimische Greifvögel (OVG Münster Urt. V. 2.4.1992, RdL 1993,40). § 3 Abs. 2 Ziff. 1 BWildSchV enthält dann eine Legalausnahme, wonach derjenige, der heimische Greife oder Falken hält, Inhaber eines auf seinen Namen lautenden gültigen Falknerjagdscheins sein muss. Auch der Inhaber eines Falknerjagdscheins darf insgesamt nicht mehr als zwei Exemplare der Arten Habicht, Steinadler, Wanderfalke und Sperber halten (§ 3 Abs. 2 Ziff. 2 BWildSchV). Hierzu ist eine Haltegenehmigung nicht notwendig.

Ausnahmen von dem Halteverbot für andere heimische Arten, für die Überschreitung der Höchstzahl und für Nicht-Falkner sind zulässig (§ 3 Abs. 4 BWildSchV).

Unabhängig von diesen einschränkenden Vorschriften muss die Beschaffung und Haltung der Greifvögel natürlich legal sein; die Erfüllung der jagdrechtlichen Haltebeschränkungen kann nämlich illegal beschaffte bzw. gehaltene Vögel nicht legalisieren. Für die Haltung nichtheimischer Greifvögel gilt ausschließlich das Naturschutzrecht. Die Unterschiedlichkeit der Halteregelungen ist sehr unbefriedigend. So ist es nicht nachvollziehbar, dass es für Greifvogelarten mit dem gleichen internationalen Schutzstatus unterschiedliche Regelungen im Hinblick auf arten- und zahlenmäßige Beschränkungen gibt.

VERSTOSSENE BEIZVÖGEL

Im Gegensatz zu wild lebenden und deshalb herrenlosen Greifvögeln stehen die in Menschenhand befindlichen Vögel – legalen Erwerb vorausgesetzt – im Eigentum ihres Falkners (rechtsgeschäftlicher Erwerb: § 929 BGB; Zucht: § 953 BGB; Aushorstung: § 958 BGB Schenkung: § 516 BGB).

Er kann daher von einem Dritten die Herausgabe (§ 985 BGB) und eventuell Schadensersatz (§ 823 BGB) verlangen. Er haftet aber auch für Schäden, die der Vogel anrichtet (§ 833 BGB); die ausdrückliche Einbeziehung des Beizvogels in die Jagdhaftpflichtversicherung ist daher notwendig.

Eine regelmäßig wiederkehrende rechtliche Problematik bringt das sogenannte Verstoßen eines Beizvogels mit sich. Hier stellt sich die Frage, zu welchem Zeitpunkt dieser herrenlos wird und der Falkner daran sein Eigentum verliert. Diese Frage war in der Vergangenheit juristisch umstritten.

Zum Teil wurde die Auffassung vertreten, dass der verstoßene Beizvogel wieder herrenlos wird, wenn er die Gewohnheit ablegt, an den ihm bestimmten Ort – in der Regel nicht der Unterbringungsort des Vogels, sondern

Verstoßener Habicht – er toleriert den Falkner/Mensch gerade noch, möchte jedoch nicht zur Faust bzw. zum Federspiel zurückkehren.

die Faust des Falkners, das Federspiel oder der Balg – zurückzukehren (§ 960 Abs. 3 BGB). Eine andere Auffassung nahm an, dass der verstoßene Beizvogel wieder herrenlos wird, wenn der Eigentümer das Tier nicht unverzüglich verfolgt oder wenn er die Verfolgung aufgibt (§ 960 Abs. 2 BGB). Als Verfolgung im Sinne dieser Vorschrift gilt jede geeignete Maßnahme, die zur Wiedererlangung des verstoßenen Beizvogels bestimmt ist, also nicht nur die Nachsuche, sondern unter Umständen auch Veröffentlichungen, Suchanzeigen, Aufstellen von Fallen usw. Letzteres ist – trotz § 19 Abs. 1 Nr. 5 b BJagdG – zulässig, solange der Beizvogel nicht herrenlos und somit nicht „Wild" (§ 1 BJagdG) geworden ist. Nach einer Entscheidung des Landgerichts Bonn vom 15. Oktober 1992 sollen beide oben aufgezeigten Alternativen zu demselben Ergebnis führen. Liegen die Voraussetzungen des § 960 Abs. 2 bzw. Abs. 3 BGB (Verfolgung oder Rückkehrgewohnheit) aber nicht mehr vor, so wird der verstoßene Beizvogel wieder „Wild" (siehe S. 16 und 18). Der Falkner, der

dann „seinen" Vogel eigenmächtig wieder aufnimmt, begeht also möglicherweise schwere Wilderei.

NATURSCHUTZRECHT

Neben dem Bundesnaturschutzgesetz (BNatSchG) regeln internationale Übereinkommen Handels- bzw. Besitzbeschränkungen für Tiere und Pflanzen gefährdeter Arten.

CITES UND EG-VERORDNUNGEN

Das bedeutendste internationale Übereinkommen ist das *Washingtoner Artenschutzübereinkommen* (WAÜ), auch CITES (Convention on International Trade in Endangered Spezies of Wild Flora and Fauna) genannt. Es listet gefährdete Arten nach dem Grad ihrer Gefährdung in drei Anhängen auf und trifft für diese Handelsbeschränkungen bzw. Genehmigungsvorbehalte im grenzüberschreitenden Verkehr. Dabei nimmt der Schutzstatus von Anhang 1 (besonders streng geregelt) zu Anhang 3 (besonders geregelt) hin ab. Greifvögel sind in Anhang 1 und 2 (streng geregelt) geführt.
Innerhalb der Europäischen Gemeinschaft wird das WAÜ durch die *Verordnungen (EG) Nr. 338/97*, zuletzt geändert durch die Verordnung EG Nr. 709/2010, und ihre *Durchführungsverordnung Nr. 865/2006* einheitlich für alle EU-Mitgliedsstaaten umgesetzt. Die Anhänge 1–3 des WAÜ sind Bestandteil der vier Anhänge A–D der Verordnung (EG) Nr. 338/97.

NATIONALES RECHT

National werden durch das *Bundesnaturschutzgesetz* eine Reihe von Tier- und Pflanzenarten, unter anderem auch die Arten der Anhänge A und B der Verordnung (EG) Nr. 338/97 als besonders geschützt definiert. Diese besonders geschützten Arten unterliegen einem grundsätzlichen Tötungs- und Naturentnahmeverbot. Ihr Besitz und auch die innerstaatliche Vermarktung sind nur eingeschränkt erlaubt.

Die *Bundesartenschutzverordnung* (BArtSchV) ergänzt die Liste der besonders bzw. streng geschützten Arten und erweitert den Schutz auch auf die nicht der Verordnung (EG) Nr. 338/97 unterliegenden Neuweltgeier. Daneben regelt die Bundesartenschutzverordnung auch die im Rahmen der Haltung zwingend vorgeschriebene Kennzeichnung aller Greifvögel, auch die der in Anlage 4 zu § 3 Abs. 1 BWildSchV aufgeführten heimischen Greifvogelarten, und erfasst seit dem 25. Februar 2005 Zucht, Haltung sowie den Freiflug von Greifvogelhybriden.

Die Falknerei erfährt somit auch im Bereich des Naturschutzrechts eine Doppelbindung: Sowohl Beizvögel als auch bestimmte Beutetiere unterliegen dem besonderen naturschutzrechtlichen Artenschutz.

Verletzter Baumfalke nach Behandlung beim Tierarzt zur Pflege

BEIZVÖGEL UND ARTENSCHUTZ

Alle Greifvögel der Welt (auch Hybriden) und deren Entwicklungsformen gehören zu den besonders geschützten Arten (§ 7 Abs. 2 Nr. 13 BNatSchG i. V. m. Anhang B der Verordnung [EG] Nr. 338/97). Darüber hinaus sind alle europäischen Greifvögel bis auf den Steppenadler streng geschützte Arten (§ 7 Abs. 2 Nr. 14 BNatSchG i. V. m. – Anhang A der Verordnung [EG] Nr. 338/97). Die Einordnung aller Greifvögel in die besonders geschützten Arten hat artenschutzrechtliche Konsequenzen.

EINGESCHRÄNKTE BESCHAFFUNG

Beizvögel der Wildbahn zu entnehmen, ist verboten (§ 44 Abs. 1 Nr. 1 BNatSchG), einzige Ausnahme ist die jagdrechtlich genehmigte Aushorstung des Habichts für Beizzwecke (§ 22 Abs. 4 Satz 3 BJagdG i. V. m. Art. 9 Abs. 1c der Richtlinie 79/409/EWG). Verletzte, hilflose oder kranke Tiere dürfen aufgenommen werden, um sie gesund zu pflegen und möglichst wieder auszuwildern bzw. abzuliefern (§ 45 Abs. 5 BNatSchG). Allerdings ist sicherzustellen, dass aufgenommene Greifvögel bis zur vollständigen Gesundung artgerecht ernährt und untergebracht sind. Eine Entlassung in die Freiheit darf nur dann erfolgen, wenn gewährleistet ist, dass der Vogel eigenständig jagen und sich somit selbstständig erhalten kann. Sollte der Greifvogel diese Fähigkeiten nicht wiedererlangen, ist er an die nach Landesrecht bestimmte Auffangstation abzugeben. Da alle Falken- und Habichtarten aber auch dem ausschließlichen Aneignungsrecht des Jagdausübungs-

---

GREIFVOGELZUCHT

Die Zucht von Greifvögeln (Ausnahme Hybriden (s. S. 25 und 37) ist vorbehaltlich der Vorschriften über die Kennzeichnung gem. § 7 ff. sowie § 9 unter Abschnitt 3 BArtSchV zulässig, wenn folgende Voraussetzungen gegeben sind:
– legale Herkunft der Elterntiere und legale Haltung der Jung- und Elterntiere sowie
– ausreichende Kenntnisse des Züchters.

Einer Zuchtgenehmigung bedarf es, vorbehaltlich einer Genehmigung nach § 11 Tierschutzgesetz zu gewerblichen Zwecken, grundsätzlich nicht. Der Züchter wird gem. § 953 BGB Eigentümer der Jungvögel.

---

berechtigten (§ 5 Abs. 1 BJagdG) unterliegen (Ausnahme: abweichende Ländervorschrift), ist vor Aufnahme und Aneignung des verletzten Greifvogels der Jagdausübungsberechtigte zu informieren und grundsätzlich seine Entscheidung über den weiteren Verbleib und die Versorgung des Greifvogels abzuwarten. Eine Aneignung gegen den Willen des Jagdausübungsberechtigten erfüllt den Tatbestand der Jagdwilderei gemäß § 292 StGB.
Alle Rechtsgeschäfte, also der Erwerb und die Veräußerung, sind in der Regel verboten (§ 44 Abs. 2 Nr. 2 BNatSchG sowie Art. 8 Verordnung [EG] Nr. 338/97). Ausnahmen gibt es für gezüchtete oder legal importierte Greifvögel sowie für den sogenannten „Altbesitz" und legal ausgehorstete Habichte, § 45 Abs. 3 Nr. 1 BNatSchG.

EINGESCHRÄNKTER BESITZ

Zunächst ist der Besitz grundsätzlich verboten (§ 44 Abs. 2 Nr. 1 BNatSchG). Ausnahmen ergeben sich aus § 45 Abs. 1 Nr. 1a BNatSchG. Danach unterliegen in der europäischen Gemeinschaft gezüchtete, legal der Natur entnommene oder rechtmäßig eingeführte Exemplare der besonders geschützten Arten keinem Besitzverbot. Da auch streng geschützte Exemplare unter den besonderen Schutz fallen (§ 44 Abs. 1 Nr. 1 BNatSchG), gilt diese Ausnahme auch für alle gezüchteten oder legal der Natur entnommenen europäischen Greifvogelarten. Weitere sehr begrenzte Ausnahmen gelten für Pflegefälle (§ 45 Abs. 7 BNatSchG).

KENNZEICHNUNG

Die Bundesartenschutzverordnung (BArtSchV) regelt nunmehr in den §§ 7ff. einheitlich die Kennzeichnung aller Greifvögel einschließlich der in Anlage 4 zu § 3 Abs. 1 BWildSchV erfassten heimischen Greifvogelarten und hat die frühere eigenständige Vorschrift der BWildSchV zur Kennzeichnung ersetzt. Die Kennzeichnungsmethoden ergeben sich aus § 8 BArtSchV. Danach sind alle gezüchteten Greifvögel grundsätzlich mit einem geschlossenen Ring zu kennzeichnen (Abb.5). Im Übrigen verbleiben als weitere gesetzlich vorgesehene Kennzeichnungsmethoden der offene Ring oder das Pedigramm. Der sogenannte Transponder ist nicht bei jagdlich oder vergleichbar frei fliegend eingesetzten Greifvögeln anzuwenden, sondern nur bei Greifvögeln in nicht falknerischer Haltung. Ausnahmen von der Kennzeichnungspflicht sind für verletzte oder kranke Greifvögel vorgesehen, die aufgenommen werden, um sie gesund zu pflegen und wieder in die Freiheit zu entlassen (§ 9 BArtSchV).

Geschlossener Ring an ca. zwölf Tage altem Gerfalken (l., blaue, kräftige Hände) und einem Wanderfalken (gelbe, filigrane Hände)

Transport eines Wanderfalken zur Jagd auf Auszugsschienen im Auto

HALTUNG NICHTHEIMISCHER BEIZVÖGEL

Im Gegensatz zu heimischen Greifvögeln dürfen nichtheimische Greifvögel von jedermann unbeschränkt gehalten werden, wenn sie keinem Besitzverbot (s. Ziff. 2) unterliegen, der Halter die erforderliche Zuverlässigkeit und ausreichende Kenntnisse über die Haltung und Pflege der Tiere nachweist und über die erforderlichen Einrichtungen zur Gewährleistung einer den tierschutzrechtlichen Vorschriften entsprechenden Haltung der Tiere verfügt (§ 6 Abs. 1 Nr. 1 und 2 BArtSchV). Einer Haltegenehmigung bedarf es nicht (s. Ziff. 6).

WEITERE RECHTS-NORMEN

BEWEISLAST BEIM BESITZER

Wer heimische oder nichtheimische Greifvögel besitzt oder die tatsächliche Gewalt darüber ausübt, muss seine Berechtigung nachweisen. Als Beweismittel empfehlenswert ist eine Vermarktungsbescheinigung nach Artikel 8 Abs. 3 der Verordnung (EG) Nr. 338/97, die für die Befreiung vom Vermarktungsverbot nach Art. 8 Abs. 1 der Verordnung (EG)

Nr. 338/97 vorgesehen ist (EU-Bescheinigung). Daneben kann der Nachweis auch mit einer alten CITES-Bescheinigung geführt werden.

In Fällen der Schenkung, in denen keine Freistellung vom Vermarktungsverbot gemäß Art. 8 Abs. 3 d erforderlich ist und keine Vermarktungsbescheinigung erteilt wurde, kann der Nachweis des rechtmäßigen Besitzes gegebenenfalls anhand einer Bestätigung des Züchters oder durch Antrag auf Erteilung einer Vorlagebescheinigung gemäß Art. 10 Nr. 1 Verordnung (EG) Nr. 338/97 geführt werden.

TRANSPORT UND GENEHMIGUNGEN

Grundsätzlich ist der tiersichere Transport (Transportbox, Cadge usw.) von Beizvögeln innerhalb der Bundesrepublik Deutschland und der Mitgliedstaaten der Europäischen Union mit der EU-Bescheinigung als Legitimationspapier möglich. Bei einer Reise in das europäische Ausland wird neben der EU-Bescheinigung zudem ein Gesundheitsnachweis durch einen Veterinärmediziner regelmäßig erforderlich sein.

Obgleich auch eine sogenannte Züchterbescheinigung – im Falle einer Schenkung ist regelmäßig keine EU-Bescheinigung mit Befreiung vom Vermarktungsverbot erforderlich – bei Reisen innerhalb der EU ausreichend ist, sollte der Falkner rechtzeitig vor Antritt der Reise auf die Ausstellung einer solchen hinwirken, um etwaige Probleme bei Kontrollen zu vermeiden. Im Übrigen sind neben der EU-Bescheinigung keine Genehmigungen o. Ä. für den Transport von Beizvögeln erforderlich.

Ausnahmsweise bedarf unter bestimmten Voraussetzungen auch der innergemeinschaftliche Transport lebender Tiere der Arten des Anhangs A einer Genehmigung durch die Landesbehörden. Diese Transportgenehmigung ist grundsätzlich nur für Tiere erforderlich, die der Natur entnommen (ausgehorsteter Habicht oder Wildfanghabicht) oder erst in 1. Generation nachgezüchtet wurden und deren Unterbringungsort durch die Behörden festgelegt worden ist (siehe hierzu EU-Bescheinigung).

Anders sieht es beim grenzüberschreitenden Verkehr außerhalb der Europäischen Union in sogenannten Drittstaaten aus. Hier muss der Falkner rechtzeitig entsprechende Import- und Exportpapiere bei dem zuständigen Drittstaat und Bundesamt für Naturschutz (BfN) beantragen.

WICHTIG – DIE ANHANGS-ZUGEHÖRIGKEIT

Exemplare der Arten, die in den Anhängen A oder B der EU-Verordnung aufgeführt sind, dürfen nur nach vorheriger Erteilung einer Einfuhrgenehmigung durch die zuständige Vollzugsbehörde importiert werden. Je nach Anhangszugehörigkeit ist die Erteilung der Einfuhrgenehmigung an unterschiedliche Voraussetzungen geknüpft. In den Fällen, in denen Arten betroffen sind, die auch in den Anhängen I bis III des WAÜ aufgeführt sind, kann die Genehmigung nur erteilt werden, wenn die entsprechenden Ausfuhrdokumente des Ausfuhrstaates vorhanden sind.

Die Einfuhrgenehmigung und ggf. die Dokumente des Herkunftslandes sind der zuständigen WAÜ-befugten Zollstelle bei der Abfertigung vorzulegen.

Die Ausfuhr oder Wiederausfuhr aus der EU von Exemplaren der in den Anhängen A, B und C aufgeführten Arten ist nur mit einer Ausfuhrgenehmigung oder Wiederausfuhrbescheinigung der zuständigen Vollzugsbehörde zulässig, die der abfertigenden Zollstelle vorzulegen sind.

Die Ausfuhr von Arten des Anhangs D ist ohne Vorlage von Dokumenten zulässig.

TIERGEHEGE FÜR GREIFVÖGEL

Die Haltung von Greifvögeln unterliegt entsprechend der grundsätzlichen Vorschrift des § 43 Abs. 3 S. 1 BNatSchG nur noch einer Anzeigepflicht gegenüber der zuständigen Behörde. Allerdings sind auch weiterhin die nach den Naturschutzgesetzen der Bundesländer vorgesehenen Genehmigungsvorbehalte zu beachten.

Zum Teil ist daher die Greifvogelhaltung, auch der Beizvögel, grundsätzlich genehmigungspflichtig. In der Regel sind aber nach den Ländervorschriften für die Haltung von Greifvögeln zu Beizzwecken Ausnahmen von der Genehmigung eines Tiergeheges vorgesehen und daher nur anzeigepflichtig.

Grundsätzlich sind bei der Haltung unter anderem die tierschutzgerechte Haltung (s. „Tierschutzrechtliche Grundlagen" nach TierSchG i. V. m. dem Gutachten über die „Mindestanforderungen an die Haltung von

---

OHNE GENEHMIGUNG: STRAFTAT!

Ein grenzüberschreitender Transport von Greifvögeln ohne die erforderlichen Genehmigungen ist eine Straftat. Folgen sind neben der Beschlagnahme der Beizvögel auch strafrechtliche Ermittlungsverfahren, die bis zum Widerruf des Jagd- bzw. Falknerjagdscheins führen können!

Greifvögeln und Eulen" vom 10. Januar 1995[*]) und darüber hinaus die Belange des Artenschutzes (s. Abschnitte „Jagdrechtliche Grundlagen" und „Naturschutzrechtliche Grundlagen") von entscheidender Bedeutung.

GREIFVOGELHYBRIDEN

Seit dem 25. Februar 2005 enthält die Bundesartenschutzverordnung ausdrückliche Bestimmungen zur Haltung und Zucht sowie zum Freiflug von Greifvogelhybriden. Nach der gesetzlichen Definition sind Greifvogelhybriden „Greifvögel, die genetische Anteile zumindest einer heimischen Greifvogelart sowie einer anderen Greifvogelart enthalten" (§ 8 BArtSchV).

Mit dieser Definition bestimmt die BArtSchV unmissverständlich, dass alle Greifvögel aus und unter Beteiligung von Greifvögeln der in Anlage 4 zu § 3 Abs. 1 BWildSchV erfassten heimischen Greifvogelarten sowie auch diejenigen Spezies, die gemäß § 10 Nr. 5 Abs. 2 BNatSchG unter den Begriff „heimische Art" fallen, der Begriffsbestimmung „Greifvogelhybriden" unterliegen.

Hybridfalke (Wanderfalke x Gerfalke), fotografiert in den USA

ZUCHT

Die Zucht von Greifvogelhybriden ist nunmehr grundsätzlich verboten (§ 9 Abs. 1 BArtschV). Ausgenommen von diesem Verbot waren nach § 9 Abs. 2 BArtSchV im Rahmen einer Auslauffrist bis zum 31. Dezember 2014 lediglich die Züchter, die bereits vor dem 25. Februar 2005 mit der Zucht von Greifvogelhybriden begonnen hatten.

HALTUNG UND FREIFLUG

Die *Haltung* von Greifvogelhybriden ist ebenfalls untersagt (§ 10 Abs. 1 BArtSchV).

Ausgenommen von dem Verbot sind Tiere aus Altbesitz. Auch der *Freiflug* von Greifvogelhybriden ist nunmehr verboten (§ 11 Abs. 1 BArtSchV). Hiervon ausgenommen ist der mit telemetrischer Ausrüstung überwachte Freiflug außerhalb des Zeitraums vom Beginn der Bettelflugperiode bis zum Erreichen der Selbstständigkeit des Vogels (§ 11 Abs. 2 BArtSchV). Nach Beendigung des Freifluges hat der Halter den Greifvogelhybriden unverzüglich in ein Gehege zurückzuführen. Für den Fall des Entfliegens oder Entweichens aus dem Gehege hat der Halter unverzüglich alle zumutbaren Maßnahmen zur Rückführung des Greifvogelhybriden in ein Gehege zu ergreifen und die nach Landesrecht zuständige Behörde zu informieren (§ 11 Abs. 3 BArtSchV).

---

[*] Das Gutachten „Mindestanforderungen an die Haltung von Greifvögeln und Eulen" von 1995 befindet sich bei Drucklegung des Buchs in Überarbeitung. Die aktuelle gesetzliche Entwicklung ist zu verfolgen.

SCHUTZ UND
FÖRDERUNG VON
GREIFVÖGELN

GREIFVOGELSCHUTZ

GREIFVOGELSCHUTZ

Je sorgloser der wirtschaftende Mensch in die ursprüngliche Wildnis eingreift, desto mehr Pflanzen- und Tierarten verschwinden. Tiere und Pflanzen können nämlich nur dort dauerhaft überleben, wo jeder Art ihre adäquate Nahrung und ihre Geschlechtspartner mit den sonstigen Voraussetzungen zur Fortpflanzung (z. B. Horstmöglichkeiten) zur Verfügung stehen. Diese grundsätzlichen Wechselbeziehungen weisen das Ökosystem als ein „offenes Funktionssystem" aus, in dem jede einzelne Art der Gesunderhaltung des Ganzen dient. Greifvögel sind überwiegend gefährdet durch eine vom Menschen verursachte Verarmung ihrer Lebensräume – so führt z. B. der Schwund von Blütenpflanzen zu einem Rückgang der Insekten und in der Folge von Vögeln als Beutetieren für Greifvögel –, aber auch durch direkte Verfolgung wie Horst-

Mais-„Wüsten" verdrängen zunehmend abwechslungsreiche Wiesen- und Ackerlandschaften.

zerstörung, Vergiftung und Erschlagen. Auch vom Menschen verursachte Unfälle, z. B. an Freileitungen, spiegelnden Glasflächen, Stacheldrähten, Windenergieanlagen, Kollisionen mit Autos oder Zügen, spielen eine erhebliche Rolle.

LEBENSRAUM-, NICHT ARTENSCHUTZ

Darum ist Greifvogelschutz nicht in erster Linie eine Frage des Schutzes der einzelnen Art, des Artenschutzes also, sondern vielmehr des Biotopschutzes, denn er muss auf die Erhaltung bzw. Neuschaffung gesunder Lebensräume für Pflanzen und Tiere und damit letztendlich auch für den Menschen abzielen. Allerdings sind die Ansprüche der verschiedenen Greifvogelarten unserer Heimat an ihren Lebensraum außerordentlich unterschiedlich. Dementsprechend differiert auch das Maß ihrer Abhängigkeit von intakten, naturnahen Lebensräumen. In der Tabelle auf der rechten Seite sind die regelmäßig in Deutschland vorkommenden Greifvogelarten mit grober Einstufung ihres Gefährdungsgrades und der Hauptursachen für ihre Bedrohung dargestellt.

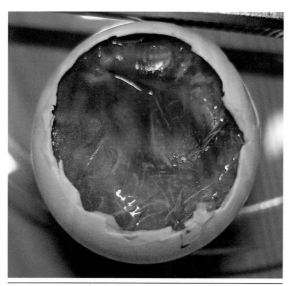

Depigmentiertes, dünnschaliges Ei mit abgestorbenem Embryo

Neben der Zerstörung der arttypischen Lebensräume – Beispiel dafür sind seit langem Rohr- und Wiesenweihe und in jüngerer Zeit der Mäusebussard infolge der Verdrängung mäusereicher Acker-/Wiesenlandschaften durch großflächige Maismonokulturen – können aber auch andere Zivilisationsfolgen massive Beeinträchtigungen bewirken.

GEFAHREN

UMWELTGIFTE

Hier sind v. a. Umweltgifte zu nennen, die sich in Greifvögeln als Endgliedern mehr oder weniger langer Nahrungsketten im Gewebe, oft insbesondere im Fett, einlagern. Bei höheren Belastungen, z. B. zur Zugzeit, bei Hunger oder während der Eiproduktion, werden mit der Inanspruchnahme der Fettreserven diese angesammelten Gifte dann mobilisiert und können schwerwiegende Folgen bis zum Tod verursachen.

Die größte Rolle spielte viele Jahre das Insektenvernichtungsmittel DDT (Dichlordiphenyltrichloräthan), dessen Anwendung 1973 in Deutschland und vielen anderen Staaten der westlichen Welt verboten wurde, nachdem es einige Greifvogelarten wie Wanderfalke, Sperber und Seeadler an den Rand des Aussterbens gebracht hatte. Von den Schwermetallen ist besonders Quecksilber (Hg) zu nennen, das auch heute noch in die natürlichen Kreisläufe eingebracht wird und für unsere Greife sehr giftig ist.

Tödliche Bleivergiftungen bei Seeadlern werden auf Bleirückstände von Jagdmunition in Aufbrüchen, verludertem Wild oder auch in geschlagener Beute zurückgeführt. In einigen Bundesländern ist deshalb die Verwendung von bleihaltiger Büchsenmunition auf der Jagd bereits verboten.

Diese beispielhaft aufgezählten Umweltgifte können zu direkten Schäden (Veränderungen oder Funktionsstörungen der Organe), zu

☞ GREIFVÖGEL UND IHRE GEFÄHRDUNGSSITUATION

ART	BRUT-VOGEL	DURCH-ZÜGLER	WINTER-GAST	AUSGE-STORBEN	STARK GEFÄHRDET	MITTEL GEFÄHRDET	NICHT GEFÄHRDET	LEBENS-RAUMZER-STÖRUNG	UMWELT-GIFTE	WIND-ENERGIE-ANLAGEN	ILLEGALE VERFOL-GUNG
STEINADLER	X					X		X			X
SCHREIADLER	X	X			X			X	X	X	
MÄUSEBUSSARD	X	X	X				X	X			
RAUFUSSBUSSARD		X	X				X				
HABICHT	X						X	X	X		X
SPERBER	X						X	X	X		X
ROTMILAN	X					X		X		X	
SCHWARZMILAN	X					X		X	X	X	
SEEADLER	X	X				X		X	X	X	
WESPENBUSSARD	X	X				X		X		X	
ROHRWEIHE	X	X	X			X		X			
KORNWEIHE	X	X			X			X			
WIESENWEIHE	X	X			X			X			
SCHLANGENADLER				X				X			
FISCHADLER	X	X	X			X		X		X	
WANDERFALKE	X	X				X		X	X		X
SAKERFALKE	X	X			X			X	X		X
MERLIN		X	X			X		X	X		
BAUMFALKE	X	X			X			X	X		
TURMFALKE	X						X	X			
ROTFUSSFALKE		X			X			X			

Die aufgeführten Arten sind seit 1973 geschützt

Glasfronten in diesem Ausmaß sind für alle Arten von Vögeln ein tödliches Hindernis.

Durch eine Windkraftanlage tödlich verunfallter Roter Milan

Verhaltensstörungen, zu Missbildungen bei den Jungen oder auch zum Absterben der Embryonen im Ei führen. Beim Wanderfalken und Sperber ist z. B. auch eine starke Verringerung der Eischalendicke unter DDT-Einfluss nachgewiesen worden, die dann zum Zerbrechen der Eier in der Brutzeit führte. Heute verursachen großflächig ausgebrachte Pflanzenschutzmittel wie z. B. der Wirkstoff Glyphosat oder die Gruppe der Neonikotinoide eine Verarmung der Pflanzenwelt und Homogenisierung der Lebensbedingungen, die dann massive Verringerungen der Arten- und Individuenzahlen z. B. bei Insekten bewirken. Deren Verschwinden wiederum führt zu erheblichen Beeinträchtigungen der auf sie angewiesenen Feldhühner, also Rebhuhn und Fasan, die als Beute für Greifvögel entsprechend nicht mehr zur Verfügung stehen. Deshalb setzen sich Falkner intensiv für die Erhöhung der Vielfalt und des kleinflächigen Abwechslungsreichtums in unserer landwirtschaftlich genutzten Feldflur ein.

HINDERNISSE UND GLASFLÄCHEN

Weitere Zivilisationsgefahren bestehen für Greifvögel durch Stromleitungen mit ihren Leitungsmasten, die häufig, von z. B. Mäusebussard, Turmfalke und Milanen, als Warten genutzt werden und je nach Konstruktion zum Stromschlag für den Vogel führen können. Darüber hinaus sind die Freileitungen selbst ein erhebliches Risiko für alle Vögel, da das Anprallen gegen die Leitungsseile meist zum Tode führt.

Alle Einzäunungen, insbesondere aber Stacheldrähte, stellen eine erhebliche Gefährdung für flach jagende Greifvögel wie z. B. den Sperber dar. Auch große Glasflächen (Fenster, Gewächshäuser) bedeuten aufgrund der gespiegelten Landschaft eine erhebliche Gefahr für jagende Greifvögel wie Sperber, aber auch Habicht. Die Vögel fliegen sich häufig daran zu Tode.

Ein Roter Milan hat sich mit einer Schwinge im Stacheldraht verhakt. Ohne menschliche Hilfe wäre er einem qualvollen Tod ausgeliefert.

WINDENERGIEANLAGEN

Ein recht neuartiges und immer noch stark zunehmendes Risiko stellen die Windenergieanlagen (WEA) mit ihren in großen Höhen sehr schnell rotierenden Flügeln dar. An den Flügelspitzen erreichen sie je nach Rotorblattlänge bis zu 250 km/h. Zurzeit wird von 1000 Roten Milanen und 25 000 Mäusebussarden pro Jahr als Opfer von WEA in Deutschland ausgegangen. Aber auch Seeadler, Fischadler, Wespenbussard und insbesondere der Schreiadler, dessen Restbestand in Deutschland durch diese Entwicklung unmittelbar bedroht ist, erleiden erhebliche Verluste durch Windenergieanlagen.

PFLEGE IST EXPERTENSACHE

Die Pflege und Wiederauswilderung von Greifvögeln sollte nur Inhabern des Falknerjagdscheins, die ihre speziellen Fachkenntnisse in einer staatlichen Prüfung nachgewiesen haben, gestattet werden. Diese Maßnahmen sind nämlich nur bei Anwendung der falknerischen Methoden und Kenntnisse erfolgreich. In der Praxis wird diese Tatsache bisher nur unzureichend beachtet.

VERKEHR UND VERFOLGUNG

Sowohl der Kraftfahrzeug- als auch der Eisenbahnverkehr fordern regelmäßig eine große Zahl von Todesopfern unter den Greifvögeln.

Auch die gezielte Verfolgung durch den Menschen spielt immer noch eine Rolle. Teilweise werden Greifvögel als Konkurrenten – z. B. Wanderfalke oder Habicht von Tauben- oder sonstigen Geflügelhaltern – über Horst- oder Gelegezerstörung, illegalen Fang, Abschuss oder Auslegen von Giftködern verfolgt, oder ihnen wird aus Profitgier nachgestellt: Zu nennen sind hier der Diebstahl von Eiern zu deren Verkauf an Eiersammler (Oologen), die illegale Aushorstung von Jungvögeln zum Verkauf auf dem Schwarzmarkt oder einfach das Töten von Vögeln, um sie zu präparieren.

STÖRUNGEN DURCH DEN MENSCHEN

Von größerer Bedeutung für die wild lebenden Greifvogelbestände sind aber die ungewollten Störungen und auch Zerstörungen durch Wirtschafts- bzw. Freizeitaktivitäten des Menschen. Vom Fällen der Horstbäume über die Durchführung von Waldarbeiten in Horstnähe zur Brutzeit bis hin zur Mahd von Getreideschlägen, in denen Korn- oder Wiesenweihe brüten, kommt es zu vielfältigen Beeinträchtigungen durch den wirtschaftenden Menschen – häufig sogar, ohne dass sie vom Verursacher überhaupt bemerkt werden.

Dieser Mäusebussard wurde ein Opfer des Verkehrs.

Noch verheerender sind die vielfältigen Störungen durch Freizeitaktivitäten des Menschen, die meistens völlig unbewusst hervorgerufen werden: z. B. durch Kletterer in Wanderfalkenbrutwänden, Drachenflieger oder Wassersportler im Seeadler-Lebensraum. Besonders verwerflich sind die immer wieder festzustellenden Störungen durch Ornithologen und angebliche Greifvogelfreunde, die entweder durch Beobachten, insbesondere aber durch Fotografier-, Film- oder auch Tonaufnahmeversuche im Horstbereich massive Störungen verursachen, die bis zum Brutabbruch führen können.

NATÜRLICHE GEFAHREN

Unseren Greifvögeln drohen selbstverständlich auch zahlreiche natürliche Gefahren, angefangen bei den natürlichen Feinden – z. B. andere größere Greifvögel oder Uhu, Marder, Waschbär etc. – über Krankheiten aller Art bis hin zu Nahrungsmangel und Unfällen beim Jagdflug, beim Kampf mit der Beute oder mit Konkurrenten der eigenen Art. Angesichts der zahlreichen, durch den Menschen und seine „zivilisatorische" Tätigkeit verursachten Risiken für viele Greifvogelarten müssen auch deren natürliche Gefährdungen so weit wie möglich reduziert werden. So ist die Aufnahme, Pflege und Wiederauswilderung verletzter, kranker oder auch nur geschwächter oder aus dem Nest gefallener Tiere nicht nur aus tierschutzethischen Gründen geboten, sondern bei den selteneren Arten auch ein direkter Beitrag zum Artenschutz.

SCHUTZMASSNAHMEN

HORSTPLATZANGEBOT UND -BEWACHUNG

Vielen Arten fehlt es einfach an Horstmöglichkeiten. Hier kann durch Kunsthorste oder Brutkästen Abhilfe geschaffen werden. Teilweise sind auch die Horstmöglichkeiten einfach ungünstig oder gefahrenträchtig (z. B. Felsnischen oder Gebäudeöffnungen für den Wanderfalken). Durch

Fünf Wanderfalken-Nestlinge im Kunsthorst. Sichere, künstliche Horstplattformen anzubringen, steigert den Bruterfolg.

entsprechende technische Maßnahmen, wie z. B. die Drainage von Horstnischen, Vergrößerung, Vertiefung bzw. Verebnung von Felsnischen oder das Anbringen von Nistkästen, sind hier deutlich höhere Bruterfolge zu erzielen.

Gegen Störungen sowie auch Eier- oder Jungenraub hilft teilweise nur eine durchgehende Bewachung, wie sie z. B. für Horste der Wanderfalken-Restpopulation in Südwestdeutschland seit 1965 durch die Arbeitsgemeinschaft Wanderfalkenschutz und für die schleswig-holsteinische Seeadler-Restpopulation seit 1969 von WWF, Falknern und Jägern durchgeführt wurde.

GREIFVOGELSCHUTZMASSNAHMEN

– Erhaltung und Verbesserung der Lebensräume (v. a. politische Aufgabe der Falknerverbände)
– Steigerung der Fortpflanzungschancen durch Horstschutz
– Steigerung des Bruterfolgs durch Kunsthorste
– Steigerung des Bruterfolgs durch Verhinderung von Störungen in der Brut- und Aufzuchtzeit
– Bekämpfen der direkten Verfolgung durch Einschaltung staatlicher Stellen und durch Aufklärungsarbeit

AUFKLÄRUNGSARBEIT

Durch Sympathiewerbung für Greifvögel und Aufklärung können Gefährdungen insbesondere dann erfolgreich verringert werden, wenn sie bei bestimmten Verursachergruppen Verhaltensänderungen hervorrufen. Zu diesen Gruppen zählen Jäger, Angler, Landwirte, Forstleute, Waldbesitzer, Taubenzüchter und sonstige Geflügelhalter, Kletterer und Drachenflieger sowie Hobbynaturfreunde.

Auf diesem Feld liegt eine nie endende Aufgabe für jeden Greifvogelschützer, insbesondere aber für die Naturschutzorganisationen und auch die Falknerverbände, die sich ja speziell dem Greifvogelschutz verschrieben haben.

FÜTTERUNG

Für manche Greifvogelarten kann in Zeiten extremer Nahrungsknappheit (z. B. Mäusebussard, Turmfalke bei extremen Wintersituationen, aber auch Seeadler) durch Auslegen von Luder eine wirksame Hilfe erreicht werden. Allerdings beschränkt sich heute diese Möglichkeit auf den Jagdausübungsberechtigten bzw. seine Beauftragten und wird durch Lebensmittelhygiene- und Tierseuchenrecht auf im Jagdbezirk angefallenes Wildtiermaterial begrenzt.

VERMEHRUNG DURCH ZUCHT

Wurden in früheren Zeiten Greifvögel pauschal als Niederwildschädlinge und Hausgeflügelverfolger mit allen erdenklichen Mitteln verfolgt, bestand dementsprechend kein großes Interesse, sie in Menschenhand zu vermehren, zumal der Bestand nicht bedroht war. Erst in Zeiten starken Rückgangs bedingt durch Umweltgifte, haben verschiedene Interessengruppen, hier vor allem Falkner, sich bemüht, Greifvögel in Menschenhand zu vermehren, was ihnen auch bald und sehr erfolgreich gelang. Seit langem war und ist die Zucht von Greifvögeln in Menschenhand und deren Auswilderung eine beispielhafte Artenschutzmaßnahme.

ZUCHT ZUR AUSWILDERUNG

Mit der Zucht von Greifvögeln verfolgte man zwei Ziele. Einmal, den Bedarf an Beizvögeln für die Falknerei zu decken, ohne dafür Vögel aus der Natur entnehmen zu müssen, und zum Zweiten, vom Aussterben bedrohte Arten mittels fachkundiger Auswilderungsmethoden in ihrem Bestand zu stützen oder wieder neue Bestände zu begründen. Diese Ziele sind seit den 1970er-Jahren bereits in vielen Projekten weltweit erfolgreich verfolgt worden, wobei speziell bei den Greifvögeln die Falkner eine Art Schlüsselrolle übernahmen. Noch bis vor 50 Jahren galten viele Vogelarten als nicht reproduzierbar und selbst, als sich die ersten regelmäßigen Zuchterfolge einstellten, mussten Züchter sich Unterstellungen vorwerfen lassen, die nachge-

züchteten Greifvögel würden aus illegalen Aushorstungen stammen. Erst als Ende der 1980er-Jahre durch DNA-Bluttests zweifelsfrei die Abstammung der Jungtiere von den Elterntieren nachgewiesen werden konnte, verstummten die skeptischen Stimmen.

DIE POSITION DER IUCN

Wie bei allen Unternehmungen gibt es auch heute noch von bestimmten Gruppierungen heftigen Widerstand gegen die Zucht und Ausbürgerung von Greifvögeln. Allerdings hat bereits 1987 die größte und wichtigste Weltnaturschutzunion (IUCN) die Bedeutung der Gefangenschaftsvermehrung gefährdeter Arten als Artenschutzmaßnahme anerkannt und in einer Stellungnahme festgestellt:
„Biotopschutz allein reicht nicht aus, wenn das erklärte Ziel der Weltnaturschutzstrategie, die

Frisch geschlüpfte Wanderfalken

Erhaltung der biologischen Vielfalt, erreicht werden soll. Der Aufbau sich selbst erhaltender Zuchtpopulationen und andere Stützungsmaßnahmen sind notwendig, um den Verlust vieler Arten zu verhindern, insbesondere solcher, die durch weitgehend zerstörte, zerstückelte oder verkleinerte Lebensräume in höchstem Maße gefährdet sind. Zuchtprogramme müssen begonnen werden, bevor Arten bis auf kritische Anzahlen reduziert sind, und zwar international koordiniert nach wissenschaftlichen, biologischen Prinzipien, um lebensfähige Populationen in der Natur zu erhalten oder wieder aufbauen zu können."

ERFOLGREICHE PROJEKTE

Zu Beginn des letzten Jahrhunderts waren nur vereinzelt Zuchten von großen Greifvögeln (Steinadler, Geier) in Zoos bekannt. Erstmals 1942 gelang dem Gründer und damaligen Ordensmeister des Deutschen Falkenordens (DFO), Renz Waller, die Nachzucht zweier Wanderfalken. Ein Erfolg, der sich 1943 wiederholte und dem erst 30 Jahre später 1973 von der Zuchtgruppe des DFO zum Durchbruch verholfen wurde. Das Ergebnis von drei Wanderfalken, acht Lannerfalken, fünf Präriefalken, fünf Luggerfalken, einem Sakerfalken, sieben Rotkopfmerlinen und einem Habicht war ein außergewöhnliches Resultat und bildete bei den Wanderfalken den „Startschuss" für ein bis heute anhaltendes Zuchtprojekt zum Zwecke der Auswilderung.

Das sicherlich beispielhafteste Artenschutzprojekt ist und bleibt der Kalifornische Kondor. Als 1987 der letzte frei lebende Kondor eingefangen wurde, existierten weltweit nur noch 27 Individuen dieser großen Greifvogelart. In einem groß angelegten Zuchtprogramm der USA wurden die Kondore nachgezüchtet und bereits 1992 die ersten Exemplare wieder ausgewildert. Heute sind die Bestandszahlen wieder bis auf 219 Tiere in Freiheit (Stand 2014) angestiegen. Ohne die beherzte Maßnahme, auch den letzten Kalifornischen Kondor im Jahr 1987 einzufangen, hätte diese Art vermutlich nicht überlebt.

In der Zuchtkammer kopulierendes Wanderfalkenpaar – durch den Spion fotografiert

ZUCHT FÜR DIE FALKNEREI

Die Zucht von Greifvögeln hat sich in den letzten Jahrzehnten stark verändert. War man zu Beginn der Zuchtbemühungen dankbar, überhaupt verfügbare Beiz- und Greifvögel zu erhalten, so achten heute viele Züchter, ähnlich wie in der Jagdhundezucht, verstärkt darauf, jagdlich erfolgreiche Beizvögel für die Paarbildung auszuwählen. Aufgrund der veränderten Kommunikation infolge digitaler Medien und globaler Vernetzung profitieren Züchter heute nicht nur von den Erfahrungen der Altvorderen, sondern können weltweit neue Erkenntnisse um die Bedürfnisse der Greifvögel in der Zucht und Haltung, zum Wohle der Tiere, zur Unterstützung heranziehen.

Ergaben sich zu Beginn der Zucht sexuelle Fehlprägungen zunächst aus Unwissenheit, wurden sie später gezielt eingesetzt, um bestimmte Individuen miteinander zu verpaaren. Dies geschah in der Absicht, um entweder spezielle Eigenschaften herauszustellen oder legende Weibchen, die sich nicht vom Terzel befliegen ließen, künstlich zu inseminieren.

NEIN ZU HYBRIDEN

Diese auf den Menschen geprägten Greifvögel (vgl. S. 102) entpuppten sich als Fluch und Segen zugleich. Zum einen war man froh darüber, endlich eindeutige Beweise für die Zucht erbracht zu haben, weil mit der sexuellen Prägung auf den Menschen auch Kreuzungen (Hybriden) verschiedener Arten möglich waren und somit zweifelsfrei dargelegt wurde, dass sich Greifvögel in Menschenhand vermehren lassen. Zum anderen war man enttäuscht, als festgestellt wurde, dass sich der erste entflogene Hybridfalke, entgegen der Annahme, Hybriden seien zeugungsunfähig, mit einem wilden Wanderfalken erfolgreich verpaart hatte. Die Reaktion des DFO darauf bestand darin, bereits 1992 keine Hybriden auf der internationalen Falknertagung zuzulassen und 1996 durch einen Mitgliederbeschluss eine verbandsinterne Empfehlung gegen Hybridzuchten und Hybriden für die Beizjagd gegenüber seinen Mitgliedern auszusprechen.

Gerfalkenweib in der Zuchtkammer bei der Fütterung seiner Jungen.

NACHZUCHTEN UND WILDVÖGEL

Heute wird in Europa der Bedarf an Beizvögeln fast ausschließlich durch Nachzuchten gedeckt. Dabei spielt es mittlerweile keine Rolle mehr, um welche Greifvögel es sich handelt. In Deutschland steht als „Wildvogel" für die Beizjagd einzig und allein der Habicht noch zur Verfügung. Er darf nach Bewilligung eines Aushorst- oder Fangantrags durch die zuständigen Behörden für Beizzwecke entnommen werden. In den USA darf seit 2010 hingegen der Wanderfalke wieder in limitierter Anzahl für die Beizjagd aus Wildbeständen entnommen werden. Das ist auf den stabilen, gesättigten Wanderfalkenbestand Nordamerikas zurückzuführen. Vielleicht ermutigt diese Entscheidung auch andere Länder, bei gesunden Bestandszahlen über diese Regelung nachzudenken.

AUSWILDERUNG UND WIEDERANSIEDLUNG

Das Bundesnaturschutzgesetz (BNatSchG) listet in § 37 Abs. 1 die Aufgaben des Artenschutzes auf: „Der Artenschutz umfasst … 3. die Wiederansiedlung von Tieren und Pflanzen verdrängter wild lebender Arten in geeigneten Biotopen innerhalb ihres natürlichen Verbreitungsgebiets." Demzufolge sind Zucht und Wiederansiedlung seltener Greifvögel ein gesetzlicher Auftrag.

DER KONTROLLIERTE WILDFLUG

Eine besonders effiziente und seit über tausend Jahren bei Falknern bekannte Methode der Vorbereitung von Nestlingen oder Ästlingen auf das eigentliche Abtragen als Beizvogel ist der sogenannte Wildflug. Kontrollierter Wildflug heißt, dem Greifvogel nach dem Flüggewerden über längere Zeit die Gelegenheit zu geben, sich völlig frei zu bewegen. Dabei absolviert der künftige Beizvogel ein enormes Flugtraining und eignet sich allmählich die jagdlichen Erfahrungen eines Wildvogels an. Während dieser ganzen, drei bis vier Wochen umfassenden Zeit wird er täglich durch den Falkner mit Atzung an immer demselben Ort und möglichst auch zur selben Zeit versorgt und somit an diesen Futterplatz gebunden. Vor dem Selbstständigwerden wird er dann wieder eingefangen und abgetragen.

Fünf Wochen alte, gezüchtete Wanderfalken im noch geschlossenen Auswilderungskasten in einer Felswand. Durch das Fallrohr werden sie, von ihnen unbemerkt, mit Atzung versorgt.

Die Erfahrungswerte des kontrollierten Wildfluges übernahm man aus der falknerischen Praxis für die Auswilderung von Jungtieren. Durch das zeitlich unbegrenzte Ausdehnen des Wildfluges kommt es allmählich zum Selbstständigwerden eines Greifvogels. In dem Moment, in dem er auf die vom Falkner angebotene Atzung nicht mehr angewiesen ist und die Gewohnheit ablegt, an den Ort der regelmäßigen Futterversorgung zurückzukehren, kann er als erfolgreich ausgewildert gelten. Der Greifvogel ist in diesem Fall – wie in der freien Natur auch – allmählich vorbereitet worden, sich selbstständig zu ernähren. So können mit dieser Methode Jungvögel wieder in die Natur ausgewildert werden (siehe Wildflugmethode).

UNFALLOPFER BRAUCHEN TRAINING

Für nach einem Unfall wieder genesene Altvögel ist die Methode des „kontrollierten Wildflugs" ungeeignet. Sie müssen vor der Wiederrückführung in die Natur durch ein falknerisches Training in den körperlichen Fitnesszustand gebracht werden, der ihr Überleben in freier Wildbahn gewährleistet. Gerade bei Greifvögeln wird leider oft gegen diese auch im Tierschutzgesetz enthaltene Grundregel verstoßen – nicht zuletzt und gerade auch durch staatlich anerkannte oder sogar geförderte „Greifvogel-Auffangstationen", deren Träger der Falknerei z.T. ablehnend gegenüberstehen.

DIE WILDFLUGMETHODE

Wo keine Brutpaare der betreffenden Greifvogelart mehr vorhanden sind, werden die in menschlicher Obhut gezüchteten Jungvögel mit der Kunsthorst-Wildflugmethode ausgewildert. Dazu wird ein vollständig verschlossener Kunsthorst in einem natürlichen Brutbiotop montiert, z.B. ein Kasten an einer Felswand oder einem Gebäude oder ein Stahlgitterkorb in einer Baumkrone. Die 32 bis 40 Tage alten, gezüchteten Jungvögel, die

EINFACH FREILASSEN IST TÖDLICH

Greifvögel nach einem längeren Aufenthalt in Menschenhand einfach wieder in die Wildbahn zu entlassen, käme einem „In-freier-Natur-Aussetzen" im negativen Sinne gleich. Es würde – zumindest bei „Hochleistungssportlern" wie Habicht, Sperber und Wanderfalke – häufig den Tod der Vögel bedeuten.

bereits selbstständig Atzung aufnehmen, werden in den geschlossenen Kunsthorst verbracht. Dort werden sie über eine entsprechende technische Einrichtung wie z.B. ein Fallrohr oder einen Futteraufzug von ihren Betreuern mit Futter versorgt, ohne dass sie dies mit dem Menschen in Verbindung bringen oder ihn aus der Nähe sehen können. Sind die Jungvögel flügge, wird mit entsprechender Technik, ohne dass Menschen in Erscheinung treten, das Verschlussgitter des Kunsthorstes vorsichtig geöffnet, sodass die Jungvögel ausfliegen können. Wichtig ist, dass sie den Weg zurück zum Horst finden, da sie dort weiterhin mit Atzung versorgt werden. Diese kostenintensive und personalaufwendige Methode hat wesentlich zur Wiederansiedlung des nördlich der Mainlinie ausgestorbenen Wanderfalken beigetragen.

DIE ADOPTIONSMETHODE

Bei der Auswilderung gezüchteter Greifvögel zur Stützung und Stärkung vorhandener Restpopulationen bietet sich die Adoption durch wilde Elternvögel derselben Art an. Dazu werden 7 bis 14 Tage alte, gezüchtete Jungvögel etwa gleichaltrigen Artgenossen in die Wildhorste zugesetzt, wobei die normale Jungenhöchstzahl der Art nicht überschritten werden sollte. Die zugesetzten Jungvögel werden problemlos angenommen und von ihren wilden Adoptiveltern ohne Schwierigkeiten mit großgezogen.

Seltene Aufnahme aus den 1970-Jahren: Adoption gezüchteter Wanderfalken durch Habicht in dessen Horst (Cross Fostering)

Etwas riskanter und schwieriger ist diese Adoptionsmethode in den Fällen, in denen die Brut im Wildhorst erfolglos bleibt. Hier ist wichtig, dass die Brutdauer nicht zu lange überschritten wurde und die Bindung an den Horst noch besteht. Eine durchgängige Beobachtung während der ersten Tage nach dem Einsetzen der Jungvögel ist unabdingbar, um sicherzugehen, dass das Brutpaar die Jungen tatsächlich angenommen hat und vollständig versorgt. Notfalls müssen die Jungvögel wieder geborgen werden.

Neben der Adoption durch Eltern der eigenen Art ist bei Greifvögeln auch die Adoption durch andere Arten („cross fostering") möglich und erfolgreich angewandt worden. Diese Methode bietet zwar vielseitige Möglichkeiten und ist weniger arbeitsaufwendig als die Wildflugmethode. Allerdings hat man aufgrund fehlender Langzeitstudien darauf verzichtet, diese Methode zu favorisieren, weil man das Verhalten der auf diese Art aufgezogenen Jungvögel gegenüber Vögeln der eigenen Art und der Stiefeltern-Art nicht überprüfen konnte.

PARADEBEISPIEL WANDERFALKE

Besonders umfangreiche, aber auch erfolgreiche Vorhaben sind die Wiederansiedlungsprojekte für den Wanderfalken in den USA, Kanada, Schweden und Deutschland. In den drei Projekten in den USA, Kanada und Schweden sind über 7000 gezüchtete Wanderfalken ausgewildert worden. Diese Tiere haben in allen drei Ländern zur Stärkung der Restpopulationen bzw. in den Vereinigten Staaten auch zur Wiederansiedlung des Wanderfalken in dem riesigen Raum westlich des Mississippi geführt.

VON FAST NULL AUF ÜBER 1000

In Deutschland, wo der Wanderfalke nördlich der Mainlinie (einschließlich der gesamten DDR) ausgestorben war, wurden seit 1977 alljährlich gezüchtete Wanderfalken mit den verschiedenen oben beschriebenen Methoden ausgewildert. Schon 1982 kam es zur ersten erfolgreichen Brut von ausgewilderten Wanderfalken an der Rosstrappe im Ostharz.

Bis zum Abschluss des Projekts 2010 wurden über 1100 im Deutschen Falkenorden gezüchtete Wanderfalken ausgewildert. Heute haben wir in Deutschland eine stabile Wanderfalkenpopulation mit über 1000 Brutpaaren. Das ist eine höhere Wanderfalkendichte, als sie in den letzten 300 Jahren je in Deutschland vorhanden war.

GERETTET – BAUMBRÜTER IM NORDOSTEN

Nach dem Mauerfall 1989 wurde das Programm auf Nordostdeutschland konzentriert, um dort die vollständig ausgestorbene Baumbrüter-Population des Wanderfalken wieder erstehen zu lassen, die ursprünglich den riesigen Raum der nordeuropäischen Tiefebene zwischen der Weser und dem Ural bewohnte. Auch dieses Vorhaben war sehr erfolgreich: 1996 brütete in Brandenburg zum ersten Mal wieder ein Wanderfalkenpaar – beide ausgewildert aus einem Kunsthorst in einer Baumkrone – in einem Baumhorst (des Roten Milans) in einer Baumkrone. Drei Jungfalken flogen aus.

Als 2010 die Zielbestandsgröße von 28 Baumbrüter-Paaren deutlich überschritten war, wurde das Projekt für Deutschland beendet. Aber seitdem wird ein entsprechendes Programm in Polen durchgeführt, das vom Deutschen Falkenorden und weiteren Falkenzüchtern durch die Zurverfügungstellung von gezüchteten Wanderfalken unterstützt wird. Die Ausweitung dieses vielversprechenden Baumbrüter-Projekts auf die polnischen Nachbarstaaten Weißrussland und Litauen wäre sinnvoll.

BEISPIELHAFTE ARTENSCHUTZMASSNAHMEN

Seit den Zuchterfolgen Anfang der 1970er-Jahre gibt es zahlreiche Zucht- und Auswilderungsvorhaben für verschiedene Greifvogelarten in vielen Ländern der Erde. Beispielhaft genannt seien hier
– die Wiederansiedlung des Seeadlers in Tschechien und in Schottland durch Auswildern von durch deutsche Falkner gezüchteten Jungvögeln,
– die sehr erfolgreiche Wiederansiedlung des Gänsegeiers in Frankreich,
– die Wiederansiedlung und Bestandsstützung beim Weißkopfseeadler in USA mit weit über 300 ausgewilderten Vögeln und
– die Wiedereinbürgerung des Bartgeiers im Alpenraum, wo 1997 wieder die erste erfolgreiche Brut in freier Wildbahn stattfand.

Autor H.-A. Hewicker assistiert beim Beringen und der Blutentnahme der ersten wieder in einem Baumhorst in Polen geschlüpften Wanderfalken (2012).

EQUIPMENT FÜR
BEIZVÖGEL UND
FALKNER

HALTEEINRICHTUNGEN

Grundsätzliche Anmerkungen zu falknerischen Haltung von Greifvögeln auch während der Mauser- und Zuchtzeit enthält das Kapitel „Haltung, Pflege und Gesundheitsvorsorge" (s. S. 68 ff.). Bei allen Gerätschaften versteht es sich von selbst, dass diese frei von scharfkantigen Gegenständen sein müssen und regelmäßig auf Funktionstüchtigkeit und Verschleiß zu überprüfen sind.

AUFSITZEINRICHTUNGEN

BLOCK

Der *Block* ist je nach Größe eine Aufsitzmöglichkeit für Falken oder Adler. Für die Verwendung im Freien besitzt er einen Metallstab von ca. 50 bis 80 cm Höhe, an dessen einem Ende

sich eine Spitze zum Eindringen in den Boden und am anderen Ende ein leicht kegelförmiger Holz- oder Kunststoffaufsatz befindet. Eine kleine Metallplatte am unteren Ende des Metallstabs begrenzt das Eindringen des Stabes in den Boden und hindert den darüber liegenden Ring, über den Stab zu gleiten. An diesem Ring wird der Beizvogel über die Langfessel mittels des Falknerknotens befestigt.

Der Holz- oder Kunststoffaufsatz am oberen Ende des Stabs schließt mit einer gewölbten Korkplatte, Kokosmatte oder Kunstrasen mit abgeknickten Spitzen ab. Die Oberfläche darf nicht glatt sein, damit Abrutschen und/oder „Dicke Hände" vermieden werden.

Die Geschühriemen der darauf sitzenden Beizvögel dürfen nicht zu lang sein, um nicht über den Block zu rutschen und den Beizvogel am Block zu fixieren oder gar zu verletzen.

Block (l.) und Sprenkel

BODEN- UND HOCHBLOCK

Der *Bodenblock* besitzt anstatt der Metallspitze zum Eindringen in den Boden eine flache Abschlussplatte zum Aufstellen auf hartem Untergrund oder innerhalb von Gebäuden und Zimmern. Die Abschlussplatte muss so schwer und groß sein, dass beim Abspringen des Falken der Block nicht umfallen kann. Am *Hochblock* ist die Sitzfläche auf mindestens Brusthöhe angebracht und das Gestell nach unten hin mit stabiler Kunststofffolie oder Leinenstoff verkleidet, sodass der Beizvogel beim Abspringen nicht gegen harte Gegenstände stoßen und nicht den Boden berühren kann. Die Anbindung erfolgt entweder mit der Langfessel durch die Mitte des Blockes, die am unteren Teil an einer Öse befestigt wird, oder an einem permanent installierten Riemen oben am Block mit der Drahle. Für Adler ist der Hochblock nicht geeignet.

SPRENKEL UND BODENSPRENKEL

Der *Sprenkel* ist ein gebogener Holz- oder Metallbogen, der in der vertikalen Höhe ca. 30 bis 50 cm und in der horizontalen Länge ca. 50 bis 90 cm misst. Seine Höhe richtet sich nach der Größe des Beizvogels, dessen Staart (Schwanzfedern) den Boden nicht berühren darf, wenn er darauf steht. An beiden Enden des Bogens befinden sich zwei Metallspitzen zur Fixierung im Boden, bei denen wie beim Block zwei Metallplatten das Eindringen in den Boden begrenzen. Über den Bogen läuft ein

KEIN KARABINER

Von Karabinern zur Anbindung des Beizvogels an Halteeinrichtungen ist generell abzuraten, wenn sich die Einrichtungen nicht in einem geschlossenen Bereich befinden. Falken und vor allem Hierofalken spielen gerne daran und können solche Haken öffnen. Ein Entfliegen mit geschlossenem Geschüh wäre die Folge.

Metallring zum Befestigen des Beizvogels mit der Langfessel. Das mittlere Drittel des oberen Bogens wird mit Leder, Teppich oder einer Hanfschnur als Sitzgelegenheit umwickelt und sollte dick genug sein, um vom Greifvogel nicht vollständig umgriffen zu werden. Der Sprenkel kann für alle Beizvögel verwendet werden, wobei er, mit Ausnahme des Bodensprenkels, selten für Falken Verwendung findet.

Der *Bodensprenkel* besitzt wie auch der Bodenblock keine Spitzen für die Bodenbefestigung, sondern flache Abschlussplatten oder Holzstreben zum Aufstellen auf festem Untergrund. Gerne wird der Bodensprenkel für den Transport von verhaubten Beizvögeln im Auto verwendet.

KRÜCKE UND BODENJULE

Die *Krücke* wird wie der Block mit nur einem Metallstab im Boden befestigt. Die obere Form, auf der die Beizvögel sitzen, unterscheidet sich von der des Blocks in der flachen Form und ist wie beim Sprenkel im oberen Sitzbereich mit Leder oder einer Hanfschnur umwickelt und an die Größe des Beizvogels angepasst. Diese Sitzgelegenheit wird vorwiegend für Habichte, Harris Hawks und Adler verwendet.

Die Bodenjule ist hinten rechts auf Foto S. 45 oben zu sehen.

HOHE RECK UND BOGENRECK

Die *Hohe Reck* sollte mindestens brusthoch sein und in einem gut belüfteten, trockenen zugfreien Raum stehen. Idealerweise ist der Raum verdunkelbar. Die Rahmenkonstruktion kann aus Holz oder anderen Materialien bestehen, die Sitzauflage wird mit Kunstrasen, Kork oder Teppich abgepolstert. Im Rahmen ist ein (Leinen-) Tuch oder dicke Kunststofffolie zu verspannen, damit der Beizvogel sich im Fall des Abspringens nicht verletzen oder unten hindurchschwingen kann (s. Foto S. 74 o.). Festgelegt wird der Beizvogel mit dem traditionellen Reckknoten oder einer einfachen

01 *Verschiedene Varianten von Zimmer-Halte-*
   einrichtungen: zwei Bodensprenkel (h. l. und
   v. l.), Bodenblock (v. r.) und Bodenjule (h. r.)

02 *Habicht im siebten Flug (sechs Jahre alt) auf*
   der Krücke. Nach dem Baden in der Kunst-
   stoff-Badebrente (r.) sträubt er das Gefieder
   und genießt die wärmende Herbstsonne.

03 *Anlegen an der Reck mit traditionellem*
   Reckknoten

02

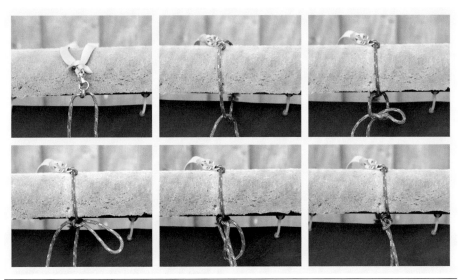

03

Moderne Variante des Anlegens an der Reck

Anlegevariante. Wird ein Habicht auf die Hohe Reck gestellt, muss zwischen Drahle und Langfessel immer eine Kurzfessel geknotet werden, damit die längeren Staartfedern des Habichts bei Unruhe keinen Schaden nehmen. Auf der Hohen Reck können auch mehrere Beizvögel untergebracht werden, wenn ausreichend Abstand zwischen den Vögeln eingehalten wird.

Die *Bogenreck* ist eine Sitzgelegenheit für nur einen Beizvogel und wird meist für Habichte oder Harris Hawks verwendet. Im Gegensatz zur herkömmlichen Reck hat die Bogenreck – namensgerecht – eine bogenförmige Sitzfläche.

(WALLER-)RUNDRECK

Die *Rundreck* (auch *Waller-Rundreck*, s. Foto S. 177) unterscheidet sich zur herkömmlichen Reck durch ihre runde Form. Der Vorteil ist, dass sie weniger Platz in Anspruch nimmt und der Beizvogel durch die längere Anbindung und den umlaufenden Aktionszirkel mehr Bewegungsfreiheit hat. Auf der Rundreck ist keine zusätzliche Kurzfessel für den Habicht erforderlich, weil die Anbindung mittig erfolgt und mit der Langfessel ausgeglichen wird. Es kann immer nur ein Beizvogel darauf untergebracht werden. Leider schmelzen (Kot absetzen) Habichte oftmals auf den Rand, was der Harris nicht tut.

HIGH-, LOOP- UND SHELF-PERCH

Die *High-Perch* ist eine Sitzgelegenheit, die auf einem bis brusthohen Tisch aufgesetzt und dort fest verankert wird. Der Tisch muss so groß sein, dass der Beizvogel im Fall des Abspringens nicht über den Rand des Tisches

---

HOHE EINRICHTUNGEN SIND SCHONEND

Generell ist die Haltung für Beizvögel im aktiven Jagdbetrieb auf hohen Einrichtungen gefieder- und klauenschonend, außerdem ist eine Annäherung in Augenhöhe für die Beizvögel angenehm. Zum Baden werden die Beizvögel an Bodeneinrichtungen gestellt. Alle Vögel, die an falknerischen Einrichtungen gehalten werden, sollten immer Bellen tragen, damit jede Aktivität akustisch überwacht werden kann.

Bogenreck

High-Perch (l.) und Loop-Perch

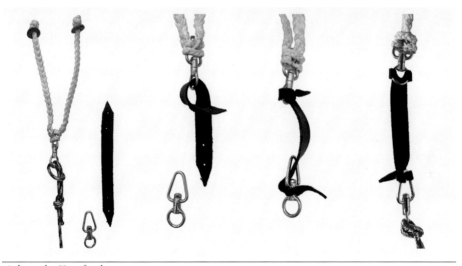

Anlegen der Kurzfessel

hinausgelangen kann und immer auf der Tischplatte landet. In der Regel springt der auf der Tischplatte stehende Beizvogel nach kurzer Zeit wieder zurück auf die Stange. Die Langfessel wird an dem Ring des über die Sitzstange gespannten Bogens befestigt, sodass sie nicht verhängen kann, egal, auf welche Seite der Beizvogel abspringt. Auf der High-Perch darf immer nur ein Beizvogel gehalten werden.

Die *Loop-Perch* unterscheidet sich lediglich in ihrer größeren Höhe von der Krücke. Habichte und Harris Hawks fühlen sich durch das höhere Sitzen darauf sehr wohl. Die *Shelf-Perch* ist ein flaches Halbkreisbrett mit Kunstrasen oder Naturkorkplatte auf der Oberfläche. Das halbrunde Brett wird direkt an der Wand befestigt und ist über einem Tisch mit einem Abstand von ca. 20 bis 30 cm zur Tischoberfläche angebracht.

Festgelegt wird der Beizvogel unterhalb des Brettes an einer Öse mit der Langfessel. Beim Abspringen darf der Beizvogel nicht über die Tischkante hinausgelangen, damit er immer auf der Tischfläche steht. Wie auch bei der High-Perch hüpfen die Vögel nach dem Abspringen wieder auf den Sitzplatz zurück.

Die Shelf-Perch wird an einer Wand befestigt.

BADEBRENTE

Die Badebrente ist eine flache Wasserschale von 10 bis 15 cm Tiefe und ca. 50 bis 80 cm Durchmesser, die etwas im Boden eingelassen werden kann oder auf dem Rasen steht. Sie darf keine scharfen Kanten haben, damit sich der Beizvogel beim Abspringen keine Gefiederschäden oder Verletzungen zuzieht.

Die Badebrente sollte generell mit frischem Wasser gefüllt dem Beizvogel zur Verfügung stehen, zum Baden oder zum Schöpfen. Achtung im Winter kann das Baden gefährlich sein. Oftmals baden Beizvögel auch bei Frost, wenn ihnen Wasser angeboten wird, dann muss der Beizvogel nach dem Bad an einen warmen Ort zum Trocknen gebracht werden. Erst wenn auch das Untergefieder vollständig trocken ist, darf der Beizvogel zurück in den Außenbereich gebracht werden!

Juveniler Wanderfalke am Block mit Metall-Badebrente

GESCHIRRE UND HAUBEN

Um einen Beizvogel überhaupt auf den genannten Sitzmöglichkeiten festlegen oder auf der Faust tragen zu können, muss er fachgerecht aufgeschirrt werden. Das Geschirr umfasst Geschüh, Drahle (auf der Reck beim Habicht die Kurzfessel), Langfessel, Bellen, Adresstafel und Haube. Zum Aufschirren ist eine kompetente Hilfsperson erforderlich, die entweder den Greifvogel hält oder alle vorher bereitgelegten Utensilien zügig anlegen kann. Damit der Greifvogel bei diesem Vorgang nicht unnötig beunruhigt wird, ist er verhaubt oder zumindest mit durch ein Tuch abgedecktem Kopf in ein Handtuch zu wickeln.

GESCHÜH

Geschühriemen sind die Lederriemen an den Fängen (Habicht, Adler) oder Händen (Falken) des Beizvogels, die durch die Drahle mit der Langfessel verknüpft werden, um den Beizvogel auf der Faust zu halten oder auf den verschiedenen Sitzgelegenheiten festzulegen.

TRADITIONELLES GESCHÜH
Das traditionelle Geschüh ist ein Lederstreifen aus zerreißfestem, weichem Leder mit drei Schlitzen und einer etwas breiteren Stelle,

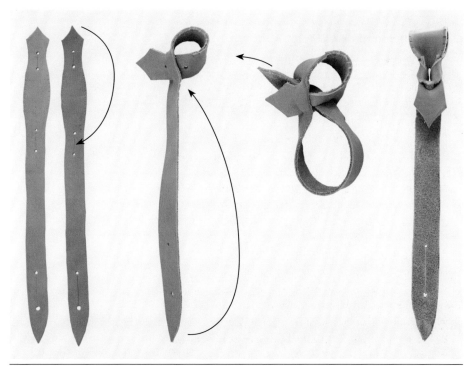

Richtiges Knoten des traditionellen Geschühs

FALKNEREI-EQUIPMENT

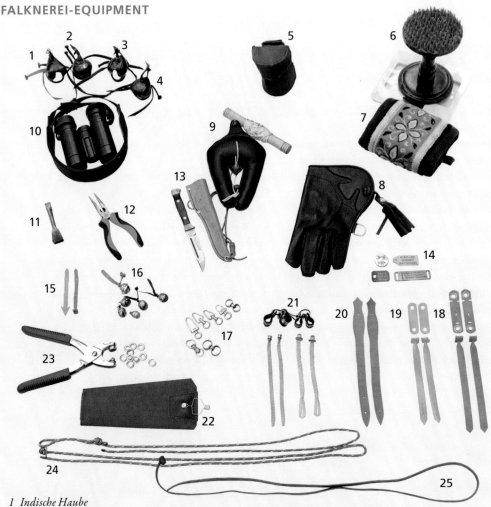

1 Indische Haube
2 Arabische Stockhaube
3 Holländische Stockhaube
4 Holländische Stockhaube
5 Haubentasche für Jacke oder Weste
6 Elektronische Waage
7 Arabischer Falknerhandschuh
8 Falknerhandschuh
9 Federspielbalg (Rohkörper): Beim Einfliegen
   können bei Bedarf Schwingen von Beutetieren
   angebracht werden
10 Fernglas, klein und handlich
11 Zange zum Ausrichten verbogener Federn,
    Metall wird erwärmt und über die verbogene
    Feder gestreift
12 Knochenzängchen, verwendbar zum Brechen
    von Knochen oder zum Abnicken bei Federwild
13 Falknermesser, nur an der Spitze geschärft

14 Verschiedene Adresstafeln
15 Verschiedene Bellriemen
16 Verschiedene Bells
17 Verschiedene Drahlen
18 Schnellgeschüh für kurzzeitige falknerische Haltung
    mit einziehbaren Geschühriemen
19 Aylmeri-Manschetten mit einziehbaren Geschüh-
    riemen
20 Traditionelles Geschüh
21 Aylmeri-Manschette mit integrierter Adresstafel,
    l. darunter Wurfgeschüh ohne Schlitze
22 Staartschutz für Habicht, einzubringen an Öse
    für Sender
23 Ösenzange zum Verschließen der Aylmeri-
    Manschetten mit Ösen
24 Nylon-Langfesseln mit Schlaufe und mit Knoten
25 Traditionelle Leder-Langfessel

die je nach Größe des Beizvogels individuell geschnitten ist. An der breiteren Stelle wird das Leder oben und unten etwas eingeschnitten, um Druckstellen am Fuß des Beizvogels vorzubeugen. Durch das spezielle Einfädeln der Enden in die Schlitze (s. Abb. S. 49) entsteht ein sicherer Sitz der Geschühriemen am Fuß des Greifvogels. Das Geschüh darf nicht zu locker am Fuß angebracht werden, um einem Herausschlüpfen vorzubeugen, und nicht zu fest, damit keine Einschnürungen auftreten. Das längere Stück des Geschühs wird beim Anlegen zwischen den Beinen durchgeführt. Das heißt, die Schlaufe, welche um den Fuß gelegt wird, ist immer von innen nach außen zu umzuschlagen, nicht umgekehrt. Nur so zeigt der fertige Knoten (rechts in Abb. S. 49) immer nach außen. Der Kennring muss immer über dem Geschüh liegen!

AYLMERI-GESCHÜH

Das Aylmeri- oder Ösengeschüh ist eine kurze Ledermanschette, die den Ständer des Beizvogels umschließt und mit einer Öse unlösbar verschlossen wird. Durch diese Öse

GEGEN EINFÄDELN

Das Wurfgeschüh verhindert bei Habichtartigen und Adlern, dass sich beim Fliegen im Wald und Gestrüpp die Schlitze an herausstehenden Ästchen einfädeln. Deshalb sollten nicht nur bei der Jagd, sondern auch beim Training immer ein Wurf- oder Jagdgeschüh eingezogen bzw. bei einem traditionellen Geschüh die Schlitze mit einem Klebeband verschlossen werden.

werden die Geschühriemen gezogen, die dem längeren Teil des konventionellen Geschühs entsprechen. Die Länge der Geschühriemen sollte so gewählt sein, dass sie nicht über den Stoß oder Staart des Beizvogels beim Flug hinausragen. Die Geschühriemen können aus Leder, Goretex oder gekordeltem Nylon bestehen. Sie haben an der einen Seite Schlitze für die Drahle und an der anderen Seite eine Begrenzung, um nicht durch die Ösen zu rutschen. Vorteil des Ösengeschühs ist, dass die Geschühriemen während der Beizjagd (Fal-

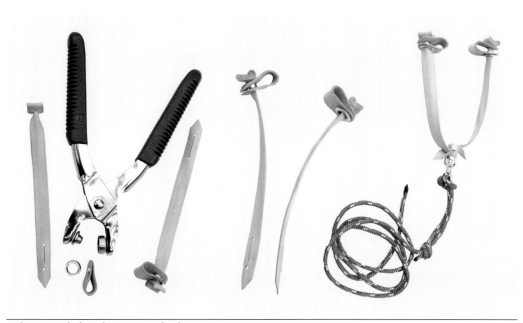

Aylmeri-Geschüh, rechts mit Langfessel

ken) herausgezogen werden können und sich bei der falknerischen Haltung kaum verdrehen. Bei Habicht, Harris Hawk und Adler können die normalen Geschühriemen gegen Wurfgeschühriemen (ohne Schlitze) bei der Jagd ausgetauscht werden. Da Falken bis kurz vor dem eigentlichen Jagdflug verhaubt getragen werden, können die Rieme bereits vorher entfernt werden und der Falke mit einem am Falknerhandschuh angebrachten Sicherungsriemen, der durch die Ösen gezogen wird, gesichert werden. Nach dem Abhauben und Abfliegen des Falken rutschen die dünnen Sicherungsriemen beim Öffnen der Hand von selbst durch die Ösen.

SCHNELL-GESCHÜH

Diese Geschühvariante wird bei Greifvögeln verwendet, die nur kurzzeitig an die falknerische Haltung angelegt werden und sonst weder Geschüh noch Manschette tragen. Dies kann zum Beispiel bei Zuchtvögel angelegt werden, die während der Volierenreinigung an den Block oder Sprenkel gestellt werden, oder wenn eine frische Schmelzprobe entnommen werden soll.

Die Manschetten werden mit einem Quer-Längs-Einschnitt im Mittelteil (siehe Abb. ganz l.) und Ösennieten versehen. Beim Anlegen wird die Manschette um den Ständer des Vogels gelegt und eine der Ösen durch den Quer-Längs-Einschnitt gezogen. Die Einkerbungen (Abb. o. l.) fügen sich in den Querschlitz an der rechten Seite ein und halten so selbstständig. Sobald der Geschühriemen durch die Öse gezogen wird, kann sich die Manschette nicht mehr öffnen.

Das Schnell-Geschüh lässt sich leicht anlegen und wieder abnehmen und ist zudem wieder verwendbar.

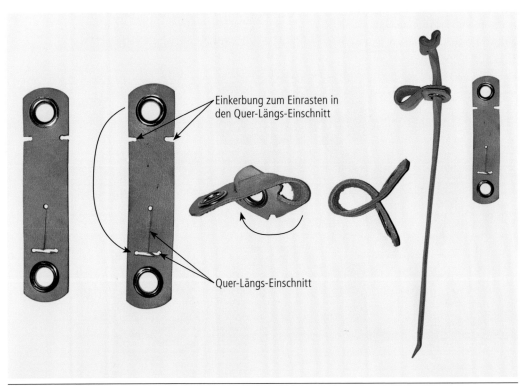

Einkerbung zum Einrasten in den Quer-Längs-Einschnitt

Quer-Längs-Einschnitt

Anlegen des Schnellgeschühs

DRAHLE

Die Drahle ist ein nicht rostender Metall-wirbel, der die Geschühriemen und Langfessel verbindet und das Verdrehen der Geschühriemen verhindert. Dazu werden die sich am unteren Ende befindenden Schlitze der Geschühriemen, wie in der Abbildung zu sehen, eingefädelt, danach wird am unteren Ende die Langfessel durchgezogen.

LANGFESSEL

Die Langfessel ist ein Lederriemen oder eine gekordelte Nylonschnur, die dazu dient, den Beizvogel an den verschiedenen Aufsitzmöglichkeiten festzulegen oder ihn auf der Faust zu halten, Stärke und Länge sollten an die jeweilige Größe des Greifvogels angepasst sein. Sie können zwischen 0,5 bis 1,5 cm breit bzw. stark und 50 bis 120 cm lang sein.

Bei der traditionellen Lederlangfessel wird an einem Ende das Leder zweimal übereinander-gelegt und mit der Lochzange durchstoßen. Durch das entstandene Loch wird das gegen-überliegende Ende der Lederfessel gezogen, wodurch ein unlösbarer Knoten entsteht. Lederlangfesseln müssen regelmäßig einge-

fettet und kontrolliert werden, damit sie nicht brüchig werden.

Die Nylonschnur kann auf zweierlei Arten geknotet werden. Beim einfachen Knoten besteht die Gefahr, dass ihn Falken, gerade Hierofalken, durch Daranherumbeißen öffnen und mit geschlossenem Geschüh ent-fliegen könnten. Bei der Schlaufen- oder Schlingenvariante ist dies fast völlig ausge-schlossen. Die Langfessel wird mit dem tradi-tionellen Falknerknoten am Block, Sprenkel oder der Reck festgelegt.

Wanderfalke auf dem Block

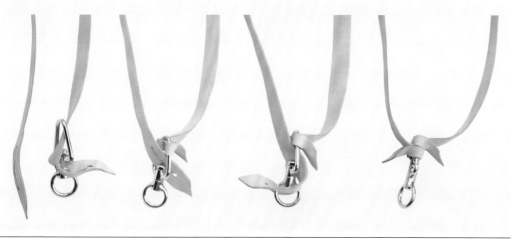

Anlegen der Drahle

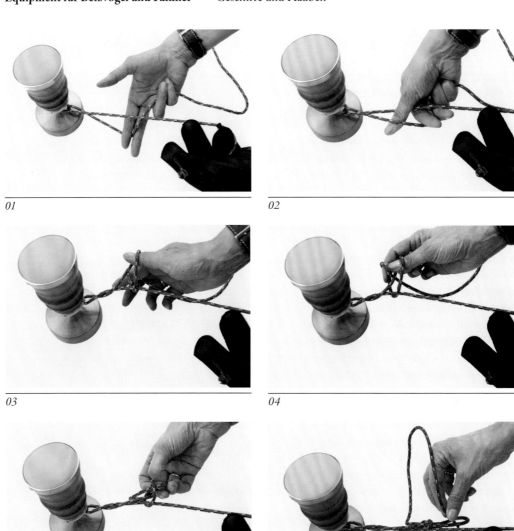

01

02

03

04

05

06

01–07 Binden eines Falknerknotens mit einer Hand

07

BELLEN UND ADRESSTAFELN

Bellen und Adresstafeln sind auch im 21. Jahrhundert trotz moderner Senderanlagen unverzichtbar. Sie werden am Ständer (Bein) des Beizvogels befestigt. Verstößt sich ein Beizvogel oder verunfallt er, so kann er dank der Adresstafel zurückgegeben werden. Greift ein Beizvogel seine Beute in hoher Vegetation, verrät das Klingeln der Bellen bei Bewegung seinen Standort. Befestigt werden die beiden Hilfsmittel auf verschiedene Weise. Traditionell mit einem kleinen, speziell zugeschnittenen Bellriemen oberhalb des Geschühs. Die Verknotung des Bellriemens verhindert einen direkten Kontakt der metallenen Bellen mit dem Ständer des Beizvogels und gewährleistet einen sicheren Verschluss. Da alle Beizvögel

mindestens einen amtlichen geschlossenen Kennring haben, können die Bell wie auch die Adresstafel mit einem Kabelbinder an diesem Ring oder an der Manschette befestigt werden – allerdings nur bei Falken, denn in dichtem Gestrüpp jagende Habichte oder Harris Hawks könnten z. B. an Dornen damit hängen bleiben!

Enthielt früher die Adresstafel die postalische Adresse eines Falkners, genügt heute ein kleines Schild mit einer stets erreichbaren Telefonnummer mit Länderkennzahl und dem Namen des Falkners. Die klassische Adresstafel, die auf das traditionelle Geschüh mit den beiden Schlitzen aufgefädelt wurde (Abb. l. u. im unteren Foto) findet immer weniger Verwendung, weil häufig ein Wurfgeschüh (Abb. S. 50, Nr. 20) diese Anbringung verhindert. Form, Farben und Kombinationen richten

Anlegen von Bell und Bellriemen

Verschiedene Adresstafeln. Außer der Tafel unten links können sie beidseitig graviert werden.

KABELBINDER SIND TABU

Niemals werden die Bellen oder die Adresstafel direkt am Ständer mit einem Kabelbinder angebracht! Der kann sich zuziehen und Einschnürung verursachen. Der Kennring muss immer über dem Geschüh oder dem Bellriemen sitzen.

Wanderfalke mit Indischer Haube, aus einem Stück gefertigt

sich nach eigenen Vorlieben und Zweckmäßigkeit. Durch integrierte Adresstafeln auf Aylmeri-Manschetten kann man die zusätzliche Anbringung einer Adresstafel umgehen.

HAUBE

Die Haube dient dazu, alle optischen Reize vom Greifvogel fernzuhalten. Verhaubt lassen sich Greifvögel gut und entspannt transportieren. Grundsätzlich kann jeder Beizvogel verhaubt werden, vorausgesetzt, die Haube passt. Wurden früher vor allem Falken und Adler verhaubt, geschieht dies zunehmend auch bei Habicht und Harris Hawk, um die ablenkenden Eindrücke vor einem Jagdflug

V. l. n. r.: Holländische Haube, aus drei Stücken gefertigt – Indische Haube, aus einem Stück gefertigt – Arabische Haube mit verdecktem Verschluss. Alle Hauben sind mit Goretex-Riemen versehen, denn nasse Lederriemen können klemmen.

Holländische Haube, aus drei Stücken gefertigt

Gerfalke mit arabischer Haube mit verdecktem Verschluss und Goretex-Riemen

fernzuhalten. Die gängigen Haubenmodelle sind nach Vorlagen der indisch-asiatischen, der arabischen und der europäisch-holländischen Haube gearbeitet.

Die indisch-asiatische oder auch kirgisische Haube ist aus einem Stück geschnitten und vernäht. Die europäische oder holländische Haube wird aus zwei Seitenteilen und einem Mittelstück erstellt und zusammengenäht. Die arabische Haube ist eine Kombination zwischen den beiden vorher Genannten mit einem verdeckten Verschluss. Die Bänder zum Auf- und Zuziehen der Haube sind heute meist aus Goretex anstatt aus Leder. Goretex lässt sich bei Nässe gleich gut auf- und zuziehen, während bei nassen Lederriemchen das Öffnen schwierig ist.

AUSRÜSTUNG DES FALKNERS

FALKNERHANDSCHUHE

Zu den wichtigsten Ausrüstungsgegenständen für den Falkner zählt der Falknerhandschuh. Der *europäische Falknerhandschuh* (siehe Abb. S. 50, Nr. 8) sollte aus weichem, glattem Leder sein und wird je nach Größe des Beizvogels ausgewählt. In jedem Fall muss man genügend Gefühl im Handschuh besitzen, um die Geschühriemen halten zu können, und der Handschuh muss Hand und Unterarm zuverlässig vor den Klauen des Beizvogels schützen. Ein angebrachter Metallring an der Innenseite dient zur Sicherung der Langfessel oder zum Anbringen eines Sicherungsriemens.

Der asiatische Falknerhandschuh ist aufgrund der Wärme in den asiatischen Gefilden ein offener Schlupfhandschuh aus Teppich.

FALKNERTASCHE

Die traditionelle Falknertasche besitzt zwei große Kammern: auf der einen Seite für das Federspiel und auf der gegenüberliegenden Seite für das gebeizte Wild. Diese Kammern sind vertikal in der Mitte getrennt, wobei die Seite für das gebeizte Wild abgedeckt ist. Eine kleinere, aufgesetzte Tasche auf dieser Seite ist für die Atzung.

Der Trageriemen wird schräg über die Schulter getragen, sodass sich die Tasche auf der rechten Seite befindet, weil der Beizvogel links getragen wird und nur die rechte Hand verfügbar ist. Verbunden ist der Trageriemen mit der Tasche durch einen Wirbel, ähnlich der Drahle, so kann die Tasche schnell problemlos gewendet werden. Ein kleiner Karabinerhaken am Trageriemen dient dem Einhaken der Falkenhaube während des Jagdfluges und eine Schlaufe als Halterung für das Falknermesser (Stilett) zum Abnicken der Beute. Anstelle des Karabiners kann auch eine Haubentasche (siehe Abb. S. 50, Nr. 5) am Trageriemen angebracht werden.

Seit einigen Jahren setzen sich Falknerwesten durch den angenehmen Tragekomfort und die größere Bewegungsfreiheit bei der Jagd immer mehr durch. Diese Westen sind aus pflegeleichten, abwaschbaren Materialien und bieten mit den vielen Taschen und Fächern Stauraum für Atzung, Federspiel, Telemetrieanlage und vieles mehr.

Falknerweste (o.) und Falknertasche

SONSTIGE AUSRÜSTUNG

FALKNERMESSER

Das Falknermesser (siehe Abb. S. 50, Nr. 13) ist lediglich an der Spitze geschärft und nach einer Einkerbung an den Seiten stumpf geschliffen, um beim Abfangen des gebeizten Wildes oder beim Umgreifen des Beizvogels eine Verletzungsgefahr auszuschließen.

KNOCHENZANGE

Ein kleines Knochenzängchen (siehe Abb. S. 50, Nr. 12) leistet gute Dienste zum Brechen der Knochen beim Verfüttern ganzer Flügelteile, um so dem Greifvogel auf natürliche Weise ausreichend Kalzium zuzuführen. Die kleine, gekrümmte Allzweckzange kann außerdem zum Abnicken bei Flugwild eingesetzt werden, weil dies ungefährlicher ist, als mit dem Falknermesser zwischen den Zehen zu hantieren.

FERNGLAS

Ein Fernglas ist sowohl beim Training als auch bei der Jagd immer mitzuführen, um den Beizvogel und auch das Beizwild genau lokalisieren zu können. Kleine Ferngläser reichen meist aus, da die Dämmerungsleistung der Optik vernachlässigt werden kann.

FEDERSPIEL UND SCHLEPPE

Das Federspiel (siehe Abb. S. 50, Nr. 9) bestand früher aus einem hufeisenförmigen Lederbalg, der mit Sand befüllt und mit Schwingenfedern des Beizwildes bestückt war. Heute verwenden viele Falkner aus hygienischen Gründen die Lederbälge in verschiedenen Varianten einfach blank. Allerdings ist es sinnvoll, beim Einfliegen entweder Flügelfedern oder ganze Beutetiere am Federspiel anzubringen, damit der Beizvogel das später zu bejagende Wild kennenlernt.

Gerfalke am Stangenfederspiel

An beiden Seiten des Federspiels müssen ausreichend lange Schnüre zum Befestigen der Atzung angebracht sein. Eine ca. 1,50 m lange Schnur, die mit einem drehbaren Wirbel am Balg verbunden ist, dient zum Schleudern oder Ziehen des Federspiels. Das Gewicht muss so gewählt werden, dass es nicht zu schwer ist und der Beizvogel sich beim Schlagen in der Luft nicht verletzen kann. Es soll allerdings auch nicht zu leicht sein, damit der Beizvogel es nicht leiten kann.

Das *Stangenfederspiel* kann eine Angel, Stange oder eine lange Reitpeitsche sein, an deren Ende ein Gummiband mit einem Taubenflügel oder Ähnliches gebunden wird. Der „verlängerte Arm" bietet einen größeren Aktionsradius beim Federspieltraining, um eine Kollision mit dem Falkner zu vermeiden. Dieses Hilfsmittel wird ausschließlich für das Training und nicht für die Beizjagd verwendet.

Als Schleppe kann ein ausgestopfter Hasen-, Kaninchen- oder Fuchsbalg für Habichte und Adler beim Einjagen oder Training verwendet werden. Ebenso wie das Federspiel, sollte die Schleppe weder zu schwer noch zu leicht sein und eine Möglichkeit zur Befestigung der Atzung am Kopf des Balgs haben. Die Bälge sind so zu präparieren, dass sich der Beizvogel beim Schlagen keine Verletzungen zufügen kann.

BEIZVOGELTRANSPORT

Beizvögel können in geschlossenen Transportboxen oder auf offenen Sitzgelegenheiten transportiert werden. Unverhaubte Beizvögel auf der Rücklehne zu transportieren, ist abzulehnen, da sie den Fahrer ablenken und Unfälle provozieren können.

GESCHLOSSENE TRANSPORTBOX
Die geschlossene Transportbox ist eine dem Beizvogel in der Größe angepasste Box mit einer Tür und meist einer griffigen Sitzstange

Habicht-Transportkiste aus Kunststoff

Schlitze sorgen für eine gute Belüftung.

Cadge für Falken

im Inneren. Der Beizvogel kann auch auf dem Boden sitzend (Adler) in die Box gestellt werden. Die Box muss gut belüftet sein, was über speziell angeordnete Belüftungslöcher oder einen kleinen, elektrischen Ventilator gehen kann. Solche Ventilatoren sind für wenig Geld im Elektrohandel erhältlich und können über den Zigarettenanzünder des Autos betrieben werden.

Die Luftzirkulation gewährleistet, dass sich keine Schimmelpilze bilden, die zu einer unter Umständen tödlichen Erkrankung des Beizvogels führen.

Als Materialien sind für Transportbehälter Holz, Kunststoff, Leinen oder andere, lichtundurchlässige Stoffe geeignet. Die Beizvögel können ohne oder mit Haube in der Transportbox untergebracht werden.

OFFENE TRANSPORTKISTE

Die offene Transportkiste oder auch kleine Cadge (s. Foto S. 118) ist ein quadratischer oder rechtwinkliger Kasten, auf dem mehrere Falken transportiert werden können.

Die Sitzflächen müssen abgepolstert und die Höhe der Größe der Greifvögel angepasst sein. Jeder Beizvogel ist separat festzulegen.

CADGE

Die Cadge wird im Feld bei der Beizjagd verwendet, wenn man mit mehreren Falken ins Feld geht. Sie muss groß genug sein, damit sich eine Person hineinstellen und diese bequem tragen kann.

SITZSTANGEN

Ausziehbare Sitzstangen (s. Foto S. 23) sind Eigenkonstruktionen und Vorrichtungen im Fahrzeuginnenraum, auf denen verhaubte Falken transportiert werden. Die Sitzflächen sollen abgepolstert und die Falken voneinander getrennt sein.

TELEMETRIE –
ANLAGE UND ANWENDUNG

Kaum ein anderes Hilfsmittel hat die prak-
tische Beizjagd so stark verändert wie die
Telemetrieanlage: Die Zahl der verstoßenen
Beizvögel ist seit deren Einführung stark
zurückgegangen und erlaubt dem Falkner
einen wesentlich größeren Spielraum beim
Fliegen seines Beizvogels, als zu früheren
Zeiten.

FUNKTIONSWEISE

Das Prinzip der Telemetrie funktioniert recht
einfach. Der Sender strahlt genehmigte, zuge-
wiesene Funkwellen aus, die von einem Empfangsgerät über die Richtantenne eingefangen
und in ein akustisches und optisches Signal
umgewandelt werden. Anhand der Intensität

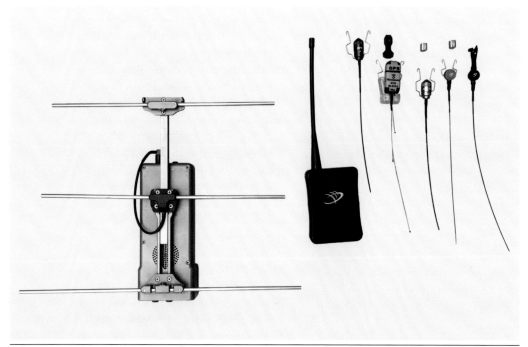

Telemetrieanlage (von l. nach r.): Empfängergerät mit Antenne, Zusatzgerät für GPS mit blauem GPS-Sender,
orangefarbener GPS-Sender, zwei Sender mit Feder für Stoßmontage und ein Sender mit Bellriemen für Fußmontage

des empfangenen Signals kann die Richtung, in der sich der Sender befindet, bestimmt werden. Dessen Entfernung lässt sich dagegen nur abschätzen.

Generell gilt, dass Anlagen in höheren Frequenzbereichen aufgrund der kürzeren Wellenlänge des Signals mit einer kürzeren Sender- und Empfängerantenne auskommen. Um die Funktionstüchtigkeit der Anlage zu gewährleisten, müssen Batterien, Antennen und Steckverbindungen vor Gebrauch immer überprüft und bei Defekten ausgetauscht werden.

JE HÖHER, DESTO DEUTLICHER

Funkwellen werden ähnlich wie Licht von Gebäuden oder Hindernissen reflektiert und breiten sich bei Nebel oder Regen schlechter aus. Befindet sich der Sender in Bodennähe, verringert sich das Empfangssignal beträchtlich, und entsprechend wird es umso deutlicher, je höher und hindernisfreier das Signal ausgestrahlt werden kann.

Bei Ortungsschwierigkeiten müssen hohe Gebäude oder Erhebungen in der Landschaft aufgesucht werden – in Ausnahmefällen kann vielleicht sogar ein Kleinflugzeug zur Ortung aus der Luft herangezogen werden –, um das Signal hindernisfrei von oben einfangen zu können.

SENDER MIT GPS ...

Neueste Sendervarianten verfügen über ein GPS-System. Sie senden mobile Daten auf ein Smartphone, die direkt im Feld ausgelesen werden. Mit dieser neuen Technik werden nicht nur Verlauf, Dauer und Höhe des Fluges angezeigt, sondern auch die exakte Position angegeben, an der sich der Beizvogel befindet.

RECHTSLAGE BEACHTEN!

Die aktuelle Rechtslage und Vorgaben der Bundesnetzagentur sind zu beachten! Benutzt werden dürfen nur in Deutschland zugelassene Senderanlagen.

... UND SOLARMODUL

Moderne GPS-gestützte Sender verbrauchen leider viel Energie und verlangen einen häufigen Batteriewechsel. Hochmoderne GPS-Sender sind deshalb mit kleinen Solarmodulen ausgestattet, damit sich ihre Akkus bei Tageslicht wieder aufladen. Derzeit werden jährlich neue Technologien vorgestellt: Es empfiehlt sich, die neuesten Entwicklungen sorgfältig zu verfolgen und gegebenenfalls alte Anlagen auszutauschen oder nachzurüsten.

BEFESTIGUNG

Gewöhnlich werden die Sender erst vor Beginn des Freifluges angebracht und am Ende wieder abgenommen. Ihre Funktionstauglichkeit muss *vorher* geprüft werden!

STÄNDERMONTAGE

Bei der Befestigung am Ständer des Beizvogels wird der Sender über dem Geschüh mit einem Lederriemchen ähnlich dem Bellriemen angebracht. Diese Art der Montage hat verschiedene Nachteile:

– Beim Binden von Beute kann der Sender den Beizvogel behindern und irritieren, vor allem, wenn er weit herunterhängt.

– Steht der Beizvogel mit oder ohne Beute am Boden, ist das Empfangssignal beeinträchtigt.

– Beim Landeanflug auf Strommasten besteht ein erhöhtes Stromschlagrisiko.

– In der Annahme, der Beizvogel würde Beute tragen, werden andere Greife im Winter zum Angriff animiert.

HALSMONTAGE

Die Befestigung am Hals des Beizvogels geschieht mittels eines dünnen Gummibandes. Beim Fliegen liegt der Sender auf der Brust des Vogels und hängt nach unten. Sollte der Beizvogel beim Überfliegen von Hindernissen hängen bleiben, reißt das Gummiband ab und vermindert die Verletzungsgefahr.

Wanderfalke mit Stoßmontage

Klammer ziemlich weit oben um den Federkiel gelegt und vorsichtig zusammengedrückt, sodass sie fest sitzt, aber den Federkiel nicht beschädigt.

Mittels eines speziellen Einhaksystems wird der Sender in der Öse eingehakt, und liegt dann oben auf der Deckpenne des Stoßes/Staarts. So bleiben die Hände des Beizvogels frei und die Signalübertragung ist wesentlich besser als bei der Ständerbefestigung, auch wenn der Beizvogel am Boden steht.

Leider kann beim Unterfliegen eines Hindernisses, beim Kampf mit wehrhaftem Wild oder durch die auf den Sender z. B. bei einem rasanten Stoßflug wirkende Fliehkraft die den Sender tragende Stoßfeder herausgezogen werden. Es ist in so einem Fall nicht auszuschließen, dass dabei das Federbett verletzt wird und die nachwachsende Deckpenne entweder gar nicht mehr oder verkrüppelt nachwächst.

RUCKSACKMONTAGE

Die Rucksackmontage des Senders ist, wie die Stoßbefestigung, eine Einhakmontage. Jedoch sitzt in diesem Fall die Öse nicht am Stoß, sondern auf einer kleinen Rückenplatte genau zwischen den Schulterblättern des Greifvogels. Die Rückenplatte wird mit Hilfe zweier Teflonbänder befestigt, die vom Rücken her über die Schulter nach vorne, kreuzförmig über die Brust und unter den Schwingen hindurch zurück zur Platte geführt und dort unlösbar mit der Rückenplatte verbunden werden. Am Kreuzungspunkt auf der Brust werden die Bänder durch einen Kreuzstich miteinander fixiert, um ein gegenseitiges Verrutschen zu verhindern.

Das Geschirr wird leicht unter das Gefieder gesteckt, und in der Regel putzt der Beizvogel dieses später vollständig ein, sodass es nicht mehr sichtbar ist. Das Geschirr verbleibt während der gesamten Beizsaison am Körper – bei einem perfekten Sitz ist das Tragen über mehrere Jahre ohne Irritationen

In Europa ist diese Befestigungsart relativ unbekannt, in den USA wird sie häufig zur Anbringung eines Zweitsenders verwendet. Das Empfangssignal ist beim fliegenden oder stehenden Beizvogel recht gut, weil die Antenne sich in senkrechter Position befindet. Allerdings tolerieren manche Vögel den Sender nicht auf ihrer Brust und beißen so lange daran herum, bis sie den Fremdkörper entfernt haben.

STOSSMONTAGE

Bei der Befestigung am Stoß bzw. Staart des Beizvogels wird eine kleine Metallklammer mit einer darüber liegenden Öse auf einer der Deckpennen angebracht. Hierzu wird die

EMPFÄNGER UND ERFAHRUNG

Der Empfänger der Telemetrieanlage muss im Feld immer mitgeführt werden, um im Ernstfall einem verstoßenen Beizvogel so schnell wie möglich folgen zu können! Jeder Falkner sollte sich aber nicht ausschließlich auf die Technik verlassen und seinen Instinkt und seine Erfahrung beim Suchen eines Falken miteinsetzen. Bei Ausfall der Telemetrieanlage oder Verlust des Senders, können natürliche Zeichen, wie hassende Rabenvögel, zeternde Singvögel oder im Formationsflug fliegende Vogelschwärme, einen Hinweis auf den verstoßenen Beizvogel geben.

der Haut möglich. Das Anlegen sollte von einem Fachmann oder unter Anleitung der im Internet (z. B „YouTube") zur Verfügung gestellten Videos ausgeführt werden. Die Position des Senders auf dem Rücken sorgt für ein gutes Empfängersignal und einen hohen Tragekomfort für den Beizvogel.

SUCHE NACH VERSTOS-SENEN BEIZVÖGELN

Eine gute Telemetrieanlage ist nur so nützlich, wie der Besitzer damit umzugehen versteht. Deshalb muss man sich vorher mit den Eigenschaften auseinandersetzen und gestellte Suchen inszenieren, um einschätzen zu können, wie weit der Beizvogel entfernt ist.

Gerfalke mit Rücken- oder Rucksackmontage und Stoßmontage

Verstoßener Wanderfalke, bei Dunkelheit im Scheinwerferlicht auf das Federspiel eingeholt

FALKEN MIT DEM AUTO SUCHEN

Falken haben einen wesentlich größeren Aktionsradius als z. B. Habichte oder Adler und können sich unter Umständen in wenigen Minuten sehr weit entfernen. Vor allem Gerfalken können in kürzester Zeit sehr weite Strecken zurücklegen. Deshalb empfiehlt es sich, gerade bei Falken die Suche mit dem Auto vorzunehmen: Zu Fuß verliert man nicht selten zu viel Zeit – das Risiko, dass der Falke den Senderbereich verlässt, ist deshalb zu groß. Wird keine Autoantenne verwendet, muss während der Suche mit dem Auto in regelmäßigen Abständen mit einer neuen Peilung außerhalb des Autos die Richtung bestimmt werden. Am besten sind Standorte, die etwas höher liegen und keine Reflexionen verursachen, um ein möglichst starkes Richtungssignal zu erhalten. Erst wenn das Signal stark empfangen wird und der Aufenthaltsort des Beizvogels eingegrenzt ist, kann die Suche zu Fuß fortgesetzt werden.

BEI DUNKELHEIT

Wird der verstoßene Beizvogel erst nach Einbruch der Dunkelheit lokalisiert, ist unter Berücksichtigung der Umgebung abzuwägen, ob man ihn noch bei Dunkelheit oder erst am nächsten Morgen wieder einholt. Bei Dunkelheit kann dies im Lichtkegel des Autoscheinwerfers auf das Federspiel erfolgen. Damit sich das Federspiel besser von der Umgebung abhebt sind an beiden Seiten weiße Stoffbänder anzubringen. Hat der Beizvogel aber einen sicheren Übernachtungsplatz, kann er auch erst am nächsten Morgen bei Anbruch des Tages eingeholt werden. Manche Beizvögel neigen allerdings dazu, sich nachts umzustellen. Deshalb ist eine Übernachtung im Auto ratsam, um beim Abfliegen die Bellen des Beizvogels zu hören.

KREUZ- UND SPIRALPEILUNG

Empfängt man ein Signal beim Einschalten, wird man versuchen, die Richtung zu lokalisieren, indem man das Empfangsgerät von sich weg zeigend hält und sich dann schrittweise um die eigene Achse dreht. Dabei verharrt man immer für eine kurze Zeit in der neuen Position, um die Intensität des eingefangenen Signals zu überprüfen. Je nach Lautstärke, Ausschlag und eingestellter Entfernungslokalisierung (nah, mittel und weit) bewegt man sich in die Richtung, aus der das Signal des Senders am deutlichsten angezeigt wird.

Empfängt man kein Signal, führt man eine Kreuzpeilung durch. Hierzu umfährt man den Bereich rechts und links von der Abflugbahn des Beizvogels weiträumig und setzt immer wieder eine Peilung ab. Bleibt diese Peilung erfolglos, kehrt man zum Ausgangspunkt zurück und setzt die Suche spiralförmig fort, so kann man jede Himmelsrichtung abdecken, in die der Beizvogel entflogen sein kann.

SIGNALE UND INTERPRETATION

Wird ein Signal eingefangen und nicht konstant aufgenommen, lässt sich daraus schließen, dass der Beizvogel vermutlich noch aktiv fliegt. Erst wenn ein deutliches, konstantes Signal im Empfänger zu hören ist, ist anzunehmen, dass sich der Beizvogel abgestellt hat.

Kann überhaupt kein Sendersignal empfangen werden, ist über eine Ortung aus der Luft nachzudenken. Bleibt auch diese Peilung erfolglos, ist davon auszugehen, dass der Beizvogel im schlimmsten Fall verunfallt oder der Sender defekt oder ausgefallen ist. In diesem Fall sollte die Suche in den nächsten Tagen in der Nähe des Standortes fortgesetzt werden, an dem sich der Beizvogel verstoßen hat, weil Falken gerne an den Ort ihres Entfliegens zurückkehren, wenn sie keine Beute gemacht haben.

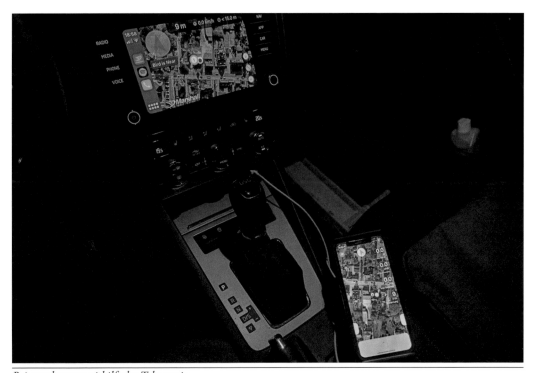

Beizvogelortung mithilfe der Telemetrie

HALTUNG, PFLEGE UND GESUNDHEITS- VORSORGE

VOLIEREN- UND GESCHÜH-HALTUNG, NESTLINGE

VORBEMERKUNGEN

Die Haltung von Greifvögeln ist in der Öffentlichkeit ein sehr emotional besetztes Thema. Greifvögel werden mit unbegrenzter Freiheit assoziiert und als majestätisch bezeichnet. Deshalb wird jedwede Form der Haltung regelmäßig als schlecht oder würdelos gewertet. Diese Auffassung deckt sich jedoch nicht mit den ethologischen Grundlagen der Greifvögel und den durch den Gesetzgeber ausdrücklich vorgesehenen Möglichkeiten zu ihrer Haltung.

Greifvogelhalter stehen im Fokus der Öffentlichkeit und dementsprechend muss die Haltung immer den höchsten Anforderungen entsprechen. Das ist selbstverständlich allein aus Gründen der Gesunderhaltung der Pfleglinge wichtig. Nachfolgend werden die Anforderungen an eine tierschutzkonforme Haltung beschrieben. Sie bilden die Grundlage der Gesunderhaltung der Tiere. Zusätzlich werden Kenntnisse zur Erkennung von Krankheiten vermittelt.

Die nach dem Tierschutzgesetz (TierSchG) geforderten Kenntnisse und Fähigkeiten (s. Kasten) werden durch die staatliche Falknerprüfung bestätigt. Dies ist ein wichtiger Unterschied zu anderen Tierhaltergruppen, die eine solche Sachkundeprüfung nicht ablegen müssen.

VOLIERENGRÖSSE UND TIERSCHUTZ

Besonders die Einhaltung der Punkte 1 und 2 des § 2 TierSchG führen regelmäßig zu Diskussionen um Volierengrößen. Daher sollen an diesem Beispiel einige grundsätzliche Überlegungen zur Haltung von Greifvögeln in Volieren verdeutlicht werden, bei denen vor allem emotionale Gesichtspunkte eine Rolle spielen. Dabei wird die Flugfähigkeit der Vögel vordergründig betrachtet.

Werden Greifvögel in freier Wildbahn beobachtet, so befinden sie sich meist im Flug. Hierbei entstehen emotionale Sehnsüchte nach „grenzenloser" Freiheit, die diese Tiere genießen. Eine Einschränkung ihrer Flugfähigkeit wird somit aus humaner Sicht als massiver Einschnitt in die „Freiheit" des Vogels gesehen und als „schlecht" herausgestellt. Daraus ergibt sich die Forderung nach immer größeren Volieren.

Harris Hawk an einer Flugdrahtanlage mit umlaufender Reck. An der Haltung von Greifvögeln entzünden sich die Geister. Die Gegenargumente sind eher emotionaler Natur.

Autor Prof. Dr. Michael Lierz mit einem gezüchteten, juvenilen Wanderfalken

AUS DEM TIERSCHURZGESETZ

Wichtigste Rechtsgrundlage zur Haltung von Greifvögeln ist das Tierschutzgesetz. Es führt in § 2 aus:

„Wer ein Tier hält, betreut oder zu betreuen hat,

1. *muss das Tier seiner Art und seinen Bedürfnissen entsprechend angemessen ernähren, pflegen und verhaltensgerecht unterbringen,*
2. *darf die Möglichkeit des Tieres zu artgemäßer Bewegung nicht so einschränken, dass ihm Schmerzen oder vermeidbare Leiden oder Schäden zugefügt werden,*
3. *muss über die für eine angemessene Ernährung, Pflege und verhaltensgerechte Unterbringung des Tieres erforderlichen Kenntnisse und Fähigkeiten verfügen.“*

Außer Acht gelassen wird dabei, dass Tiere keinen „Freiheitssinn" besitzen. Jedwede Form der Tierhaltung stellt einen Eingriff in die „Freiheit" eines Tieres dar, ganz unabhängig von der Größe einer Voliere. Tierhaltung muss deshalb darauf abzielen, die Grundbedürfnisse eines gehaltenen Tieres zu befriedigen (§ 2 TierSchG) und vor allem Leiden und Schmerzen zu vermeiden (§ 1 TierSchG). Während

Schmerzen beim Vogel durch Verhaltensänderungen und sichtbare Verletzungen gut zu erkennen sind, ist ein „Leiden" schwer zu definieren. Daher wird versucht, die aus menschlicher Sicht notwendigen Bedürfnisse der Tiere zu befriedigen. Leider ist dies, wie bereits oben erwähnt, schnell mit Fehleinschätzungen behaftet, da der Mensch unterschiedliche Sichtweisen hat und sein eigenes Empfinden kaum auf das Tier bzw. dessen Empfinden übertragbar ist.

Ein allgemein akzeptiertes Konzept, Tierhaltung als „artgerecht" einzustufen, ist bislang das Prinzip der fünf „Freiheiten" des britischen „Farm Animal Welfare Council" (FAWC; s. S. 192/194).

In Bezug auf Volierengrößen und Haltungsformen ist daher Punkt 5 der „Fünf Freiheiten" (s. S. 192/194) für Greifvögel von besonderer Bedeutung. Wie jedoch ist das ausreichende Platzangebot definiert? Hinsichtlich der Greifvögel gibt es keine wissenschaftliche Grundlage, die eine bestimmte Größe als ausreichend festlegt bzw. als zu klein einstuft. Daher muss man ethologische und tiermedizinische Erfahrungen heranziehen, um ein Platzangebot als „zu klein" oder „ausreichend" zu bezeichnen.

ETHOLOGISCHE ASPEKTE

Ethologisch gesehen benötigt ein Greifvogel sehr wenig Platz. Als Beutegreifer ist er stets um eine positive Energiebilanz bemüht. Er wird also nur dann Energie aufwenden, wenn er jagen muss, um durch die Beute einen Energiegewinn zu erzielen. In Menschenobhut ist dies nicht notwendig, da Nahrung für den Greifvogel stets zur Verfügung steht. Dies heißt im Umkehrschluss, ein Greifvogel, der ausreichend Nahrung zur Verfügung hat, fliegt nicht. Ein weiterer Grund, aus dem Greifvögel fliegen, ist die Abgrenzung ihres Reviers. Die Reviergröße hängt hierbei von dem Nahrungsangebot ab: Ein Revier ist so groß beschaffen, dass der Greifvogel dort ausreichend Nahrung für sich und ggf. den Nachwuchs findet. Auch in dieser Hinsicht steht in der Voliere ausreichend Nahrung zur Verfügung, als Territoriumsgrenze wird die Volierenbegrenzung wahrgenommen, wodurch der Greifvogel ebenso kein Bedürfnis zu energieaufwendigem Fliegen verspürt.

Zuletzt fliegt ein Greifvogel in freier Natur auch, um Balzflüge zu absolvieren und so Geschlechtspartner zu finden. Zuchterfolge in herkömmlichen Volieren nach dem Gutachten über die „Mindestanforderungen an die Haltung von Greifvögel und Eulen" zeigen anschaulich, dass deren Größen ausreichend sind, um auch dem Reproduktionsbedürfnis nachzukommen.

Ethologisch gesehen, hat der Greifvogel somit kein natürliches Flugbedürfnis in den Volieren. Da ethologisch also keine Notwendigkeit für größere Volieren besteht, sollte die Beurteilung einer ausreichenden Volierengröße für Greifvögel alleine auf veterinärmedizinisch gegebenen Notwendigkeiten beruhen.

TIERMEDIZINISCHE NOTWENDIGKEITEN

Da Greifvögel zur Nahrungsaufnahme in der Wildbahn fliegen müssen, ist der Stoffwechsel eines Greifvogels auf regelmäßige Bewegung (Aktivierung des Kreislaufs, Belüftung von Lungen und Luftsack) angewiesen. Daher müssen die Volieren zumindest so viel Platz bieten, dass der Vogel wenige Flügelschläge machen und kurze Strecken fliegen kann. Dies wird dadurch erreicht, dass zwischen beliebtester Sitzstange des Tieres und Futterplatz ein maximaler Abstand besteht. Demgegenüber steht jedoch, dass Greifvögel auf kurze Strecken hohe Geschwindigkeiten erreichen und sich dann erheblich verletzen können. Dies ist insbesondere bei Habicht, Sperber und Falke sehr relevant. Auftretende Verletzungen führen zu Leiden und insbesondere Schmerzen und sind daher nicht nur bei Punkt 3 der „Fünf Freiheiten" (S. 192/194), sondern alleine schon durch das Tierschutzgesetz (§ 1) in einer Tierhaltung zu vermeiden.

Die langjährigen Erfahrungen mit dem „Gutachten zu den Mindestanforderungen zur Haltung von Greifvögeln"* von 1995 zeigen, dass bei der Volierenhaltung von Greifvögeln keine gesundheitlichen Probleme auftreten, die auf die Größe der Volieren zurückzuführen sind. Wichtig ist also nicht die Volierengröße allein, sondern vielmehr deren Strukturierung, um dem Schutzbedürfnis der Greifvögel gerecht zu werden.

VOLIERENHALTUNG

Volieren sind in der Regel für eine längere Haltung von Greifvögeln vorgesehen, ohne dass die Tiere täglichen, direkten Kontakt mit dem Menschen haben. Daher kommt der Größe und der Strukturierung einer Voliere besondere Bedeutung zu. Man unterscheidet zwischen *Mauserkammern* und *Zuchtvolieren*.

MAUSERKAMMER

Mauserkammern dienen in der Regel für die Zeit des Gefiederwechsels (Mauser) als Unterkunft. Die Greife werden hier meist einzeln gehalten, wobei eine Mehrtierhaltung bei einzelnen Greifvogelarten (z. B. Harris Hawk) unproblematisch sein kann. Die Vögel können in Ruhe ihr Gefieder wechseln und laufen wenig Gefahr, nachwachsende Federn zu beschädigen.

Der Falkner versucht in der Regel, Kontakt zum Vogel zu behalten, sodass Mauserkammern meist zu einer Seite ganz oder teilweise offen gestaltet werden. Idealerweise wird dies mit senkrecht angebrachten Latten mit abgerundeten Kanten erreicht. Draht ist unbedingt zu vermeiden, weil die Tiere dagegen fliegen und sich so das Gefieder beschädigen können.

---

* Das Gutachten „Mindestanforderungen an die Haltung von Greifvögeln und Eulen" von 1995 befindet sich bei Drucklegung des Buchs in Überarbeitung

Nestplattformen gehören unter den überdachten Teil der Voliere.

Seiten Mindestens zwei Seiten der Mauserkammern sind komplett zu verschließen, um dem Ruhebedürfnis der Greife gerecht zu werden. Hierzu werden glatte Flächen verwendet.

Dach und Decke Die Mauserkammer sollte überdies zumindest teilüberdacht sein und sowohl unter dem Dach, als auch unter der offenen Fläche eine Sitzgelegenheit bieten. Die Deckenbegrenzung kann aus Draht gefertigt werden. Letzterer sollte doppelt, mit einem Abstand von mindestens 10, besser 15 bis 18 cm angebracht sein, damit wilde Greife nicht hindurchgreifen können. Die Verwendung kleinerer Maschendrahtweiten, die ein Durchgreifen von Wildvögeln verhindern, ist ebenfalls möglich, jedoch fällt hier Laub und Schnee schlechter durch.

Sichtschutzbrett Unter dem Dach ist in einer Ecke ein Sichtschutzbrett anzubringen, damit sich der Vogel dem Blick von außen entziehen kann.

Sitzgelegenheiten Sie sind im maximalen Abstand zueinander anzuordnen, um kurze Flugbewegungen zu ermöglichen.

Außerdem sollte die Mitte der Voliere frei bleiben.

Boden Der Boden der Kammern kann gewachsener Boden sein, der sich allerdings schneller mit Parasiten anreichert. Betonboden ist einfach zu reinigen und gut geeignet. Alternativ kann eine 10 bis 20 cm tiefe Kiesschicht auf natürlichen Boden eingetragen werden.

Bademöglichkeit und Futterplatz Eine Badegelegenheit und ein erhöhter Futterplatz sind idealerweise von außen zugänglich, um die Voliere nicht täglich betreten zu müssen. Als Futterplatz eignet sich hartes Plastikgitter, das gut zu reinigen und durch eine Futterluke zu bedienen ist, sofern der Vogel nicht vom Falkner direkt gefüttert wird.

ZUCHTVOLIERE

Zuchtvolieren sollten ganzseitig geschlossen sein, um den Tieren maximale Ruhe zu gewähren. Es wird immer wieder über den Einbau von Sichtfenstern diskutiert. Ein solcher setzt jedoch zwingend voraus, dass die Zuchtvögel sehr stark an den Menschen gewöhnt sind. Andernfalls führen Sichtfenster zu massiven Störungen in der Zuchtphase und einer erheblichen Verletzungsgefahr der Tiere auch außerhalb der Zuchtzeit, da plötzlich auftretende Störungen vor dem Fenster zu Panikreaktionen führen können. Dies gilt auch nachts, vor allem in Gebieten in denen kletternde Raubsäuger, wie z. B. Waschbären, vorkommen. Sichtfenster sollten wegen dieses Verletzungs- und Störungsrisikos für die Volierenvögel nicht grundsätzlich gefordert werden, können in Einzelfällen jedoch wertvoll sein, wenn die Tiere entsprechend daran gewöhnt sind.

Überdachung Zuchtvolieren sollten zu mindestens einem Drittel überdacht sein. An der gegenüberliegenden Seite der Nester ist ebenfalls für eine Teilbedachung mit darunter angebrachtem Sitzplatz zu sorgen.

Inneneinrichtungen Nestplattformen sind unter der Bedachung anzubringen.

Sonnendecks sollten in den Offenteil der Voliere platziert werden.

Bade- und Futtermöglichkeiten Solche Möglichkeiten müssen von außen zugänglich sein. Besonders zur Fütterung sind Rohre wenig geeignet. Es sollten Futterklappen verwendet werden, um übrig gebliebenes Futter wieder entnehmen zu können. Bade- und Futtervorrichtungen sollten nicht unter den Sitzgelegenheiten liegen, damit sie vor Verkotung geschützt sind.

Innenraum Dieser muss frei von Hindernissen sein und Sitzgelegenheit außen an den Wänden oder in Bodennähe (z. B. Stämme oder Steine) bieten, um kurze Flugwege zu ermöglichen.

Sitzgelegenheiten Für Habichtartige eignen sich Naturhölzer, die unregelmäßig gewachsen sind, während Falkenartige breite Flächen haben sollten, die idealerweise mit Kork, Kokosmatten oder Kunstrasen bezogen sind.

Überwachung Geschlossene Volieren sind durch Gucklöcher, Türspione oder Kameras im Innenraum zu überwachen. So können nicht nur Zuchtphasen und Paarharmonie, sondern auch Verhaltensänderungen und beginnende pathologische Abweichungen frühzeitig erkannt werden.

HALTUNG AM GESCHÜH

Die Haltung am Geschüh ist während der aktiven Beizjagdzeit unverzichtbar. Es besteht sofortiger Zugriff auf den Vogel, und der Falkner kann durch den engeren Kontakt zum Vogel selbst kleinste gesundheitliche Veränderungen sofort wahrnehmen. Da Greifvögel die meiste Zeit des Tages ohnehin nicht fliegen und an einem Platz verbringen, ist die Haltung am Geschüh unproblematisch, vorausgesetzt, der Greifvogel erhält regelmäßig Freiflug. Dieser sollte täglich gewährt werden, wobei einzelne Pausentage unproblematisch sind.

LÄNGERE VOLIERENHALTUNG

Greifvögel, die länger als nur zur Mauser in einer Voliere gehalten werden, sind möglichst in einer ganzseitig geschlossenen Voliere unterzubringen. Wird der Vogel täglich auf der Faust gefüttert, können Aylmeri-Geschühe am Vogel verbleiben, ansonsten sind sämtliche falknerischen Geschirre abzunehmen.

Zwei Wanderfalken auf der mit einem Recktuch bespannten Hohen Reck

Die Haltung am Geschüh erfordert eine wesentlich größere Aufmerksamkeit und Vorbereitung durch den Falkner als die Volierenhaltung, denn bei der Geschühhaltung kann der Vogel seinen Sitzplatz nicht frei wählen und ist somit äußeren Einflüssen (z. B. Witterung, Hunde, Katzen, sich nähernden Personen etc.) direkt ausgesetzt. Dies muss durch den Falkner bedacht werden. Der Ort, an dem die Haltung am Geschüh durchgeführt wird, ist zudem dem Trainingszustand des Tieres anzupassen.

BLOCK UND SPRENKEL

Die Haltung am Geschüh erfolgt in der Regel am Block (s. Fotos S. 43 und 45 o.) oder am Sprenkel. Geschieht dies draußen, wird am besten kurzer Rasen gewählt, da dieser das Gefieder schont, wenn der Vogel abspringt und die Langfessel sich nicht verfangen kann. Wasser sollte immer bereitstehen.

Der Stellplatz muss beschattet sein – auf die Sonnenwanderung ist zu achten – und Schutz vor Wind und Dauerregen bieten. Ein Netz oder eine Drahtüberdachung schützen vor Angriffen frei lebender Greifvögel oder umherlaufender Hunde, besonders fremder. Das falknerische Geschirr ist regelmäßig auf Funktion zu prüfen und muss freigängig sein.

FLUGDRAHTANLAGE

Eine Sonderform der Haltung am Geschüh ist die Flugdrahtanlage. Hier wird die Haltung am Geschüh mit der Bewegungsmöglichkeit in einer Voliere kombiniert. Zusätzlich kann sich der Vogel unter Schutzdächer (Spitzhütten) zurückziehen. Hier ist besonders auf weiches Geschüh und eine gute Abbremsfederung der Langfessel am Flugdraht zu achten oder alternativ eine umlaufende Reck (s. Foto S. 69) anzubringen. Der Flugdraht muss freigängig sein und bis unter das Schutzdach reichen.

HOHE RECK

Besonders bei Falken wird die Hohe Reck regelmäßig (s. Foto S. 195 r.) eingesetzt. Da der Vogel hoch sitzt und der Falkner sich so immer von vorne oder sogar unten nähert, wird die Bindung zwischen Falkner und Vogel schnell gefördert. Die Hohe Reck ist jedoch risikoreich und viele Voraussetzungen müssen bei ihrem Einsatz erfüllt sein:

Vier umhauste Flugdrahtanlagen, in einem Komplex zusammengefasst. Hinten im Bild zu sehen die überdachten Unterstände, vorn der Freisitz mit Badebrente.

- Der Vogel sollte bereits locke sein.
- Der Vogel darf *niemals* unbeaufsichtigt auf der Hohen Reck stehen. Gelingt es dem Vogel nicht, sich wieder aufzuschwingen, kann dies tödlich enden.
- Niemals dürfen Falken so dicht ans Ende der Reckstange gestellt werden wie im Foto S. 74 unten, denn dann können sie beim Abspringen mit den Schwingen die Außenstange des Recks berühren und ihr Gefieder beschädigen.
- Die Hohe Reck sollte im familiären Wohnraum stehen. Somit ist der Vogel beaufsichtigt, und die Bindung zum Falkner wird gestärkt.

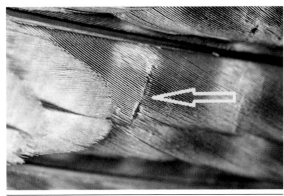

Grimal oder „Stresslinie" (Federwachstumsstörung) bei einem Wanderfalken

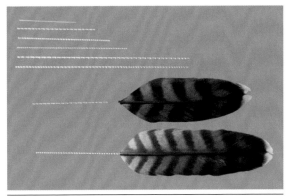

Schiftnadeln

NESTLINGSHALTUNG

Greifvögel sind Nesthocker, also Jungtiere, die zunächst an ihren Horst gebunden sind. Während dieser Phase werden sie als Nestlinge bezeichnet. Sie verlassen das Nest, ohne schon voll flugfähig zu sein, und halten sich dann noch in Horstnähe auf. In dieser Phase werden sie als Ästlinge bezeichnet.

PRÄGUNG VON NESTLINGEN

Grundsätzlich sollten Nestlinge durch Elterntiere der eigenen Art aufgezogen werden. Dies fördert arttypische Verhaltensweisen und ist für eine spätere Zuchtverwendung unabdingbar. Die Prägung auf den Menschen sollte unterbleiben, da dies mit unerwünschten Verhaltensweisen (Lahnen, Aggressionen gegenüber Menschen etc.) einhergeht. Werden Jungvögel mit 21 bis 28 Tagen aus dem Nest entnommen und weiter vom Menschen aufgezogen, ist die Prägephase zwar abgeschlossen, was aber Lahnen, Aggressionsverhalten etc. nicht unbedingt verhindert. Jungtiere, die kurz vor dem Trockenwerden zum Falkner kommen, werden dagegen in wenigen Tagen locke und zeigen in der Regel keine unerwünschten Verhaltensweisen.

BEWUSSTE FEHLPRÄGUNG

Für eine spätere Verwendung in der Zucht mittels künstlicher Besamung werden Greifvögel mitunter bewusst fehlgeprägt. Dies stellt eine Ausnahmesituation dar. Auch unter kommerziellen Züchtern wird dieses Vorgehen allerdings zunehmend kritisch gesehen.

FEDERWACHSTUMSSTÖRUNGEN

Bei jeder Aufzuchtform muss auf die wachsenden Federn geachtet werden. Ist der Vogel noch nicht ganz trocken, d. h. stecken noch wachsende Federn in den Blutkielen, dürfen die Kiele auf keinen Fall beschädigt werden. Auch Stresssituationen oder Hungertage können bei wachsenden Federn Spuren und unter Umständen sogenannte Grimale hinterlassen: Schwachstellen, an denen die ausgewachsene Feder schnell knickt oder bricht.

1. Schiften einer gebrochenen Schwungfeder. Ein Bambusholz wird in den Kiel der neuen Feder eingeklebt.

2. Der überstehende Teil des Bambusholzes wird in de. der alten Feder geschoben und geklebt.

3. Vor dem Aushärten des Klebers wird die Feder axial gedreht und ausgerichtet.

4. Schwinge eines Falkens nach dem Schiften

Geknickte Federn können mit einem Glätteeisen (s. Abb. S. 50, Nr. 11) wieder in Form gebracht werden. Dazu wird ein metallisches Glätteeisen erwärmt und mehrmals über die Knickstelle gezogen, was die Feder wieder in ihre Ursprungsform bringt.

Ist die Feder vollständig gebrochen, kann sie geschiftet werden (Fotos oben). Hierzu eignen sich Schiftnadeln aus Bambus, flexiblem Kunststoff oder Metall (s. Foto S. 75 u.). Die beschädigte Feder wird dazu im unteren Bereich (dickerer Kiel) gekappt und mit einer intakten Mauserfeder durch eine eingeklebte Schiftnadel wiederhergestellt.

WILDFLUG UND HALB-WILDFLUG

Beim Wildflug handelt es sich um das langsame und selbstständige Auswildern von Jungvögeln, das vom Falkner begleitet wird (vgl. Teilkapitel „Auswilderung und Wieder-

ansiedlung", S. 38). Diese sehr gute Methode, Jungvögel aufzuziehen, hat den Nachteil, dass die Verluste bei den Jungtieren teils erhebliche Ausmaße annehmen können. Die Jungtiere sind unbedingt vor Beutegreifern zu schützen, aber Unfälle bei den ersten Flugübungen kommen vor.

Eine seltener angewandte Methode ist der Halb-Wildflug. Jungtiere in der Ästlingszeit werden dabei an das Federspiel gewöhnt. Morgens werden sie in den Freiflug gestellt, um den Tag draußen zu verbringen, nachmittags werden sie mit dem Federspiel eingeholt. Das Risiko der Verletzungen ist bei dieser Methode im Vergleich zum Voll-Wildflug geringer, jedoch immer noch erheblich.

Sowohl der Wild- als auch der Halb-Wildflug müssen daher beendet werden, wenn die Tiere erste Erfolg versprechende Jagdflüge durchführen.

FUTTER UND FÜTTERUNG

Die Fütterung von Greifvögeln ist sehr aufwendig. Da sie reine Fleischfresser sind und ihre Atzung roh (ungekocht) aufnehmen, muss das Futter aus zuverlässigen Quellen frisch besorgt werden. Darüber hinaus kann es nur eine begrenzte Zeit gefroren gelagert werden.

Ganze Futtertiere (außer Eintagsküken) werden grundsätzlich ohne Magen-Darm-Trakt eingefroren. Leber, Nieren und weitere Organe sollten im Tierkörper verbleiben. Das Auftauen von Futter hat auf einem Abtropfsieb langsam gekühlt zu erfolgen. Frische Atzung kann nicht lange bevorratet werden, zudem gibt es einige Erreger (z. B. Trichomonaden), die mit frischer Atzung übertragen werden können, im Einfrierprozess jedoch absterben.

EINTAGSKÜKEN

Eintagsküken bilden grundsätzlich eine gute Futtergrundlage. In der Regel stammen sie aus gut kontrollierten Quellen und sind hygienisch einwandfrei. Einige Inhaltsstoffe, besonders Vitamine und Kalzium, sind vor allem im Dotter enthalten. Wird dieser entfernt, reduziert sich der Nahrungsgehalt erheblich.

FUTTER UND EINFRIEREN

Futter sollte nie länger als drei Monate eingefroren werden, da ab dieser Zeitspanne Vitamingehalte zurückgehen. Wiederholtes Auftauen und Wiedereinfrieren ist ebenfalls zu vermeiden. Futter ist zudem schnell einzufrieren, am besten durch Schockfrosten.

Nach dem Auftauen trockene und/oder brüchige Zehenspitzen der Küken sprechen für Gefrierbrand und eine Überlagerung.

SONSTIGE FUTTERTIERE – ABWECHSLUNGSREICH FÜTTERN

Mehrfach pro Woche sollte das Futter abwechslungsreich gestaltet werden. Dazu eignen sich Labornager, die ebenfalls aus kontrollierter Haltung stammen sollten. Letztlich können auch *Junghühner* oder *Wachteln* als Futter dienen, die aus einer zuverlässigen Quelle mit regelmäßiger Gesundheitsüberwachung stammen.

Futter sollte gekühlt auf einem Abtropfsieb aufgetaut werden, damit Auftauwasser abfließen kann. Optimalerweise sind fließendes Wasser und ein hygienisches Umfeld vorhanden.

Die Verfütterung von *Tauben* oder *Wildvögeln* sollte sehr bedacht vorgenommen werden oder, besser noch, unterbleiben. Insbesondere Tauben sind Überträger verschiedener Krankheitserreger und damit ein hohes Risiko. Dies gilt insbesondere für Falken, speziell Hierofalken, die sehr empfänglich für Herpesviren sind. Diese Viren können von Tauben übertragen werden.

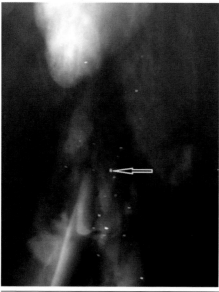

Herz und Lunge eines erlegten Rehs im Röntgenbild. Gut zu erkennen sind die Bleisplitter (weiße Punkte, Pfeil).

KEIN WILD

Fallwild oder *geschossenes Wild* darf nicht als Futter für Greifvögel verwendet werden. Wild kann immer Geschossreste vorangegangener Schüsse enthalten. Dies gilt insbesondere für Niederwild, das die Reste (Einzelschrote) nicht tödlicher, vorangegangener Schüsse beinhalten kann. Ebenso können selbst Kopfschüsse noch Splitter in z. B. den Keulen hinterlassen. Fallwild ist meist hygienisch bedenklich, da der Todeszeitpunkt und die Umstände des Todes nicht ganz klar sind.

KONTROLLE DER FUTTERMITTELHERKUNFT

Eine Verabreichung von Medikamenten an die Futtertiere und/oder deren Tötungsmethode sollten bekannt sein. Aus beidem kann eine schädigende Wirkung auf Greifvögel entstehen. Regelmäßige Stichprobenuntersuchungen von Futterlieferungen auf Verderbnisbakterien, Verunreinigungen (Coliforme Keime, Clostridien) und Krankheitserreger (z. B. Salmonellen) sind zu empfehlen.

FUTTERMENGE UND -HÄUFIGKEIT

Die Häufigkeit und Menge der Fütterung hängt sehr von der Vogelart, dem Alter der Tiere, der Witterung und der körperlichen Belastung ab.

KÜKEN

Küken im Wachstum sind mehrfach täglich zu füttern, hingegen können Vögel kurz vor dem Trockenwerden auf zwei und später auf einmal täglich umgestellt werden. Es ist zu beachten, dass bei mehrfacher Fütterung die ersten Fütterungen am Tag keine Gewöllstoffe enthalten dürfen. Die Bildung des Gewölles dauert ca. 12 bis 16 Stunden. Küken in den ersten Lebenstagen erhalten keine Gewöllstoffe.

GREIFVÖGEL IM WACHSTUM

Der Bedarf an Kalzium sowie verschiedenen Vitaminen ist bei wachsenden Tieren sehr groß. Werden hier Fehler gemacht, bleiben diese ein Leben lang sichtbar. Häufig sind Wachstumsstörungen nicht direkt klinisch ersichtlich, zeigen sich aber im Röntgenbild an leicht verkrümmten Knochen.

Gerade einseitige Fütterungen mit Eintagsküken oder gar reinem Muskelfleisch führen zu Veränderungen. Dies gilt auch, wenn zu viele große Futtertiere verwendet werden, da die Greife selbstständig dann nur das Muskelfleisch aufnehmen.

Wanderfalke schöpft aus der Badebrente. Nicht immer reicht der Feuchtigkeitsgehalt in der Nahrung aus

Die Futtermenge richtet sich auch stark nach dem Energiegehalt des Futters und ist somit schwer abzuschätzen. Daher kommt der Gewichtskontrolle und der Dokumentation des Futterverbrauchs besondere Bedeutung zu (vgl. Abschnitt "Kondition", S. 107 ff.).

KROPFÜBERLADUNG VERMEIDEN

Bei der Fütterung des Greifvogels darf dessen Kropf nicht überladen werden. Verweilt das Futter zu lange im Kropf, setzen dort erste Fäulnisprozesse ein. Bereits einige Stunden nach einer Fütterung muss erkennbar sein, dass der Kropf sich leert.

Um einer starken Gewichtszunahme vorzubeugen, wurde früher gewässertes Fleisch empfohlen. Dies ist aus futterhygienischen Gründen unbedingt abzulehnen, dafür kann der Anteil an Gewöllstoffen etwas erhöht werden. Größere Knochen können sich im Hals, Kropf oder Mageneingang quer setzen und sind daher zu brechen.

WASSER

Greifvögel decken ihren Flüssigkeitsbedarf überwiegend aus der Nahrung. Dies reicht nicht immer aus, insbesondere wenn begrenzt gefüttert wird (Beizsaison), eine gesteigerte Leistung vorliegt oder warmes Wetter herrscht.

Darüber hinaus baden Greifvögel sehr gerne, insbesondere wenn sie sich entspannen. Daher sollte immer frisches Wasser in einer Badebrente zur Verfügung stehen. Das Wasser sollte täglich frisch gewechselt werden. Um wiederholte Störungen nicht abgetragener Vögel oder Zuchttiere zu vermeiden, sollte hier das Wasser mindestens alle zwei bis drei Tage gewechselt werden.

HYGIENE

Die Hygiene des Futterplatzes kann nicht überbewertet werden. Der Futterplatz ist penibel sauber zu halten, und Beschichtungen des Sitzplatzes (z. B. Kunstrasen), auf denen die Vögel kröpfen, müssen regelmäßig ausgetauscht werden.

In einer Voliere sind Atzungsreste und Kot regelmäßig, d. h. alle drei bis vier Wochen, zu beseitigen. In Zuchtvolieren ist das Intervall, besonders während der Zuchtphase, deutlich länger zu wählen, um die Vögel nicht häufig zu stören. Volieren sollten mindestens einmal/Jahr intensiv mit dem Hochdruckreiniger gereinigt und desinfiziert werden.

Vögel am Block oder Sprenkel sollten alle zwei bis drei Tage umgestellt werden, um eine Anreicherung des Standplatzes mit Kot und potenziellen Krankheitsüberträgern zu verhindern.

DER KRANKE GREIF

VORBEMERKUNG

Der Greifvogel steht in der Pflegeobhut des Falkners, was für diesen eine große Verantwortung bedeutet. Der Falkner muss frühzeitig erkennen, wenn mit seinem Schützling etwas nicht stimmt. Dies erfordert nicht nur die Kenntnis, ob ein Greifvogel krank ist, sondern auch das richtige Handeln.

Sobald man erkennt, dass ein Greifvogel erkrankt ist, ist er unverzüglich einem Tierarzt vorzustellen. Leider ist das „Abwarten" ein sehr häufiger Fehler. Vögel verbergen Krankheitssymptome sehr lange. Werden Krankheitsanzeichen offensichtlich, ist das Tier bereits schon länger oder gar schwer erkrankt.

Vögel sind sehr symptomarm, und viele Krankheiten ähneln sich. Spezifische Symptome gibt es kaum. Für eine gezielte Diagnose sind immer weiterführende Untersuchungen notwendig. Die Vogelmedizin hat in den letzten drei Jahrzehnten enorme Fortschritte gemacht und wird standardmäßig an den Universitäten gelehrt. Somit finden sich überall in erreichbarer Nähe vogelkundige Tierärzte, die kompetent weiterhelfen können. Eigene Therapien müssen unbedingt unterbleiben, da sie kostbare Zeit verschwenden und meist nicht zielführend sind.

TRANSPORT ZUM TIERARZT

Ein erkrankter Greifvogel ist bereits geschwächt und muss daher besonders schonend transportiert werden. Der Greifvogel sollte verhaubt oder dunkel, sofern möglich nüchtern, transportiert werden. Dies reduziert das Risiko, dass Atzung während der Fahrt ausgeworfen wird, und der Vogel kann ggf. beim Tierarzt sediert und/oder narkotisiert werden. Kranke Greifvögel können Gleichgewichtsstörungen haben oder so geschwächt sein, dass sie sich nicht mehr auf der Stange halten können, deshalb ist eine gut belüftete Transportbox *ohne* Sitzstange zu bevorzugen. Der Boden der Box sollte mit weichem, saugfähigem und fest verankertem Material ausgepolstert werden. Die Thermoregulation ist bei kranken Greifvögeln oft eingeschränkt: Sie werden daher idealerweise bei 18 bis 20 °C transportiert. Direkte Sonneneinstrahlung auf die Transportbox ist zu vermeiden.

Vor der Abfahrt sollte mit dem Tierarzt ein möglichst genauer Termin vereinbart oder ihm ein Notfall angekündigt werden, um lange Wartezeiten zu vermeiden. Alle Informationen

Transport zum Tierarzt: Wichtig sind saugfähige Unterlage, Stoßschutz und Verhaubung. Auf dem Boden sitzend, kann ein geschwächter Vogel nicht von einem erhöhten Sitz fallen.

zum Geschehen müssen für den Tierarzt bereitgehalten werden. Nichts darf verschwiegen werden, insbesondere keine bereits erfolgten Behandlungsversuche. Wenn möglich, werden letzte Gewölle und Schmelzproben mit zum Tierarzt gebracht.

GESUNDHEITS-KONTROLLEN

Greifvögel sollten regelmäßig vom Falkner untersucht werden, um bereits frühzeitig Veränderungen zu erkennen. Dies ist bei Volierenvögeln schwierig, da eine detaillierte Kontrolle oder gar ein Anfassen der Tiere nur schwer möglich ist. Bei diesen Tieren ist eher auf Verhaltensänderungen oder veränderte Nahrungsaufnahme zu achten. Starke Gewichtsschwankungen ohne erkennbaren Grund sind ein Alarmzeichen.

UNTERSUCHUNG DES VOGELS

Mit einer kleinen, routinemäßigen Untersuchung kann der Falkner Veränderungen an seinem Greifvogel schnell erkennen.

Der Vogel sollte
- aufmerksam sein, ein rundes, klares Auge haben und das Tun des Falkners interessiert verfolgen;
- offene, von Verklebungen freie Nasenlöcher haben;
- im Ruhezustand den Schnabel geschlossen halten. Der Schnabel sollte glatt-glänzend sein sowie die arttypische Wachshautfärbung aufweisen. Farbveränderungen der Wachshaut, insbesondere ins Grünliche sind pathologisch(!).

Ferner sollte
- beim Blick in die Schnabelhöhle eine blassrosa glänzende bzw. stellenweise arttypisch pigmentierte Schleimhaut zu erkennen sein, die frei von Erhebungen oder weißlich-gelben Punkten ist;
- das Gefieder des Vogels eng anliegen und glatt-glänzend mit leichtem Puderbeschlag sein;

Ein spitz hervortretendes Brustbein zeigt eine deutliche Abmagerung.

Die runde Brust eines gut genährten Gänsegeiers

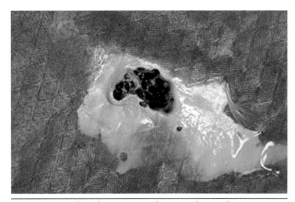
Kot eines Greifvogels. Der gut geformte, schwarz-braune Kotanteil ist von einem weißen Harnanteil und wenig klarem Wasser umgeben.

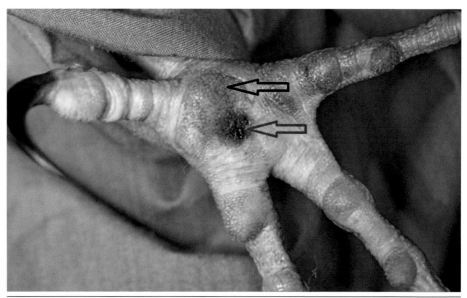

Das Fehlen der typischen Zeichnung und Struktur durch Hautpapillen (schwarzer Pfeil) und Schuppen ist bereits eine erste pathologische Veränderung. Die sichtbare erste Druckstelle (blauer Pfeil) muss unbedingt behandelt werden.

GESCHIRRPRÜFUNG

Bei der Kontrolle der Greifvogelhände ist immer auch das falknerische Geschirr zu prüfen. Raues oder hartes Geschühleder muss eingefettet oder ausgetauscht werden. Geschühriemen, Kurz- und Langfessel sowie Ösen und Drahlen sind auf eine sichere Funktion zu untersuchen.

– das Gefieder keine Grimale haben;
– das Brustbein fühlbar sein, sich aber nicht deutlich hervorheben. Mit zunehmendem Flugtraining wird die Brustmuskulatur runder und das Brustbein schlechter tastbar. Ein deutlich hervorstechendes Brustbein ist Zeichen starker Abmagerung und als sehr kritisch zu werten;
– der Bauch sich nicht vorwölben, und die Ständer sollten nicht warm sein, es sei denn, der Vogel hat kurz zuvor mit einem eingezogenen Ständer geschlafen, denn dann ist der eingezogene Ständer in der Regel wärmer. Auch unmittelbar nach dem Flug werden beide Ständer warm;

– die Haut der Ständer keine erkennbaren Veränderungen, Krusten oder Erhabenheiten aufweisen;
– die Fußsohle einheitlich strukturiert und arttypisch gefärbt sein. Glatte Haut kann bereits ein erstes Anzeichen einer Veränderung sein. Dunkle, auch kleinste punktförmige Veränderungen, vor allem in der Sohlenmitte, sind pathologisch;
– abschließend unbedingt die Atmung des Vogels überprüft werden, die nur schwer erkennbar ist: Hebt und senkt sich die Bauchdecke stark oder ist die Atmung unregelmäßig, sind dies erste Anzeichen einer Erkrankung. Auftretende Unregelmäßigkeiten oder Unterbrechungen der Atmung (s. o.) sollten einen sofortigen Tierarztbesuch nach sich ziehen.

GEWÖLLE UND SCHMELZ

Neben der Untersuchung des Vogels selbst muss der Falkner auch Schmelz und Gewölle des Greifvogels regelmäßig kontrollieren:
– Gewölle sind trocken, ohne Auflagerungen und geruchsneutral. Bei Taggreifvögeln be-

inhalten sie keine Knochen, bei Eulen dagegen schon. Stinkende oder schleimige Gewölle sowie unverdaute Fleischreste sind pathologisch!

– Der Schmelz setzt sich aus einem Harn- und einem Kotanteil zusammen. Ersterer ist weiß und besitzt einen kleinen wässrig klaren Anteil. Der Kotanteil ist gut geformt, dunkelbraun bis schwarz – je nach Futter – und liegt in der Mitte des Harnanteils. Eine starke Verwässerung des Harnanteils kann bei einzelnen Schmelzabsätzen auf Stress oder Aufregung hindeuten, bei mehreren Schmelzportionen jedoch auf eine Nierenerkrankung. Veränderungen des Kotanteils (Schleim, Blutanteile), insbesondere dessen Verflüssigung, weisen auf eine Magen-Darmerkrankung hin. Mindestens zweimal pro Jahr sollte eine Schmelzprobe auf Parasiten und Salmonellen untersucht werden. Hierfür wird idealerweise der Schmelz über drei Tage gesammelt und gemischt zur Untersuchung eingeschickt.

KRANKHEITS-ANZEICHEN

Erkrankungen der Greifvögel beginnen meist mit kleinen subtilen Anzeichen, die dann genauere Beobachtungen oder einen Tierartbesuch nach sich ziehen sollten. Solche Anzeichen sind

– jedwede Form der Verhaltensänderung wie Änderungen des bevorzugten Sitzplatzes, reduzierte Nahrungsaufnahme, Einstellen der Badetätigkeit und/oder verzögerte Reaktionen auf Umweltreize;
– reduzierte Gefiederpflege, abstehendes Kopfgefieder, schläfriger Blick oder ein sichtbares drittes Augenlid;
– nicht eng an den Körper angelegte oder hängende Flügel. Gerade geschwächte Vögel lassen die Schwingen etwas abfallen, wenn sie sich entspannen;

Stark geschwächter und abgemagerter Habicht. Hochgradig erkrankte Greifvögel lassen die Schwingen hängen, belasten beide Ständer, und das dritte Augenlid fällt vor.

– Belastung beider Ständer im Schlaf: Gesunde Vögel schlafen in der Regel mit einem eingezogenen Fang, während erkrankte Tiere häufig beide Ständer belasten;
– das Abstellen von Gliedmaßen (Flügeln oder Ständern), häufiges Entlasten desselben Ständers, reduzierte Flugleistung, reduzierte Wasser- und/oder Futteraufnahme, gelangweiltes Fressen, Auswürgen von Futter, Durchfall oder eine auffällige Atmung, ggf. unterstützt von Schwanzwippen.

Erkrankte Greifvögel müssen isoliert, ruhig, dunkel und warm (18 bis 20°C) gehalten werden.

NICHTINFEKTIÖSE KRANKHEITEN

SAURER KROPF

Unter einem „Sauren Kropf" versteht man eine mangelhafte Kropfentleerung und Verderbnisprozesse des Futters innerhalb des Kropfes. Der Saure Kropf tritt in der Regel nach der Gabe von großen Mengen Futters bei gewichtsreduzierten Greifen oder nach einem Fastentag sowie infolge von Blockaden des Kropfes durch Fremdkörper oder große Knochenstücke auf.

Andere Erkrankungen, insbesondere des Magen-Darm-Traktes, sowie mangelhafte Futterqualität, insbesondere bereits verdorbenes Futter, können ebenfalls eine verlangsamte Kropfentleerung nach sich ziehen und so zu einem Sauren Kropf führen.

Der Kropfinhalt beginnt, säuerlich-süßlich zu riechen.

Der saure Kropf ist ein lebensbedrohlicher Prozess und kann innerhalb von Stunden zum Tod führen. Der Kropf ist sofort zu entleeren. Das geschieht am besten unter tierärztlicher Aufsicht durch eine Kropfspülung, denn eigenständige Maßnahmen zur Kropfleerung können zum Einatmen von Futterstücken oder Flüssigkeiten führen. Außerdem benötigt der Vogel Infusionen und ein Antibiotikum.

Zur Vermeidung des Sauren Kropfes dürfen Greifvögel nach Hungerphasen niemals einen vollen Kropf erhalten, insbesondere dann nicht, wenn sie in tiefer Kondition sind. Zum Aufbauen von Tieren niedriger Kondition ist es vielmehr ratsam, häufige kleinere Futterportionen ohne Gewöllstoffe zu geben.

FEHLENDER GEWÖLLEAUSWURF

Es ist regelmäßig zu kontrollieren, ob der Vogel sein Gewölle geworfen hat. Bleibt dies aus, kann dies zu einer Anreicherung von Gewöllstoffen im Magen und in deren Folge zu einer Magenüberdehnung führen. Zudem kann der Vogel keine Nahrung mehr aufnehmen. Findet man über mehrere Tage kein Gewölle, so kann eine röntgenologische Untersuchung klären, ob ein Gewöllstau vorliegt.

MANGEL-ERSCHEINUNGEN

Mangelerscheinungen treten bei einer Unterversorgung des Tieres mit lebenswichtigen Nährstoffen auf, wenn entweder die Nahrung diese Stoffe nicht in ausreichendem Maß enthält oder ein erhöhter Bedarf vorliegt. Aufgrund der Vielzahl der Stoffe, bei deren Fehlen Mangelerscheinungen auftreten, werden hier nur die häufigsten angesprochen. Dies sind vor allem *Kalzium*, *Vitamin D* und *Vitamin B*.

VITAMINMANGEL

Verschiedene Vitamine und Mineralstoffe sind unterschiedlich in den Beutetieren verteilt. Vitamine kommen vor allem in der Leber, Haut, Niere und im Fettgewebe vor, während Kalzium vor allem im Knochen ist. Somit müssen alle Bestandteile des Futtertiers aufgenommen werden, um eine ausreichende Versorgung zu gewährleisten. Zudem können mangelernährte Futtertiere keine

ausreichende Versorgung des Greifvogels
sicherstellen.
Bei Habichten wird zwischen dem 20. und
50. Lebenstag ein *Thiamin (Vitamin-B1)*-
Mangel beobachtet. Die Tiere zeigen deutlich
zentralnervöse Symptome. Ebenso konnte
gezeigt werden, dass der *Vitamin-E*-Gehalt
stark von der Fütterung abhängig ist. Vitamin
E ist vor allem für die Fruchtbarkeit der
Greifvögel wichtig.
Eine Überversorgung mit Vitaminen, vor
allem fettlöslichen, ist ebenfalls möglich und
kann Krankheiten verursachen. Exzessive
eigenständige Vitamingaben an die Vögel
durch die Halter sollten daher unterbleiben.

RACHITIS UND KALZIUMMANGEL
Die Rachitis ist eine Störung des Kalziumstoff-
wechsels wachsender Vögel. Hierdurch kommt
es zu einem Kalziummangel, der zu weichen
Knochen führt, die sich dann verkrümmen
oder knicken können. Bei einem starken Mangel können zentralnervöse Symptome oder
Herzrhythmusstörungen auftreten. In erster
Linie entsteht eine Rachitis durch einen pri-
mären Kalziummangel im Futter oder einen
Mangel an Vitamin D oder UV-Licht, welche
für den Kalziumstoffwechsel wichtig sind.

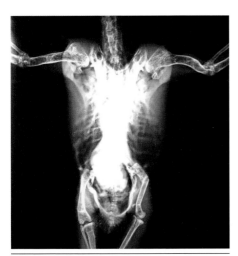

Jungvogel mit deutlichen Knochenverkrümmun-
gen infolge einer Rachitis

Nieren- sowie Magen-Darm-Erkrankungen
können zu einem Verlust von Kalzium führen.
Ausgewachsene Greifvögel zeigen bei einem
Kalziummangel poröse, leicht brechende
Knochen, zentralnervöse Symptome, zu denen z. B. Zittern und Koordinationsschwächen
zählen, oder auch Herzfunktionsstörungen.
Bei Weibchen in der Reproduktion kann es
zu einer Legenot oder dünnschaligen Eiern
kommen.
Bei einem Kalziummangel muss dieses Ele-
ment den Vögeln direkt zugeführt werden,
denn eine ausschließliche Gabe über das
Futter reicht zur Behebung des Mangels in
aller Regel nicht aus.

VERGIFTUNGEN

Die Aufnahme von Giften erfolgt in erster
Linie über das Futter. Es können Inhaltsstoffe
sein, die bereits die Futtertiere aufgenommen
haben, oder Gifte, die durch bakterielle Besiedlung erst im Futter entstehen. Die Vielzahl der
vorkommenden möglichen Gifte macht eine
Diagnose oft schwierig, daher ist die genaue
Kenntnis über die Futterherkunft wichtig.

BLEIVERGIFTUNG
Die häufigste Futtermittelvergiftung ist die
Bleivergiftung. Das Blei stammt aus Kugel-
geschoss-oder Schrotresten erlegten Wildes,
das zur Fütterung von Greifvögeln herangezogen wurde. Wie bereits erwähnt, darf
deshalb geschossenes Wild *grundsätzlich*
niemals an Greifvögel verfüttert werden.
Wird im Beizrevier auch mit Schrot gejagt,
kommen auch Randschrote nicht tödlicher
Schüsse beim Wild vor.
Bei einer Bleivergiftung erkranken die Vögel
meist plötzlich, wirken schläfrig, sind unkoor-
diniert und zeigen manchmal pfeifende oder
krächzende Geräusche bei der Atmung.
Werden regelmäßig geringe Bleimengen aufgenommen, kann es zu einer chronischen
Bleivergiftung kommen, wobei Blei in die

Risiko Bleivergiftung: Mit der Waffe erlegtes Wild darf niemals verfüttert werden.

abschluss (z. B. im Auftauwasser) kann es zu einer starken Vermehrung von Clostridien kommen. *Clostridium botulinum* produziert ein Nervengift, welches Lähmungserscheinungen hervorruft. *Clostridium perfringens* erzeugt ein Gift, das starke Durchfälle und blutige Darmentzündungen auslöst, die sehr schnell behandelt werden müssen.

WEITERE GIFTE

Gifte kann der Greifvogel auch *über die Futtertiere* aufnehmen, wenn solche Stoffe durch Medikamentengabe, Mittel zur Tötung oder über das Futter in die Futtertiere gelangt sind. Auch Medikamente, die *der Falkner dem Greifvogel* verabreicht, können aufgrund von Unverträglichkeiten oder Dosierungsfehlern Vergiftungserscheinungen mit unspezifischer Symptomatik auslösen.

Vergiftungen mit *Mäuse- oder Rattengift* führen zu plötzlichen Todesfällen, blutigem Schmelz oder Blutungen aus den Körperöffnungen und müssen schnellstmöglich behandelt werden.

Die Aufnahme mit dem Wind eingetragener *Pestizide*, das spielerische Aufnehmen von *Mitteln aus dem Hobbygarten* (z. B. Schneckenkorn) oder die Inhalation von *Holzschutzmitteln* sollten ebenfalls als Vergiftungsquellen bedacht werden.

BRECHMITTEL SALZWASSER?

Bei Vergiftungserscheinungen sind selbstständige Maßnahmen nur sinnvoll, wenn das aufgenommene Gift bekannt ist, die Aufnahme sofort bemerkt wird und der Kropf geleert werden kann. Lauwarmes Salzwasser als Brechmittel, wenngleich oft empfohlen, birgt das große Risiko von Nierenschäden. Ein kontrolliertes Erbrechen oder eine Magen-Kropf-Spülung beim Tierarzt sind der bessere Weg.

Knochen eingelagert wird. Bei einem erhöhten Kalziumbedarf wird auch Blei aus den Knochen freigesetzt und klinische Symptome einer Vergiftung werden sichtbar, obwohl die Aufnahme des Bleis lange Zeit zurückliegt. Eine Bleivergiftung muss sofort tierärztlich behandelt werden. Mittels Bluttest und Röntgen sichert der Veterinärmediziner die Diagnose und leitet dann eine gezielte Therapie ein. Das Füttern von Gewölle, um Bleireste aus dem Magen zu schaffen, sollte unbedingt unterlassen werden!

BAKTERIELLE FUTTERVERGIFTUNG

Fleisch ist eine gute Grundlage für die Vermehrung von Bakterien, die dabei Gifte produzieren können. Insbesondere unter Luft-

GICHT

Als Gicht wird die Ablagerung von Harnsäurekristallen in den Gelenken, der Niere oder den inneren Körperhäuten bezeichnet. Ausgelöst wird eine Gicht durch Nierenfunktionsstörungen, Wassermangel oder Fleisch mit einer ungünstigen Aminosäurezusammensetzung (z. B. Schweinefleisch). Bei einer Gicht sind die Vögel matt und abgeschlagen. Intensive Infusionstherapien und die Behandlung der Grundursache sowie die Unterstützung der Nierenfunktion sind für eine erfolgreiche Therapie notwendig.

SOHLENBALLEN-GESCHWÜRE

Besonders bei Falken und bei Geiern treten Sohlenballengeschwüre, die sogenannte Dicke Hand, auf. Sie ist gekennzeichnet durch ein Absterben der Sohlenhaut im Zentrum der Sohle und Entzündung des Fußinneren. Mit zunehmender Erkrankung wird die Entzündung eitrig und betrifft später das Fußgelenk. Verletzungen der Fußsohle, insbesondere durch ein Selbstgreifen der Vögel, genetische Veranlagung und Fütterung, werden als Ursache diskutiert, sind jedoch weniger relevant und erklären nicht den typischen Verlauf der Veränderung.

Die Erkrankung tritt vor allem bei Wildfängen in Menschenobhut sowie bei trainierten Greifen sechs bis acht Wochen nach Ende der Flugsaison auf und betrifft meist beide Hände. Die Erkrankung beginnt mit einem zentral gelegenen schwarzen Fleck an der Fußsohle, der das Absterben der dortigen Haut signalisiert. Anschließend dehnt sich dieser tote Hautbereich aus, das innen gelegene Gewebe entzündet sich, es kommt zu einer Besiedlung mit Bakterien und Bildung von Eiter.

Untersuchungen zeigen, dass die Dicke Hand eher ein Stoffwechsel- und Kreislaufproblem darstellt, dem mit entsprechendem Management entgegengewirkt werden kann.

Während des Fluges werden die Hände stark durchblutet. Hierbei werden das Hautgewebe der Sohle mit Nährstoffen versorgt und Stoffwechselendprodukte abtransportiert. Bei beflogenen Vögeln kommt es also regelmäßig – täglich – zu einer erhöhten Durchblutung. Gut trainierte Greife haben in Ruhe, vergleichbar mit einem Leistungssportler, eine niedrigere Herzfrequenz als untrainierte Greife, sodass bei diesen Tieren in der Ruhephase die Durchblutung der Hände vermutlich reduziert ist. Werden gut trainierte Tiere – oder Wildfänge – plötzlich abgestellt, bleibt die regelmäßige erhöhte Durchblutung der Hände während des Fluges aus. Das kann zu Durch-

Fortgeschrittene Dicke Hand bei einem Lannerfalken in der Aufsicht ...

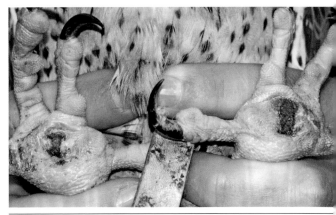

... und von unten. Die schwarzen Flächen an den Fußsohlen sind bereits abgestorbenes Gewebe.

blutungsstörungen in der Haut der Sohle führen, vor allem am Punkt der niedrigsten Durchblutung, den die Mitte der Sohle darstellt. Abgestellte Vögel nehmen schnell an Gewicht zu, wodurch sich der Druck auf die Mitte der Sohle weiter erhöht, sodass sich die Durchblutung weiter verschlechtert. Die Haut stirbt in diesem Bereich ab und Bakterien können ungehindert eindringen.

Das langsame Abtrainieren am Ende der Saison über mehrere Wochen mit einem langsa-

HANDMASSAGE

Werden Sitzstangen und Blöcke mit Kunstrasen oder Astroturf beschichtet, massiert und reinigt das die Fußsohle. So wird die Durchblutung angeregt und das Risiko „Dicker Hände" verringert.

Kopf-Trauma bei einem Falken, nach Ablösen der Haut sind die Schädelblutungen deutlich zu erkennen. Vögel mit Kopf-Traumata gehören in sofortige tierärztliche Behandlung.

men Anheben des Körpergewichts reduziert das Risiko eines Auftretens der Dicken Hand. Bei einer einseitigen Beinverletzung kann es zu einer Überbelastung des gesunden Beines kommen, sodass hier eine Dicke Hand auftritt. Daher sollte die gesunde Hand bei langwierigen Behandlungsprozessen an einer Seite abgepolstert werden.
Jedes Stadium der Dicken Hand bedarf der tierärztlichen Untersuchung.

VERLETZUNGEN

HÄUFIGSTE URSACHEN
Kopf- und Wachshautverletzungen können auftreten, wenn die Vögel gegen die Volierenbegrenzungen oder den Deckendraht fliegen. Hiervon sind schnelle Kurzstreckenflieger wie Falken oder Habichte besonders betroffen, da diese auch in kleineren Volieren beträchtliche Geschwindigkeiten erreichen können.
Eine mangelhafte Haltung am Geschüh, insbesondere ein verwickeltes Geschüh, oder Kanten in der Umgebung des Vogels können ebenso zu Verletzungen führen. Anflüge gegen Scheiben, Zäune oder Kämpfe mit Wild im Rahmen der Beizjagd oder bei Trainingsflügen kommen vor. Sie führen vor allem zu Hautverletzungen und Knochenbrüchen.
Verletzungen sind umgehend zu versorgen, um dann sofort einen Tierarzt aufzusuchen.

Spätere Wundinfektionen sind nicht selten, eine fachmännische Wundversorgung ist daher unumgänglich.

KNOCHENBRÜCHE UND AUSGERENKTE GELENKE
Knochenbrüche oder ausgerenkte Gelenke zeigen sich in abnormen Stellungen von Gliedmaßen, plötzlicher Flugunfähigkeit, dem Verlust der Stehfähigkeit oder in einer Instabilität einzelner Gliedmaßen. Dann ist der Vogel sofort ruhigzustellen (Verhauben, Dunkelstellen, In-ein-Handtuch-Wickeln), und seine Gliedmaßen müssen stabilisiert werden. Dies beugt weiteren Splitterbrüchen sowie einer Hautverletzung durch Knochensplitter vor.
Fehlstellungen werden in keinem Fall selbstständig behoben. Anhand eines Röntgenbildes können die Prognose für die Genesung und Erreichbarkeit einer vollständigen Leistung des Vogels gestellt und Therapiemaßnahmen festgelegt werden.

BISS- UND GRIFFVERLETZUNGEN
Verletzungen, die durch Katzenbisse oder den Griff eines anderen Greifvogels entstehen, sind kaum sichtbar. In aller Regel werden dabei jedoch Bakterien unter die Haut eingetragen, die oft zu einer Septikämie (Blutvergiftung) führen. Solche Ereignisse müssen zwingend einen Tierarztbesuch nach sich ziehen: Der Vogel ist antibiotisch abzudecken. Nicht selten sterben Greifvögel drei bis vier Tage nach einem solchen Ereignis, wenn sie unbehandelt bleiben.

NOTFALLVERSORGUNG*

Bei einem Notfall sollten lebenserhaltende Maßnahmen getroffen werden, um den Vogel bis zum sofortigen Tierarztbesuch am Leben zu erhalten. Im Detail wird hier auf weiterführende Literatur verwiesen.

---

* Nach Lierz (2003)

Findet man den Vogel mit geöffnetem Schnabel schwer atmend, gesträubtem Gefieder, herabhängenden Schwingen und geschlossenen Augenlidern, so spricht dies für ein Trauma. Schockanzeichen sind kalte Ständer, blasse Schleimhäute, Zittern, Bewusstlosigkeit und ein zielloses Starren des Vogels. Zunächst müssen die Körperfunktionen des Tieres überprüft werden.

Für Notfallmaßnahmen gilt das Prinzip „A – B – C": **A**tmung kontrollieren, **B**lut (Kreislaufkontrolle und auf Blutungen achten) prüfen und Z(**C**)entrales Nervensystem (Ansprechbarkeit) beurteilen.

Der Notfall-Vogel ist warm und dunkel zu halten. Das Tier muss in Brustlage gebracht – aber Vorsicht bei Verletzungen – und bei Bewusstsein gehalten werden. Stärkere Blutungen sind abzubinden, nach maximal 30 Minuten zu öffnen und erneut abzubinden. Im Brustbereich dürfen keine Druckverbände angelegt werden, da dadurch die Atmung behindert werden kann.

Die Schnabelhöhle wird inspiziert, Blutreste, Schleim oder Verunreinigungen werden ggf. entfernt. Für den Transport wird das Tier in ein weiches Tuch eingewickelt.

WEITERE MASSNAHMEN

Folgende weitere Versorgungsmaßnahmen sind in nachstehenden Fällen anzuraten:

Bewusstlosigkeit Brustlage, Schnabel tiefer lagern, Schnabelhöhle kontrollieren und Fremdinhalt entfernen, Vogel warm halten

Atemstillstand Wie bei Bewusstlosigkeit, den Vogel zusätzlich alle zwei Sekunden über die Nasenlöcher beatmen

Herzstillstand Rückenlage, Schnabel tiefer lagern und auf freie Atemwege achten, Herzmassage beginnen und den Vogel ggf. beatmen

Krämpfe Dauer und Häufigkeit des Auftretens sowie die betroffenen Körperteile notieren. Der Vogel darf sich während eines Krampfes nicht selbst oder den Falkner verletzen: In die Fänge des Vogels gelegte Korken sind hier hilfreich.

Habicht mit Gleichgewichtsstörungen, Krämpfen und zentralnervösen Symptomen – oft Folge von Schädeltraumata, Vitamin-Mangel, Vergiftungen oder Hitzschlag.

ERSTE-HILFE-AUSRÜSTUNG

Folgende Ausrüstungsgegenstände sollten bei der Beizjagd für eine ggf. erforderliche Erstversorgung stets mitgeführt werden:
Einmalhandschuhe, Korken, Plastikspritzen und Pinzette (Wundreinigung und Spülung), Steriles Wasser oder Infusionslösung zur Wundspülung, Wasser zur Kühlung, Wund- und Augensalbe, Wunddesinfektionsmittel, Verbandsschere, Verbandsmaterial (Sterile Wundauflage, Mullbinde, Klebebinde), kleine Taschenlampe (zur Kontrolle der Schnabelhöhle und der Schleimhäute), Cold Pack.

HITZSCHLAG

Nicht nur im Sommer, sondern auch bei Sonnenwetter im Frühjahr und Herbst können Hitzschläge auftreten, v. a. wenn Tiere im Auto zurückgelassen werden. Betroffene Vögel sind mit kaltem Wasser zu besprühen und in kühler Umgebung zu halten. Zusätzlich ist die Luftzirkulation zu erhöhen und das Tier mit den Ständern in kaltes Wasser zu stellen. Der Tierarzt muss sofort aufgesucht werden: Er komplettiert mit geeigneten Medikamenten und kalten Infusionen die notwendige Behandlung.

INFEKTIONSBEDINGTE KRANKHEITEN

PARASITEN

Parasiten kommen bei Greifvögeln häufig vor. Regelmäßige Kontrollen auf das Vorkommen von Parasiten sind angeraten. Werden Parasiten behandelt, ist es wichtig, auch die Umgebung zu desinfizieren und ausreichend zu säubern, um eine Re-Infektion der Tiere zu verhindern.

Zwischen Parasiten und einem gesunden Greifvogel entwickelt sich in der Natur meist ein Gleichgewicht. Wird dieses Gewicht gestört, kommt es zu schwerwiegenden Erkrankungen. In Menschenobhut stehen die Greifvögel immer in derselben Umgebung, in der sich Parasiten anreichern und der Vogel sich wiederholt infiziert. Daher dürfen Parasiten in der Greifvogelhaltung nicht geduldet werden. Jeder Parasitennachweis muss eine Behandlung nach sich ziehen.

Leben Parasiten außen am Greifvogel, werden sie als *Ektoparasiten* bezeichnet, leben sie im Vogel, als *Endoparasiten*.

Federling bei einem Turmfalken

EKTOPARASITEN

FEDERLINGE

Wichtigste Ektoparasiten sind die Federlinge, die in der Federfahne leben. Hält man eine Feder gegen das Licht, sind diese Parasiten als kleine braune Striche erkennbar. Sie hinterlassen Fraßspuren an den Federn und mindern deren Qualität deutlich. Ein starker Befall lässt auf mangelnde Gefiederpflege schließen. Das wiederum weist oft auf andere Erkrankungen, mangelndes Haltungsmanagement oder schlechte Fütterung hin.

FEDERSPULMILBEN

Federspulmilben leben im Federkiel wachsender Federn. Sie führen dazu, dass diese Federn verkümmern oder frühzeitig abbrechen. Federspulmilben könen nur über systemisch wirkende Mittel behandelt werden, was aufgrund möglicher Nebenwirkungen dem Tierarzt zu überlassen ist.

HAUTMILBEN

Diese Parasiten lösen borkige und krustige Hautveränderungen, vor allem an unbefiederten Hautstellen, aus.

ZECKEN UND VOGELMILBEN

Weitere Ektoparasiten sind *Zecken* oder *Vogelmilben*, die beide Blut saugen. Zeckenbisse können starke Schwellungen an der Bissstelle oder plötzliche Schwäche (ähnlich Vergiftungssymptomatik) auslösen.
Vogelmilben befallen die Tiere vor allem nachts und leben sonst zurückgezogen in Ritzen. Nächtliche Unruhe der Vögel, Leistungsschwäche und Blutarmut können hier auf einen Massenbefall hindeuten. Dies ist besonders für Küken relevant, die daran sterben können. Bei Vogelmilben müssen die Umgebung und die Gehege der Tiere unbedingt mitbehandelt werden. Die Mittel sind meist toxisch und müssen mit Bedacht unter Hinzuziehung eines Tierarztes verwendet werden.

ENDOPARASITEN

Bekannteste Beispiele für Endoparasiten sind Würmer, die im Magen-Darm-Trakt vorkommen. Diese können sehr klein (z. B. Kapillarien) oder spaghettigroß (Askariden) sein. Sie entziehen dem Wirt Nährstoffe, können bei Massenbefall aber auch Schleimhautverletzun-

Aufgeschnittener und mit Spulwürmern angefüllter Darm eines Falken

gen, z. B. in der Schnabelhöhle oder im Darm, auslösen, die sich entzünden, oder zu einem Darmverschluss führen. Ein starker Wurmbefall äußert sich vor allem durch Leistungsschwäche, reduzierte Futteraufnahme und in schweren Fällen Erbrechen und Abmagerung. Darüber hinaus können Würmer in der Luftröhre (*Syngamus trachea*) oder den Luftsäcken (*Serratospiculum sp.*) von Greifvögeln vorkommen und zu Atemproblemen führen.

Die Vögel infizieren sich über aufgenommene Eier, Larven oder andere Wirte, die Parasitenstadien beherbergen. Hierbei spielt der Regenwurm eine Rolle. Entsprechend ist durch z. B. einen geeigneten Bodengrund oder auch Platzwechsel Sorge zu tragen, dass Greifvögel keine Regenwürmer aufnehmen können.

UNTERSUCHUNG AUF WURM-BEFALL UND BEHANDLUNG

Mindestens zweimal jährlich, besser alle drei Monate sollte eine Schmelzprobe (Sammeln von Schmelz über drei Tage, zu einer Probe mischen) auf das Vorkommen von Parasitenstadien untersucht werden. Bei positivem Befund muss entsprechend gezielt behandelt werden. Regelmäßige Entwurmungen ohne vorherige Diagnose sind nicht zu empfehlen, da die Varianz vorkommender Parasitenarten erheblich ist und ungezielte Therapien Resistenzen erzeugen.

TRICHOMONADOSE

Trichomonaden (*Trichomonas gallinae*) sind einzellige Parasiten (Protozoen), die vor allem in der Schnabelhöhle und im Kropf vorkom-

men. Sie verursachen gelbe, knopfartige oder flächige Beläge auf der Schleimhaut. Daher wird die Erkrankung auch „gelber Knopf" genannt.

Die Beläge sind schmerzhaft und reduzieren den Appetit der Tiere. Sie breiten sich fortschreitend aus und führen in einem späteren Stadium zu Schluckbeschwerden und sogar Atemnot. Trichomonaden kommen bei vielen Vogelarten vor und werden über Trinkwasser – wenn Wildvögel aus der Badebrente trinken – sowie die Verfütterung frisch toter Vögel, hier besonders Tauben, übertragen. Die Parasiten können außerhalb des Vogels bis zu 24 Stunden überleben. Werden Futtertiere mindestens 24 Stunden eingefroren, werden Trichomonaden abgetötet.

Kontrollen auf Trichomonaden werden per Abstrich direkt beim Tierarzt durchgeführt. Prophylaktische Behandlungen ohne Diagnose können auch hier zu Resistenzen führen. Schleimhautveränderungen müssen direkt behandelt werden.

KOKZIDIEN

Kokzidien sind die bedeutendsten Parasiten in der Greifvogelhaltung, insbesondere bei Jungvögeln. Es sind Einzeller, die zu einer Zerstörung der Darmschleimhaut mit teilweise blutigen Durchfällen führen. Die betroffenen Tiere sind geschwächt, wirken schläfrig, zeigen ein gesträubtes Gefieder und/oder Erbrechen. Ein Kokzidienbefall sollte immer behandelt werden, Resistenzen gegen verschiedene Medikamente kommen jedoch vor. Kokzidien einer Vogelart bzw. Vogelgruppe sind meist nicht auf eine andere übertragbar.

BAKTERIELLE INFEKTIONEN

Der Magen-Darm-Trakt und die Schleimhäute der Vögel sind natürlicherweise von Bakterien besiedelt. Sie stehen zueinander in einem Gleichgewicht. Wird dieses Gleichgewicht gestört, spricht man von bakteriellen Imbalances oder bakteriellem Ungleichgewicht, das klinische Symptome hervorrufen kann. Dies tritt vor allem nach Fütterungsfehlern auf und äußert sich in unspezifischen Symptomen wie Mattigkeit, gesträubtem Gefieder, Durchfall und Erbrechen. Hiervon abzugrenzen sind Erkrankungen, die von spezifischen Bakterien verursacht werden.

SALMONELLEN
Es gibt eine Vielzahl von verschiedenen Salmonellen-Typen, die unterschiedlich krankmachend für den Vogel sind. Salmonellen sollten daher beim Greifvogel grundsätzlich nicht vorkommen. Dies auch, weil sie auf den Menschen übertragbar sein können. Salmonellen gelangen vor allem über das Futter zu den Greifvögeln. Besonders häufig kommen sie bei Tauben und Wildvögeln vor. Geflügelprodukte und Eintagsküken können auch belastet sein, Kontrollen des Futters und der Greifvögel selbst sind daher angeraten. Einfrieren des Futters tötet die Salmonellen nicht ab. Salmonellen verursachen Gelenkschwellungen, Durchfälle, Mattigkeit und plötzlichen Tod. Sie werden gezielt durch Antibiotikagaben behandelt, nachdem die verursachende Salmonellenart bestimmt und ein Resistenzprofil erstellt wurde.

CHLAMYDIEN
Chlamydien (*Chlamydia psittaci*) kommen bei vielen Vogelarten vor. Diese Bakterien besiedeln vor allem Zellen des Atmungstraktes und der oberen Schleimhäute, aber auch Organe wie Milz und Leber. Sie werden vor allem durch das Verfüttern anderer, von Chlamydien befallener Vögel (besonders Tauben), die als Futter für Greifvögel dienen, auf diese übertragen. Chlamydien können auch auf den Menschen übertragen werden und verursachen dort grippeähnliche Symptome mit Lungenbeteiligung.
Beim Vogel kommen vor allem Augenentzündungen, Nasenausfluss, Schnupfen und

Lebernekrosen (weiße Punkte in der Leber) bei Falken werden oft durch bakterielle oder virale Erreger ausgelöst. Die massive Leberschädigung führt meist zum Tod des Tieres.

Kopfschwellungen bis hin zu plötzlichen Todesfällen vor. Futtertiere mit solchen Symptomen dürfen nicht als Greifvogelfutter verwendet werden. Chlamydien müssen mit speziellen Antibiotika behandelt werden. Die Behandlungsdauer beträgt mehrere Wochen, um ein Wiederauftreten der Erkrankung zu verhindern.

TUBERKULOSE
Die Tuberkulose ist eine chronische, auszehrende Erkrankung, die durch verschiedene Mykobakterien verursacht wird. Es treten einzelne große, gelblich veränderte und im Anschnitt geschichtete Knoten, vor allem im Magen-Darm-Trakt, seltener in der Lunge auf. Im Spätstadium ist die Leber oft mit vielen kleinen, gelben Knoten durchsetzt. Weisen Futtertiere pathologische Veränderungen auf, dürfen sie nicht verfüttert werden.
Bei erkrankten Greifvögeln ist trotz Futteraufnahme eine zunehmende Schwächung des Tieres auffallend. Atzung wird abgerupft, aber in der Umgebung verteilt.
Eine Sonderform der Tuberkulose betrifft Haut oder Muskeln der Beine mit Lahmheiten. Der Erreger wird durch kleine Wun-

Schimmelpilzwachstum im Luftsack eines Falken (Aspergillose)

den, vor allem nach Griffverletzungen, unter die Haut eingetragen. Die Therapie der Tuberkulose dauert mindestens sechs bis acht Monate, mit weiterer Ausscheidung von Erregern und unsicherem Erfolg. Betroffene Tiere sollten daher tierschutzgerecht getötet werden. Bestimmte Mykobakterien sind auf den Menschen übertragbar.

PILZERKRANKUNGEN

ASPERGILLOSE

Die Aspergillose ist eine Erkrankung des Atmungstraktes durch Schimmelpilze, hier vor allem *Aspergillus sp.* Innerhalb der Lungen und Luftsäcke der Vögel kommt es zur Ausbildung von Schimmelpilzrasen und -knoten, was zu Atemproblemen führt. Die Pilze produzieren verschiedene Gifte, die das Immunsystem sowie Leber und Niere schädigen.

Die Aspergillose betrifft alle Greifvögel, insbesondere aber Jungtiere. Geringe Mengen an Schimmelpilzsporen kommen in der Umgebung immer vor und werden vom Immunsystem der Vögel kontrolliert. Ist das Immun-

system geschwächt, können die „üblichen" Mengen an Sporen bereits eine Erkrankung auslösen. Überanstrengungen und Hitzestress führen zu einem vermehrten Hecheln der Tiere, welches eine Aspergillose ebenfalls begünstigen kann. Längere leichte Erhöhungen und einmalige deutliche Erhöhungen von Schimmelpilzsporen in der Atemluft reichen

SCHIMMELPILZQUELLEN

Schimmelpilze vermehren sich in feuchtwarmem organischem Substrat besonders gut und setzen Sporen frei. Daher sollten Stroh und Heu in der Nähe von Greifvogelhaltungen oder in Transportboxen vermieden werden. Auch Lufteinträge aus der benachbarten Umwelt sind zu berücksichtigen. Mögliche Entstehungsorte sind Komposthaufen, Misthaufen, Reitplätze (Staub) sowie Kompostierungsanlagen und Speisepilzzuchten, die organisches Substrat verwenden und vermehrt Pilzsporen in die Umwelt frei setzen, wenn keine geeigneten Schutzmaßnahmen getroffen werden.

auch bei intaktem Immunsystem aus, um eine Aspergillose auszulösen.

Eine Ansteckung von Vogel zu Vogel ist nicht möglich.

Die chronische Form der Aspergillose beginnt mit einer Leistungsschwäche, früher Erschöpfung, langen Regenerationszeiten nach Flügen und erhöhter Atemfrequenz. Später geht sie zu schwerer Atemnot, grünem Schmelz und Tod durch Organversagen über. Bei der akuten Aspergillose können auch eine plötzliche schwere Atemnot und Organversagen auftreten.

Die Therapie sollte so schnell wie möglich begonnen werden und ist sehr umfangreich. Neuere Medikamente zeigen inzwischen gute Behandlungserfolge, insbesondere bei Früherkennung der Krankheit. Neben der Behandlung ist die Identifizierung der Grundursache oder Pilzquelle wichtig.

HEFEN

Infektionen mit Hefepilzen, hier vor allem *Candida sp.*, treten vor allem in der Schnabelhöhle auf. Die Tiere infizieren sich durch Futtertiere. Es bilden sich gelbliche, leicht ablösbare Beläge in der Schnabelhöhle.

Frühzeitig erkannt, ist die Hefepilzerkrankung gut zu behandeln. Sie wird anhand eines Kropfabstrichs vom Tierarzt bestätigt. Klinisch ähnelt sie den Veränderungen durch Trichomonaden oder Pockenviren sehr und muss von diesen abgegrenzt werden.

VIREN

INFLUENZA – „VOGELGRIPPE"

Die Influenza-Viren von Vogel und Mensch gehören zur gleichen Virengruppe, lassen sich jedoch unterscheiden. Grippeviren werden anhand ihrer Oberflächeneiweiße in verschiedene H-Typen (Oberflächeneiweiß Hämaglutinin) und N-Typen (Oberflächeneiweiß Neuraminidase) eingeteilt.

Nicht alle Virustypen sind krankmachend. Hinzu kommt, dass verschiedene Vogelarten

IMPFUNG GEGEN INFLUENZA-VIREN

Greifvögel können grundsätzlich gegen Influenzaviren geimpft werden. Besonders bei einer Greifvogelhaltung in Risikogebieten wie Wasservogelrastplätzen oder für Zuchten hochbedrohter Arten sollte eine Impfung in Betracht gezogen werden. Da die Impfung in Deutschland gegen die Virustypen H5 und H7 grundsätzlich verboten ist, muss eine Genehmigung über das zuständige Veterinäramt zur Impfung der eigenen Tiere eingeholt werden.

unterschiedlich empfindlich für die verschiedenen Virustypen sind. Grundsätzlich ist davon auszugehen, dass hochpathogene Virustypen auch für Greifvögel tödlich sind.

Gibt es bei den Wildvögeln einen Seuchenzug, werden durch die Behörden Sperrbezirke errichtet. Innerhalb dieser Zeit sollten Greifvögel nicht mit Wildvögeln in Kontakt kommen, und die Vogelbeize sollte eingestellt werden. Dies gilt besonders für die Beize auf Wasservögel und Möwen, wenngleich eine Ansteckung des Greifvogels durch Wildvögel äußerst selten ist. Auch eine Übertragung auf den Menschen durch die Beizjagd wurde bislang noch nicht beschrieben.

Bei der Vogelgrippe werden meist nur kurze, schwere, unspezifische Krankheitssymptome wie Mattigkeit, aufgeplustertes Gefieder und erhöhtes Ruhebedürfnis festgestellt. Die Tiere sterben meist wenige Stunden später.

PARAMYXOVIROSE

Paramyxoviren, insbesondere Paramyxovirus 1, ist unter Tauben weit verbreitet. Bei Hühnern verursacht das Virus die Newcastle-Krankheit. In Deutschland besteht eine Pflicht zur Impfung aller Hühner, sodass Deutschland beim Geflügel als frei von dieser Erkrankung gilt. Da Erkrankungen bei Tauben jedoch regelmäßig vorkommen, besteht die Gefahr einer Anste-

Einzelne Pocken auf dem Fuß eines Habichts. Pocken können auch durch viele kleine stecknadelkopfgroße Veränderungen charakterisiert sein.

Herpesviren können nach einer Infektion lebenslang im Tier verbleiben, unter bestimmten Umständen (z. B. Stress) reaktiviert werden und zur klinischen Erkrankung führen. Eine direkte Ansteckung der Falken untereinander ist ebenfalls möglich.

Klinisch sind vor allem Falken und Eulen betroffen, Habichtartige erkranken dagegen sehr selten. Betroffene Vögel sterben innerhalb von 24 bis 48 Stunden nach Auftreten erster Symptome. Aufgrund von Leberschädigungen färbt sich der Schmelz gelb und dann grün. Leber und Milz sind oft von vielen kleinen, weißen Punkten (Lebernekrosen) durchsetzt.

Betroffene Tiere sind meist nicht mehr zu retten, während Kontakttiere sofort behandelt werden müssen. Daher ist es wichtig, verstorbene Vögel zur Untersuchung einzusenden und die Todesursache diagnostizieren zu lassen, um weitere Tiere des Bestandes zu retten. Belegte Impferfolge gegen die Herpesvireninfektion der Greifvögel gibt es bislang nicht.

ckung für Greifvögel. Paramyxoviren kommen auch bei Wildvögeln vor.

Betroffene Greife, vor allem Falken, zeigen eine Kopfschiefhaltung und unkoordinierte Bewegungen. Später tritt der Tod ein. Für Geflügel und Tauben zugelassene Inaktivat-Impfstoffe sind für Greifvögel gut verträglich und schützen, wobei die gesetzlichen Vorgaben zur Anwendung zu beachten und mit dem Tierarzt zu besprechen sind.

HERPESVIREN

Neben einer Vielzahl von Herpesviren bei Vögeln kommen beim Greifvogel spezifische Herpesviren vor, die untereinander und zum Herpesvirus der Tauben unterschiedlich nahe Verwandtschaftsgrade zeigen. Herpesvirus-Erkrankungen bei Hierofalken treten häufig nach Taubenfütterung auf.

POCKEN

Pockenvirusinfektionen bei Greifvögeln waren in der Vergangenheit eher selten und sind vor allem aus südlichen Ländern und dem Mittleren Osten bekannt. Inzwischen treten sie auch in Mittel- und Nordeuropa regelmäßig auf. Jede Vogelart besitzt ihre spezifischen Pockenviren und Übertragungen zwischen verschiedenen Vogelarten sind nur auf wenige Ausnahmen begrenzt.

Pockenviren können gesunde Haut oder Schleimhaut nicht überwinden und werden daher nur im direkten Kontakt über Wunden oder über stechende Insekten übertragen. Es entstehen meist an der unbefiederten Haut viele kleine oder auch einzelne borkige Veränderungen, die stetig größer werden und dann nässend aufgehen oder sich ggf. tumorös verändern.

Sofern sich Hautveränderungen nicht bakteriell infizieren, kommt es zu einer narbigen

Abheilung. Wundinfektionen der Pocken können jedoch schwere klinische Veränderungen und Blutvergiftungen hervorrufen. Pockenviren können auch umfangreiche gelbliche Beläge in der Schnabelhöhle, vor allem im Schnabelwinkel, hervorrufen und die Atmung sowie die Nahrungsaufnahme des betroffenen Vogels erschweren. Die Veränderungen gleichen der Trichomonadose, der Hefepilzinfektion oder einer Infektion mit Kapillarien (Haarwürmer). Die Veränderungen der Haut und/oder der Schleimhaut sind zu behandeln, um bakterielle Infektionen zu vermeiden.

Belegbare erfolgreiche Impfungen gegen Pockenviren gibt es beim Greifvogel bisher nicht. Impfstoffe für Geflügel und Tauben sind beim Greifvogel wirkungslos, da sich die Pockenviren der Greifvögel von diesen unterscheiden.

WEST-NIL-VIRUS UND USUTU-VIRUS

In den letzten Jahren treten Infektionen mit West-Nil und Usutu-Viren bei Greifvögeln und Eulen auf. Es handelt sich hierbei um Flaviviren, die von Mücken übertragen werden. Durch die wärmeren und längeren Sommer in Mitteleuropa wird die Übertragung begünstigt, was die steigende Zahl der Fälle begründet. Betroffene Tiere zeigen nur während einer kurzen Phase unspezifische Allgemeinsymptome wie Aufplustern und Abgeschlagenheit und sterben dann schnell. In Mitteleuropa sind vom West-Nil-Virus vor allem Habicht, Bartkauz und Schneeeule betroffen, es kommt aber auch bei Falken vor. Das Usutu-Virus betrifft dagegen vorranging Eulen wie Bartkauz, Sperbereule und Schneeeule. Fälle bei Falken sind nur als Einzelberichte bekannt. Gegen das West-Nil-Virus wurde eine Schutzimpfung bei Falken getestet, welche empfohlen wird. Diese Impfung kann vermutlich auch bei anderen Greifvögeln angewendet werden. Eine Impfung gegen das Usutu-Virus ist bislang nicht bekannt.

VORBEUGEN IST BESSER ALS HEILEN

Die meisten Erkrankungen der Greifvögel können durch ein kontrolliertes Management verhindert werden. Daher ist die sorgfältige Planung der Haltung und Fütterung von besonderer Bedeutung:

1. Es sollte frühzeitig Kontakt zu einem Tierarzt hergestellt werden, der bei Erkrankung des Greifvogels oder gesundheitlichen Fragen kontaktiert werden kann.
2. Das Futter sollte immer aus kontrollierter, zuverlässiger Haltung stammen.
3. Nur einwandfreies und hygienisch unbedenkliches Futter und Wasser sind zu verwenden.
4. Geschossenes oder tot aufgefundenes Wild darf nicht verfüttert werden. Gebeiztes Wild ist vor dem Verfüttern durch eine Beurteilung der inneren Organe auf Unbedenklichkeit zu prüfen oder wird, noch besser, gar nicht als Futter verwendet.
5. Ein kurzer Untersuchungsgang des Vogels sollte in die tägliche Routine eingebaut werden.
6. Standplätze der Vögel sowie Volieren und Mauserkammern sind von Atzungsresten frei zu halten und mindestens zweimal jährlich gründlich zu säubern und desinfizieren.
7. Mindestens zweimal jährlich, bei festgestelltem Befall alle drei Monate sollte eine Schmelzuntersuchung auf Parasiten und Salmonellen erfolgen.
8. Erkrankte Vögel sind zu isolieren und in eine warme und ruhige Umgebung zu stellen, um dann umgehend den Tierarzt zu kontaktieren.
9. Niemals darf eigenmächtig am Greifvogel „herumtherapiert" werden. Es ist immer tierärztlicher Rat einzuholen.
10. Volieren und Haltung sind der entsprechenden Greifvogelart anzupassen und zu optimieren, um haltungsbedingte Schäden zu vermeiden.

BIOLOGIE, ALLGEMEINES UND TRAINING

GRUNDLAGEN DES ABTRAGENS

Die biologischen Grundlagen beim „Abtragen" eines Greifvogels haben sich seit Beginn der Falknerei nicht verändert, denn Greifvögel jagen nach wie vor aus der gleichen Motivation wie vor 3500 Jahren. In diesem Kapitel werden die Grundbegriffe und -lagen des Abtragens erklärt und die Trainingsmöglichkeiten für Beizvögel vorgestellt.

BEIZVOGEL- UND HUNDEWAHL

Die Wahl des Beizvogels hängt in erster Linie vom späteren Beizwild und von den Reviergegebenheiten ab. Voraussetzung für einen erfolgreichen Beizvogel sind ausreichend Zeit und genügend Jagdmöglichkei-

Verhaubter Wanderfalkenterzel nach erfolgreicher Jagd auf Rebhühner mit seinen Jagdkumpanen

Deutsch Kurzhaar und English Pointer beim Vorstehen und Sekundieren

ten. Ein brauchbarer, gut abgeführter Jagdhund ist bei vielen Jagdarten unentbehrlich,
außer bei der Elstern- und Krähenbeize.
Absolut unverzichtbar ist er bei der *Anwarterbeize*.

Für diese werden Vorstehhunde im freien
Gelände verwendet. Kurz suchende Stöberhunde werden meist bei der Jagd in deckungs-
reichem Gelände (mit Habichtartigen)
eingesetzt. Die Anforderungen an einen
„Vogelhund" für die Anwarterbeize sind weitaus höher als an „Flintenhunde". Bei einem
Jagdvorgang mit dem Falken aus dem Anwarten muss der Hund unter Umständen bis zum
finalen Jagdflug zwischen fünf und 45 Minuten vorstehen, das Wild halten, nachziehen
oder ggf. neu suchen, bis der Anwarter die
richtige Position erreicht hat. Vogelhunde
müssen über einen sicheren Appell und ab-
soluten Gehorsam verfügen.

FRETTCHEN

Frettchen sind domestizierte Iltisse, die
zur Baujagd auf Kaninchen eingesetzt
werden. Man lässt sie in den Bau ein-
schliefen, um die Kaninchen zum Verlassen des Baues zu bewegen. Springt
ein Kaninchen vor dem Frettchen aus
der Röhre, kann es mit den Habichtartigen gebeizt werden.

ABTRAGEN

Das „Abtragen" von Greifvögeln bezeichnet
den gesamten Prozess, einen Greifvogel vertraut zu machen, ihn zu trainieren und auf die
gemeinsame Jagd mit dem Falkner und Hund
vorzubereiten. Der Begriff wird abgeleitet
vom Tragen, weil Greifvögel während dieser

Arbeit und auch später bei der Jagd viel getragen werden, um sich an die Faust und ihren Jagdpartner zu gewöhnen.

Beim Abtragen eines Greifvogels wird der Beizvogel durch Konditionierung (kontrollierte Futtergabe) und Belohnung dazu veranlasst, seinen angeborenen Anlagen folgend, mit dem Falkner gemeinsam zu jagen. Zu beachten ist, dass ein Beizvogel diesen Prozess des Abtragens jedes Jahr nach der Mauser aufs Neue durchlaufen muss, wenn auch nicht mehr so intensiv wie im ersten Jahr. Dennoch müssen das Lockemachen und die verschiedenen Übungen immer wieder aufgefrischt werden.

AUS ELTERNAUFZUCHT ODER ÜBERNAHME

Das Abtragen eines Beizvogels aus Elternaufzucht beginnt nach dem Trockenwerden. Bei auf den Menschen geprägten Beizvögeln beginnt dieser Prozess bereits spielerisch schon vorher, weil der Beizvogel durch diese Prägung schon viel früher eine persönliche Beziehung zum Falkner aufgebaut hat.

Bei uns in Deutschland werden, mit Ausnahme des Habichts (s. Kap. „Rechtsgrundlagen", S. 18), ausschließlich gezüchtete Greifvögel zur Beizjagd verwendet, die entweder als Jung- oder Altvogel vom Züchter oder Vorbesitzer erworben werden. Es ist eher die Ausnahme, dass ein Falkner einen bereits abgetragenen Altfalken von einem Vorbesitzer übernimmt.

Geschieht das doch, dann ist mit bereits abgetragenen Beizvögeln unter Umständen ein früherer jagdlicher Erfolg möglich. Rückschlüsse auf die Abtrageweise und etwaige Abtragefehler können jedoch erst beim Umgang mit dem Vogel gezogen werden.

BESSER MIT „LEHRPRINZ"

Je nach Prägung und Beizvogel unterscheidet sich die Art des Abtragens, was in den Kapiteln „Abtragen und Beizjagd mit Vögeln vom Hohen Flug" und „Abtragen

Auf den Menschen geprägter Habichtsterzel kopuliert auf dem Arm (in England fotografiert).

TROCKENWERDEN

Unter Trockenwerden ist zu verstehen, dass die Federkiele des jungen Greifvogels kein Blut mehr enthalten. Erst dann sind sie stabil und robust genug, um im Falle eines Abspringens von der Faust oder den Aufblockmöglichkeiten keinen Schaden zu nehmen.

und Beizjagd mit Vögeln vom Niederen Flug" zum Ausdruck kommt. Nicht zu vernachlässigen ist der individuelle Charakter eines jeden Beizvogels, der niemals stur nach einer Vorgabe abgetragen werden kann. Außerdem kann jedem angehenden Falkner nur dringend empfohlen werden, seinen ersten Beizvogel zusammen mit einem erfahrenen Falkner abzutragen. Der „Lehrprinz" wird diese Herausforderung unterstützend begleiten.

GREIFVÖGEL UND LERNEN

Das Lernverhalten bei Greifvögeln kommt in drei völlig unterschiedlichen Formen vor: der *Prägung*, dem *assoziativen Lernen* und der *Habituation*. Bei dem assoziativen Lernen lassen sich wiederum die *klassische* und die *operante Konditionierung* unterscheiden. Aber Achtung, Konditionierung in der Lernpsychologie und Konditionierung in der Falknersprache bedeuten etwas komplett Unterschiedliches.

PRÄGUNG

Unter Prägung versteht man ein ganz besonderes Lernen in einer bestimmten Phase der Jugendentwicklung, der sogenannten sensiblen Periode. Bedeutsam ist, dass nach Abschluss der Prägung ein Umlernen praktisch nicht mehr möglich ist.
Die Prägung kann verschiedene Inhalte haben. So spielt sie bei Wanderfalken bei der Horstplatzwahl eine wichtige Rolle. Deshalb war für die Wiederbegründung der Baumbrüterpopulation in der nordeuropäischen Tiefebene die Auswilderung aus künstlichen Baumhorsten nötig und erfolgreich.

AUF DEN SOZIALPARTNER
Für die praktische Falknerei ist die Prägung auf die Sozialpartner von höchster Wichtigkeit. Frisch geschlüpfte Greifvögel haben keine angeborene Information über das Aussehen des Artgenossen, d. h. des Sozialpartners. Der englische Ausdruck für Prägung ist imprinting, doch verstehen Falkner unter imprint oft lediglich einen Nestling, unabhängig von der sozialen Prägung. Je nach Aufzuchtverfahren können Greifvögel auf unterschiedliche Objekte als Artgenossen geprägt werden. Man unterscheidet

– durch isolierte Aufzucht mit Menschenkontakt vollständig auf den Menschen geprägte (engl. imprint),
– durch gemeinsame Aufzucht mit Artgenossen (meist Geschwister, aber auch Altvögel) bei intensivem Menschenkontakt sowohl auf Menschen als auch auf Artgenossen geprägte (engl. social imprint oder tweener),
– durch Geschwisterprägung bei keinem oder nur wenig Menschenkontakt auf die eigene Art geprägte und
– durch Elternaufzucht auf die eigene Art geprägte Vögel.

ASSOZIATIVES LERNEN

Beim assoziativen Lernen verknüpft der Vogel äußere Reize (klassische Konditionierung) oder eigene Aktionen (operante Konditionierung) mit einer Bekräftigung durch die Umwelt, die angenehm oder unangenehm sein kann.

KLASSISCHE KONDITIONIERUNG
Der Begriff der *klassischen Konditionierung* geht auf die Untersuchungen von Iwan Pawlow zurück (s. Kasten).
Sie funktioniert nicht nur – wie bei Pawlow – mit Hörreizen, sondern auch mit Gerüchen, mit Sichtzeichen, mit Zeiten, ja sogar mit Orten. Wenn Sie immer auf der gleichen Wiese Ihren Vogel Appell fliegen lassen und ihn immer an der gleichen Stelle von der Faust werfen, dann wird der Vogel nach ganz kurzer Zeit an dieser Stelle abspringen. Damit haben wir ein wichtiges Prinzip erkannt: Der Vogel lernt nicht nur, was er soll.

Er hat ja gar keine Vorstellung davon, *dass* er etwas soll. Der Vogel lernt immer eine gesamte komplexe Situation.

Klassische Konditionierung tritt bei Beizvögeln häufig ein, wenn unangenehme Erfahrungen auf den Vogel einwirken, ohne dass der Falkner das will. Das muss nicht schmerzhaft sein, ein Erschrecken reicht ohne weiteres aus. Wird der Vogel zwei-, dreimal vom Hund erschreckt, wenn er in die Transportkiste soll oder hat er einige Male ein unangenehmes Erlebnis auf der Waage, schon scheut er vor dieser Situation zurück. Wenn ein Vogel also etwas scheut, was er eigentlich tolerieren sollte, dann muss geprüft werden, was da in puncto klassischer Konditionierung falsch lief.

Abhilfe kann dann die Gegenkonditionierung bringen. Dem Vogel, der vor der Transportkiste scheut, zaubert man ein Stück Atzung oder einen kalten Flügel auf die Faust, *bevor* – das ist wichtig – er von der Faust abgesprungen ist. Ist er damit beschäftigt, können Sie die Faust der Kiste weiter nähern und – oh Wunder – vor oder in der Kiste gibt es wieder ein Stückchen. Wenn Sie das einige Male tun, hat die Kiste ihren Schrecken verloren und ist durch die Belohnungen zu einem positiven Ort geworden.

OPERANTE KONDITIONIERUNG

Entdeckt wurde die *operante Konditionierung* von dem Amerikaner Burrhus Frederic Skinner. Skinner brachte zunächst seinen Tieren bei, dass eine Belohnung wartet, wenn sie eine bestimmte Handlung ausführen, etwa einen Hebel drücken, sich um die eigene Achse drehen oder ein Apportel bringen – daher der Begriff „operant" oder auch „instrumentell": im Englischen meint „operation" u. a. eine Tätigkeit. Die Belohnung bestand wiederum meistens aus Futter.

Es geht aber auch mit anderen Belohnungen. So kann es für eine Muttersau z. B. eine äußerst interessante Belohnung sein, wieder zu ihren Ferkeln zu dürfen. Ein Schwein, das

nicht ferkelführende Muttersau ist, ist mit einer derartigen Belohnung natürlich nicht zu ködern, genauso wenig, wie ein satter Habicht mit Atzung. Das heißt: Belohnung funktioniert nur, sofern eine Handlungsbereitschaft schon besteht.

Wichtig ist, dass die Belohnung sofort kommt – dass man, etwa beim Hund, mit Klickern diese Zeitspanne verlängern kann, soll hier nur erwähnt, aber nicht weiter ausgeführt werden. Skinner arbeitete auch mit negativen Reizen, aber damit brauchen wir uns bei der Erziehung des Beizvogels nicht zu beschäftigen.

BELOHNUNG – HÄUFIGKEIT UND MENGE

Als bewusst vom Falkner eingesetzte Belohnung dient die Atzung. Am Anfang des Abtragens, wenn also noch gelernt werden soll, muss unbedingt jedes Mal belohnt werden. Der junge Vogel bekommt nach einmaligem Beireiten immer einen vollen Kropf. Wenn die Handlung bereits beherrscht wird, es also „nur" noch darum geht, sie zu festigen, dann ist es besser, wenn nur jedes dritte bis fünfte Mal belohnt wird. Dabei darf der Vogel nie wissen, ob eine Belohnung kommt oder nicht: Das nennt man *unregelmäßige Intervallbelohnung.*

Autor Prof. Dr. Thomas Richter mit seinem juvenilen Wander-falkenterzel nach erfolgreichem Jagdflug/Training. Der Vogel wurde mit einem vollen Kropf belohnt.

Neben der *Häufigkeit* der Belohnung spielt auch die *Atzungsmenge* eine große Rolle. In der Lernphase sollte die einzelne Belohnung groß sein. In der Könnensphase ist eine kleine Belohnung oft besser. Allerdings sollte der Vogel die Atzung, die er sieht, auch auf einmal bekommen. Denn was lernt er, wenn ich ihm das gut gespickte Federspiel oder die ganze hintere Kaninchenkeule auf der Faust, nach ein, zwei Bissen wieder wegnehme? Er lernt, dass ich ein ganz gemeiner, hinterhältiger Typ bin und dass es viel besser ist, das Federspiel zu leiten oder wenigstens auf der Faust zu grimmen und zu manteln und nach der Hand, die die Atzung wegnimmt, zu schlagen. Vielleicht lernt er auch, dass es sich eigentlich gar nicht lohnt, beizureiten. Gleiches gilt für die Beute. Auf der ersten Beute und auch noch auf der zehnten Beute bekommt der Vogel einen vollen Kropf. Ihm die Beute abnehmen, um weiter zu jagen, kann man erst dann tun, wenn der Vogel das Spiel wirklich beherrscht. Ob es besser ist, den Vogel auf der Beute aufzuatzen oder ihn mit einem großen Stück Atzung von der Beute abzunehmen und auf der Faust aufzuatzen, darüber gehen die Meinungen auseinander.

UND WAS BEI „FEHLVERHALTEN"?

Was jedoch, wenn der Vogel etwas tut, was er nicht soll? Viele Habichte oder Harris Hawks fliegen z. B. nicht auf den Baum bei Trainingsflügen, sondern drehen in der Luft um und reiten direkt wieder bei. Was mache ich mit einem Vogel, der nichts erbeutet hat, obwohl die Chancen gut waren? Wenn ich ihn anschließend belohne, dann verstärke ich das unerwünschte Verhalten. Also darf ich das nicht tun. In diesem Zusammenhang ist wieder wichtig, dass das Gedächtnis des Vogels für Zusammenhänge nur kurz ist. Selbstverständlich kann und muss ich den erfolglosen Vogel eine Stunde nach dem letzten erfolglosen Flug oder später aufatzen, nur nicht sofort.

FALLBEISPIEL

Als Belohnung dient, ich wiederhole das gerne, nicht nur Futter, sondern auch alles Mögliche andere Angenehme. Damit können auch Dinge zur Belohnung werden, die der Falkner gar nicht als solche betrachtet. Bei einem noch nicht fertig abgetragenen Vogel wirkt z. B. das Wegfliegen am Flugdraht oder gar das freie Wegfliegen als Belohnung: Die vom noch nicht locken Vogel als unangenehm empfundene Nähe zum Menschen wird aufgehoben. Wenn also ein Anfänger – ich übertreibe bewusst – seinen noch nicht abgetragenen Vogel mit zu wenig Handlungsbereitschaft (falknerisch: „zu hoch") am Flugdraht stehen hat und sich ihm mit einem Stück Atzung nähert, was passiert dann?

ERFAHRUNGSVERLUST

In Deutschland werden zur Ausübung der Beizjagd heute fast ausschließlich gezüchtete Greifvögel eingesetzt. Das hat natürlich den Nachteil, dass Falknern die Erfahrungswerte mit Wildfängen, Hagarden oder Laparden zunehmend verloren gehen.

Ca. drei Wochen alter Rotnackenshahin, zusammen mit Hunden

Nun, der Vogel springt ab und tobt. Der Anfänger erschrickt und legt mit schlechtem Gewissen die Atzung ab und entfernt sich. Was aber bedeutet das für den Vogel? Schon das Toben ist für ihn Belohnung, da sich der als unangenehm empfundene Mensch entfernt hat, und die Atzung belohnt erst recht. Der Vogel hat also gelernt: Toben bringt erstens Distanz und zweitens Atzung, was könnte es für ihn in dieser Situation Schöneres geben? Wenn der Anfänger seinen Vogel nach langer Zeit doch noch „hinkriegt", hat er einen unruhigen Vogel, der bei „Gefahr" immer zum Toben und Wegfliegen neigt. Was macht der Könner? Er hat den Vogel in der richtigen Kondition. Er stellt den noch nicht abgetragenen Vogel so auf, dass der nicht oder zumindest nicht wirkungsvoll toben kann, also z. B. auf die Reck im abgedunkelten Raum oder unter die Haube und nicht an den Flugdraht. Und er gibt ihm die Atzung nur, wenn er das getan hat, was er soll, also z. B. auf die Faust übertreten. Und er vermeidet, dass der Vogel Fehler machen kann. Tiere, die lernen, ohne Fehler machen zu müssen, lernen schneller und behalten das Gelernte länger, als Tiere, die immer wieder Fehler machen. Beim

Abtragen heißt das: Toben muss so weit wie möglich vermieden werden. Das leitet über zum Thema Habituation.

HABITUATION

Habituation meint die Gewöhnung an einen zunächst furchtauslösenden Reiz, wenn er mehrfach hintereinander erlebt wird, ohne dass das negative Konsequenzen hat. Dieses Lernen erfolgt am besten, ohne dass der Vogel durch Abspringen der vermeintlichen Gefahr vermeintlich entgehen kann. Sonst lernt er – siehe oben – dass das Abspringen die Gefahr gebannt hat, nicht aber, dass gar keine Gefahr existierte. Deshalb ist es wichtig, den ganz unerfahrenen Jungvogel davon zu überzeugen, dass der sich nähernde Mensch Angenehmes, nämlich Atzung, bedeutet und keineswegs Gefahr. Hier sind die Haube und/oder die hohe Reck von unschätzbarem Wert. Auch im Feld sollte man sich den Störquellen wie Traktoren, Mountainbikern usw. nach Möglichkeit nur so weit nähern, dass der Vogel nicht abspringt, und die Distanz dann schrittweise verringern.

KONDITION UND HANDLUNGSBEREITSCHAFT

Falkner und Verhaltensforscher/Ethologen sind sehr daran interessiert, zu wissen, warum ein Tier, in unserem Fall also ein Beizvogel (oder ein Jagdhund), etwas macht – oder auch nicht. Ethologen benutzen in dem Zusammenhang den Begriff der Motivation oder Handlungsbereitschaft, Falkner den Begriff der Kondition. Beide Begriffe sind ähnlich, aber nicht gleich. Deshalb lohnt es, sie sich genauer zu betrachten.

MOTIVATION

Die Begriffe *Motivation* und *Handlungsbereitschaft* werden im Folgenden synonym gebraucht. Sie beschreiben einen inneren Zustand, der durch innere und äußere Einflüsse hervorgerufen wird.

Hat der Beizvogel gelernt, kleine Atzungsstücken von der Hand zu nehmen, schlägt er auch später nicht mit seiner Hand danach, sondern nimmt sie mit dem Beck auf.

Manche Handlungsbereitschaft ist nur bei einer bestimmten hormonell gesteuerten Grundgestimmtheit vorhanden, etwa die Bereitschaft zu Kopulationen. Manche Handlungsbereitschaft ist von der Versorgungslage abhängig: So ist ein Greifvogel – außerhalb des Funktionskreises Fortpflanzung – nur zum Jagen bereit, wenn Energiebedarf besteht.

HANDLUNGSBEREITSCHAFTEN IM WECHSELSPIEL

Wichtig ist, dass meist mehrere Handlungsbereitschaften gleichzeitig motiviert sind. Man kann sich das beinahe so vorstellen wie eine mathematische Addition-Subtraktion. Die Handlungsbereitschaften können sich gegenseitig verstärken, aber auch abschwächen.

Sind ein Beutetier oder das Federspiel besonders leicht zu erreichen, dann wird der Vogel es schlagen, auch wenn die Motivation zum Jagen nur mäßig ist. Ist ein Beutetier dagegen besonders stark oder gehört einer Art an, mit der der Vogel schon negative Erfahrungen gemacht hat, dann wird er es meiden, es sei denn, die Handlungsbereitschaft ist besonders hoch. Oder ist ein Vogel nur wenig zum Jagen motiviert und es taucht plötzlich ein fremder Hund auf, vor dem er sich etwas fürchtet, wird er das Jagen einstellen. Ist der Vogel aber besonders stark zum Jagen motiviert, wird er die ohnehin nur geringe Angst vor dem fremden Hund überwinden und jagen. Taucht jedoch direkt neben ihm plötzlich mit Getöse ein Gelände-Motorrad auf, dann wird selbst der stark zum Jagen motivierte Vogel einen schon begonnenen Jagdflug abbrechen und fliehen, weil die Angst hier immer zu groß ist.

TAGESZEIT UND WETTER

Die Handlungsbereitschaften sind unter anderem zusätzlich von der Tageszeit und vom Wetter abhängig. Morgens und abends ist die Handlungsbereitschaft zum Jagen höher als um die Mittagszeit. Auch jagen die Vögel bei kalten Temperaturen lieber. Mittags und bei Sonnenschein ist dagegen die Motivation zum Sich-Lüften oder gar Baden größer. Bringt etwa im Voralpenland im Januar ein plötzlicher Föhneinbruch innerhalb von wenigen Stunden einen Temperatursprung von minus zehn auf plus 15 Grad, dann ist mit den auf die tiefe Temperatur eingestellten Vögeln eine erfolgreiche Beizjagd unwahrscheinlich.

KONDITION

Unter Kondition versteht der Falkner das Niveau der Energieversorgung. Man unterscheidet die Mauserkondition, die Zucht- und die Jagdkondition. Für die Zucht, vor allem bei weiblichen Vögeln, ist ein gewisser, aber nicht zu großer Vorrat an Körperfett notwendig. Auch während der Mauser macht eine großzügig bemessene Atzungsmenge Sinn. Jagen wird ein Vogel mit diesen Fettreserven – außerhalb der Fortpflanzungszeit – allerdings nicht. Das gilt gleichermaßen für den frei lebenden Wildvogel wie für den Beizvogel. Befindet sich die Energieversorgung eines Beizvogels am oberen Ende, spricht man von hoher, am unteren von tiefer Kondition. Zur täglichen Überwachung der eventuellen Veränderungen in der Jagdkondition ist eine entsprechend genau gehende Waage unabdingbar.

GEWICHTSKONTROLLE

Viele Falkner wiegen nicht nur den Vogel, sondern auch die Atzung. Das macht vor allem bei kleineren Arten viel Sinn, genauso

Gut trainierter Wanderfalke – breite Brust, klare, große Augen – steht entspannt mit halbem Kropf auf der Reck.

wie das Notieren der Gewichte. Das Gewicht ist allerdings kein statischer Wert. Um den Zeitpunkt des ersten Freifluges nach dem Ende der Mauser – Fettreserven werden noch eingeschmolzen, aber Muskelaufbau hat noch nicht stattgefunden – ist von einem mittleren Gewicht auszugehen. In den nächsten Tagen wird mit dem Fettabbau das Gewicht noch etwas sinken, um dann mit zunehmendem Muskelaufbau wieder zu steigen.

Viele Vögel können am Ende der Beizsaison bei optimalem Muskelaufbau und meist tieferen Temperaturen mit einem höheren Gewicht als zum Ende der Mauser erfolgreich auf Wild geflogen werden. Erwähnt, aber an dieser Stelle nicht ausgeführt, sei, dass Atzung unterschiedlicher Herkunft bzw. Zusammensetzung zu unterschiedlichem Sättigungsgefühl führt: Blankes Kaninchenwildbret sättigt wesentlich weniger als Taube, und viel Gewölle kann eine Sättigung hervorrufen, ohne zur Energieversorgung beizutragen.

Verfetteter Zustand
Untrainiert und fett
Zustand bei Überfütterung
von Greifvögeln in der
Voliere

Normaler Zustand
Gut Trainierter Brustmuskel
Gesunde Wildvögel
Idealer Zustand für gut
beflogenen Beizvogel

Untrainierter Zustand
Junge Wildvögel, die
mangels Erfahrung noch
nicht regelmäßig Beute
machen. Zustand bei
Trainingsbeginn Beizvogel

Magerer Zustand
Kranke oder verletzte
Wildvögel, die längere Zeit
keine Beute gemacht haben.
Zustand bei krankem
Beizvogel

**Lebensbedohlicher
Zustand**
Schwer kranke oder ver-
letzte Wild- oder Beizvögel,
die keine Nahrung mehr
aufnehmen und kurz vor
dem Verenden sind.

Zustand des Brustmuskels bei Greifvögeln. Durch Abtasten des Brustbeins wird die Kondition ermittelt (Violett: Brustbein/-knochen des Vogels; Rot: Brustmuskel; Gelb: Unterhautfett).

Wanderfalke putzt sich am Block, ein Zeichen des Wohlfühlens und der Vertrautheit.

KONTROLLE DURCH ABTASTEN

Neben dem Gewicht gibt das Abtasten der Fettauflage und der Muskulatur an der Brust des Vogels einen wichtigen Hinweis auf die Kondition. Vor allem entscheidend ist aber das Verhalten des Vogels. Ein aufmerksamer Vogel, der mit kräftigen Flügelschlägen fliegt, sich nicht abstellt und auf Wild oder Atzung sofort reagiert, befindet sich in optimaler Kondition. Ein mit schlappen Flügelschlägen und vielen Gleitphasen fliegender, sich schnell abstellender Vogel ist viel zu tief, und ein Vogel, der auf Wild oder Atzung nur zögerlich oder gar nicht mehr reagiert, offensichtlich zu hoch in der Kondition. Das Ziel einer weidgerechten und tierschutzkonfor-

men Konditionierung muss ein in hoher Kondition erfolgreich fliegender Vogel sein. Das verlangt viel Fingerspitzengefühl und eine gute Beobachtungsgabe beim Falkner und ist als die eigentliche Kunst in der Falknerei anzusehen.

DIE KÖRPERSPRACHE

Über die Gewichtsentwicklung hinaus ist es unerlässlich, die Körpersprache des Beizvogels zu studieren und zu beurteilen. Es bedarf Jahre der Erfahrung, um die Feinheiten der unterschiedlichen Ausdrucksformen individuell richtig zu erkennen und Rückschlüsse daraus ziehen zu können.

So kann aufgeplustertes Gefieder Wohlfühlen oder Unwohlsein ausdrücken, denn Greifvögel plustern ihr Gefieder beim Sonnen gern auf und haben dazu manchmal noch die Augen halb geschlossen: Beides wäre aber ebenso ein Anzeichen für Krankheit. Tritt der Falkner an seinen Beizvogel heran, wird der gesunde Greif schnell das Gefieder straff anlegen und mit großen, klaren Augen Aufmerksamkeit zeigen. Bleibt er hingegen desinteressiert mit schlitzförmigen Augen und aufgeplustertem Gefieder sitzen, ist dies ein eindeutiges Zeichen für Unwohlsein. Je besser ein Falkner das Verhalten seines Beizvogels kennt und erkennt, desto einfacher ist es für ihn, auf Situationen zu reagieren und präventiv einzugreifen, wie oben bereits geschildert.

TRAININGSMETHODEN UND MUSKELAUFBAU

Um mit einem Beizvogel erfolgreich jagen zu können, muss der Vogel über Ausdauer, Kraft und Fitness verfügen. Während Jungvögel die verschiedenen Trainingstechniken erst erlernen müssen, haben Altvögel, die aus der Mauser genommen werden, den Vorteil, dass sie sich relativ schnell an bereits erlernte Trainingsmethoden aus dem Vorjahr erinnern und dementsprechend schneller mit dem Training begonnen werden kann: Die „Basics" sind bereits vorhanden.

APPELLÜBUNGEN UND FREIFLUG

Appellübungen und der Freiflug dienen dazu, den Beizvogel in die gewünschte körperliche Fitness zu bringen. Sie lehren ihn außerdem,

nach einem erfolglosen Jagdflug auf das Federspiel/die Schleppe oder die Faust zurückzukehren.

AN DER LOCKSCHNUR

Bevor wir den ersten Freiflug wagen und Appellübungen absolvieren, muss der Greifvogel an der Lockschnur die gewünschte Reaktion zeigen, um ihn bedenkenlos frei zu fliegen. Appellübungen erfolgen entweder zur Faust (alle Greifvögel), auf das Federspiel (alle Greifvögel) oder zur Schleppe (Habichtartige und Adler).

Falken werden vorwiegend auf das Federspiel trainiert, vor allem aber, wenn sie aus dem hohen Anwarten abgerufen werden. Der Faustappell beim Falken erfolgt dann aus dem flachen Anfliegen oder vom Federspiel zur Faust.

Appellübung an der Lockschnur mit dem Hund

Nach erfolglosem Flug auf dem Boden stehend, reitet der Wanderfalke zur Faust bei.

BREITES METHODEN-SPEKTRUM

Um die zugeführte Energie an Atzung in Muskelmasse umzusetzen, stehen uns verschiedene Methoden zur Verfügung. Sie beinhalten nicht nur einfaches Fliegen, sondern spezielle Maßnahmen, um Ausdauer, Schnelligkeit und Wendigkeit zu steigern. Der körperliche Fitnesszustand des Greifvogels spielt bei der Jagd eine entscheidende Rolle. Je mehr Kraft und Ausdauer ein Beizvogel besitzt, desto größer sind die Chancen auf jagdlichen Erfolg. Dies wird durch abwechslungsreiches Training oder den täglichen Jagdbetrieb erzielt.

Beschränkte sich früher das Training zu Beginn der Saison oder beim Einfliegen von Jungvögeln auf die freie Folge, Federspieltraining (Durchgänge fliegen) und Appellflüge, profitieren wir heute von moderner Technik, um dem Beizvogel die notwendige Fitness anzutrainieren. Die heutige Vielfalt an Trainingsmethoden bietet die Möglichkeit, dem Beizvogel die körperliche Leistungsfähigkeit zu verschaffen, die er beim Jagen auf frei lebendes Wild benötigt, und diese Leistungsfähigkeit während der beizfreien Tage aufrechtzuerhalten.

Ein guter Appell ist bei der Jagd wichtig, um den Jagdbetrieb nicht unnötig zu verzögern und um dem Greifvogel nicht die Möglichkeit zu geben, seine Jagdweisen zu verselbstständigen („blaujagen"). Appellflüge werden geübt und in der Häufigkeit der Einzelübung nicht überstrapaziert, damit der Greifvogel nicht abstumpft. Vor allem bei Altvögeln, die viel jagen, muss der Appell zum Federspiel zwischendurch immer wieder belohnt werden, damit der Anreiz dafür nicht verlorengeht.

WICHTIG BEI LOCKSCHNUR-ÜBUNGEN

Bei jeder Übung im Freien muss die Drahle entfernt werden. Die Lockschnur wird entweder direkt an der Öse der Aylmeri-Manschette oder am geöffneten Geschühriemen befestigt. Sollte sie sich unerwartet lösen, kann der Vogel mit offenem Geschüh wegfliegen und sich beim Aufblocken nicht verhängen. Bei Übungen an der Lockschnur muss darauf geachtet werden, dass sich die Schnur beim Beireiten nicht verhängen kann, denn das würde zu einer negativen Verknüpfung führen.

FEDERSPIEL

Bevor das eigentliche Federspieltraining, das „Durchgangfliegen" am (Stangen-)Federspiel, beginnt, muss der Falke das Federspiel bereits kennen und eine Bindung zum Falkner haben (vgl. Kap. „Abtragen und Beizjagd mit Vögeln vom Hohen Flug", S. 116).

DURCHGANGFLIEGEN

Um das Federspieltraining zum Muskulaturaufbau und Ausdauertraining nutzen zu können, muss dem Falken die Technik vermittelt werden. Dazu wird er auf das schwingende Federspiel gerufen und dieses dann kurz vor dem Zugreifen weggezogen, sodass der Falke „durchfliegt" und nach einer Wendung erneut anfliegt.

Zu Beginn des Trainings darf der Falke das Federspiel bereits nach dem ersten Wenden im Anfliegen am Boden oder in der Luft schlagen. Das Training wird so ein oder zwei Tage wiederholt, bis der Falke das Prinzip verstanden hat, und die Anzahl der Durchgänge dann kontinuierlich gesteigert.

Lässt man das Federspiel in der Luft schlagen, ist darauf zu achten, dass der Falke beim Abbremsen nicht abrupt zu Boden gerissen wird. Wird ein Stangenfederspiel verwendet, sollte mit der Stange nachgegeben und die Stange anschließend freigegeben werden. So schleift die Stange am Boden und „bremst". Außerdem kann die Schnur, an der eine leichte Taubenschwinge als Beutereiz befestigt ist, aus einem Gummiband bestehen.

Der Falke wird über dieses Training insofern motiviert, als er nicht weiß, wann er das Federspiel schlagen darf und seine Belohnung erhält. Der Falkner muss erkennen, wann die Motivation (Anjagen) oder Ausdauer (geöffneter Schnabel) erschöpft ist und das Training dann beenden. Mit dem Federspiel werden Ausdauer, Muskelaufbau und Wendigkeit trainiert. Es ist in erster Linie für Falken zu empfehlen.

DOPPELFEDERSPIEL

Das Doppelfederspiel funktioniert ähnlich wie das vorher beschriebene Federspieltraining, allerdings werden hierzu zwei Federspiele abwechselnd in ca. 20 bis 200 m Entfernung zueinander geschwungen. Mit einer Hilfsperson lässt man den Falken anfänglich auf kurze Entfernung auf ein Federspiel anfliegen und entzieht es nach dem ersten Durchgang seinem Sichtfeld, woraufhin die zweite Person die Aufmerksamkeit des Falken durch Zurufen auf das zweite Federspiel lenkt. Nach kurzer Orientierung wird es der Vogel anjagen und er darf es schlagen. Schnell begreift der Falke dies, und schon nach kurzer

Ein Falke lernt, das Stangenfederspiel in der Luft zu schlagen.

Gerfalke sperrt (geöffneter Schnabel) beim Federspieltraining: ein Erschöpfungszeichen. Das Training muss beendet werden.

ACHTUNG BEI GERFALKEN
Bei Gerfalken darf das Training am Federspiel bei warmem Wetter nicht zu lange ausgedehnt werden. Es liegt in der Natur dieser Falken, alles zu geben und bis zur totalen Erschöpfung zu fliegen. Eine Überanstrengung kann zur Erkrankung des Falken führen!

Zeit kann man die Anzahl der Durchgänge und Distanz der beiden Federspiele zueinander steigern.

Vertical Jumping mit einem Habicht

FREIE FOLGE

Die freie Folge ist, kurz beschrieben, ein Spazierengehen, bei dem der Greifvogel vom „Niederen Flug" dem Falkner von einer Warte, i. d. R. einem Baum, zur anderen folgt und von Zeit zu Zeit auf die Faust, aufs Federspiel oder auf die Schleppe herbeigerufen wird. Dieses Training regt den Stoffwechsel an und steigert, im Wald ausgeführt, die Wendigkeit des Greifvogels (außer Falken). In den letzten Jahren wurden Mountainbikes oder gar Quads zur schnelleren Fortbewegung benutzt, was aufgrund der höheren Dynamik eine Steigerung der Flugleistung garantiert.

SCHLEPPE

Die traditionelle Schleppe besteht aus einem präparierten Kaninchen-, Hasen- oder Fuchsbalg. Sie wird in erster Linie für Greifvögel des Niederen Flugs (Habicht, Harris Hawk, Adler) verwendet.
Bei der Schleppenarbeit hat sich die moderne Technik stark weiterentwickelt. Ferngesteuerte Autos, die in einer Hasenattrappe stecken und mit hoher Geschwindigkeit davonfahren, oder ein Fellstück, das auf einem

Draht oder einer Schiene über die teils in Haken verlegte Route flitzt, üben einen großen Reiz für den Greifvogel aus und steigern Fitness und Ausdauer.

VERTICAL JUMPING

Hierunter ist das senkrechte Hochspringen von einer Sitzgelegenheit am Boden zur Faust zu verstehen. Als Belohnung erhält der Greifvogel kleine Fleischstückchen angeboten. Zu Beginn wird die Faust niedrig gehalten und der Vogel nach jedem Sprung belohnt. Erst nach Verinnerlichung der Übung geht man dazu über, unregelmäßig zu belohnen und die Faust immer höher zu halten. So entsteht für den Vogel die Bereitschaft, auf die Faust zu springen, ohne die Gewissheit zu haben, wann eine Belohnung erfolgt. Durch die kurzen, vertikalen Sprünge wird die Brustmuskulatur gekräftigt und die Ausdauer trainiert. Ist die Leistungsgrenze des Vogels erreicht, was leicht am schnellen Atmen und Öffnen des Schnabels zu erkennen ist, beendet man die Übung.
Diese wirklich sehr einfache und überall durchführbare, durch den Einsatz künstlicher Lichtquellen auch an keine Tageszeit gebundene Trainingsmethode ist für alle Greifvögel gleichermaßen geeignet.

TRAINING MIT FLUGOBJEKTEN

Bei den nachfolgend vorgestellten Trainingsmethoden ist eine Hilfsperson erforderlich, um Unfällen vorzubeugen. Außerdem sollten alle Übungen mit diesen Hilfsmitteln nur im freien Gelände stattfinden.

MIT DRACHEN ODER BALLON
Das Drachen- oder Ballontraining hat in den letzten Jahrzehnten sehr an Popularität gewonnen. Drachen und Ballons unterscheiden

sich in ihrer Bauweise und sind, wetterabhängig, unterschiedlich voneinander einzusetzen. Bei Wind wird ein Drachen zum Einsatz kommen und bei Windstille ein Helium-Ballon.

Diese Art des Trainings kann für Falken, aber auch für Habichte oder Harris Hawks eingesetzt werden und hat den Vorteil einer hohen Motivation bei effektiver Muskulatur- und Ausdauersteigerung.

Nach dem herkömmlichen Abtragen und Kennenlernen des Federspiels lehrt man den Greifvogel, eine Beuteattrappe (Taubenschwinge, Federspiel o. Ä.) in der Luft an einer langen Angel zu schlagen. Es genügt dazu meist, den Falken vom Block oder Boden die etwas in der Luft hängende Beuteattrappe greifen zu lassen.

Bei dieser Übung legt man den Drachen in der Nähe ab oder stellt ihn hoch über den Greifvogel, damit der das Objekt kennenlernt und feststellt, dass keine Gefahr davon ausgeht. Hat der Falke hochfliegen – schlagen – Belohnung verknüpft, wird die Übung am Drachen vorgenommen und später der Abstand der Beuteattrappe zum eigentlichen Drachen auf ca. zwei bis drei Meter reduziert.

DRACHENTRAINING – DAS EQUIPMENT

Das benötigte Equipment für das Drachentraining setzt sich aus der Drachenschnur, dem Bodenanker, dem Drachen und dem Auslösesystem zusammen. Vor dem Anknüpfen der Drachenschnur am Drachen fädelt man einen Ring, an dem sich der Auslösemechanismus (z. B. eine Wäscheklammer) und eine ca. ein bis zwei Meter lange Nylonschnur befinden, über die Drachenschnur. An der Nylonschnur wird die Beute befestigt und der Auslösemechanismus an der Drachenschnur angeknipst. Beim Schlagen der Beuteattrappe klinkt sich diese aufgrund des Gewichts des Falken und Auslösemechanismus aus. Der Vogel kann nun mit

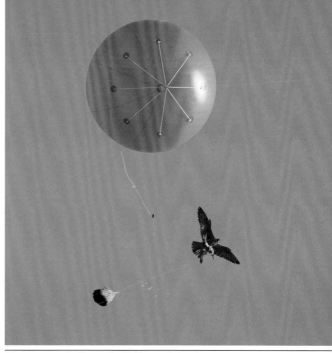

Training am Ballon – der Falke greift die Attrappe.

der Beute an der Drachenschnur über dem Ring nach unten zum Boden gleiten. Danach wird der Drachen mittels einer Einzugshilfe (z. B. Akku-Bohrmaschine) eingeholt.

Dieses Training steigert nicht nur die Ausdauer, sondern lehrt den Greifvogel auch das Fliegen und Steigen bei kräftigem Wind.

AUFLAGEN BEACHTEN!

Die gesetzlichen Auflagen sind bei Trainingsmethoden mit Drachen, Ballon o. Ä. abzuklären und einzuhalten. Drachen, Ballons oder Drohnen dürfen nicht höher als 100 m steigen. Andernfalls ist eine Ausnahmeerlaubnis der Landesluftfahrtbehörde einzuholen, oder das Training muss auf einem speziell genehmigten Platz ausgeführt werden. Für den Betrieb von Drohnen trat am 7. April 2017 eine Drohnen-Verordnung in Kraft, ab 1. Oktober 2017 gelten eine Kennzeichnungspflicht sowie ein Kenntnisnachweis.

Training am Flugzeug. Zwischen Flugzeug und hinterher-fliegendem Falken sind der Auslösemechanismus und der eingezogene Fallschirm zu erkennen.

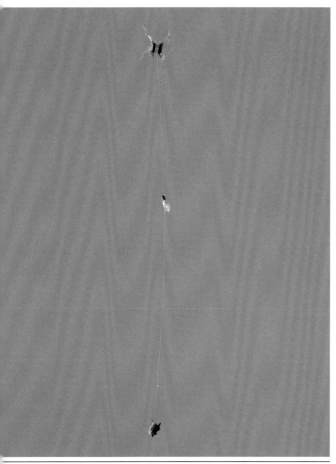

Quadrokopter mit Fallschirm und Beuteattrappe

CLEVERE HIEROFALKEN
Vorsicht bei Hierofalken aller Art. Diese intelligenten Greifvögel durchschauen das Prinzip sehr schnell, was so weit gehen kann, dass sie die Jagd verweigern, weil sie wissen, dass die Belohnung an Drachen, Ballon, Drohne einfacher zu erhalten ist.

Das Ziel – Beute bzw. Belohnung – vor Augen, entwickelt der Greifvogel eine große Motivation für dieses Training und kann an den jagdfreien Tagen gut in Form gehalten werden. Angepasst kann es für alle Greifvögel verwendet werden.

TRAINING MIT DEM MODELLFLUGZEUG

Die Weiterentwicklung des Drachentrainings kam in Form von Modellflugzeugen, an deren Heck eine Taubenschwinge mittels einer ein bis zwei Meter langen Nylonschnur angehängt ist. Der Vorteil gegenüber dem Drachen bzw. Ballon ist die Möglichkeit, das Flugzeug im freien Luftraum mit hoher Geschwindigkeit zu steuern.

Die flatternde Beuteattrappe am Heck motiviert den Falken zum Anjagen. Hat der Vogel die Beute geschlagen, wird sie durch ein ferngesteuertes Auslösesystem freigegeben. Dank eines kleinen Fallschirms, der sich öffnet, kann der Falke abgebremst zu Boden gleiten. Das freie Gleiten am Fallschirm ist nur in freier Landschaft zu empfehlen, weil in engem Gelände das Risiko besteht, dass sich die angehängte Schnur/Fallschirm irgendwo verhängt oder der Falke auf einer befahrenen Straße landet.

Wie auch bei allen anderen modernen Hilfsgeräten muss der Greifvogel langsam mit dem Gerät vertraut gemacht werden. Mit dem Modellflugzeug werden hauptsächlich Falken trainiert. Mit dieser Art des Trainings wird die Ausdauer, Manövrierfähigkeit und Reaktion des Falken verbessert.

ROBARA

Das oder die Robara ist eine ferngesteuerte, motorisierte Flugattrappe mit dem Aussehen einer Houbara (Kragentrappe), um die Flugleistung und Wendigkeit für Falken zu trainieren und gleichzeitig die optische Verknüpfung zum späteren Beizwild herzustellen. Dieses moderne Trainingsinstrument wurde vor allem für den arabischen Raum entwickelt, da Falken in diesen Regionen kaum aus dem Anwarten, sondern fast ausschließlich als Faustjäger eingesetzt werden. Der Trainingseffekt ist dem des Modellflugzeug-Trainings gleichzusetzen.

Mittlerweile gibt es diese motorisierte Flugattrappe auch im Aussehen anderen Flugwilds.

DROHNEN

Die Grundvoraussetzung zum Betreiben von Drohnen ist der Abschluss einer speziellen Drohnen-Haftpflichtversicherung. Die Regeln zum Fliegen einer Drohne sind insbesondere nach deren Gewicht gestaffelt. Außerdem dürfen Drohnen seit der neuen Verordnung nur noch eine Flughöhe von 100 Metern erreichen, ansonsten wird eine behördliche Ausnahmeerlaubnis von den Landesluftfahrtbehörden verlangt (s. Kasten S. 113). Vor Anschaffung oder Inbetriebnahme einer Drohne müssen also unbedingt die aktuellen gesetzlichen Bestimmungen abgeklärt werden.

Drohnen sind von der Trainingsqualität zwischen Drachen/Ballon und Modellflugzeug anzusiedeln. Sie können wie ein Modellflugzeug frei im Luftraum gesteuert werden, kommen beim Training aber meist im vertikalen Steig- und Sinkflug zum Einsatz. Sie verfügen über ein GPS-System, das automatische Landungen vornehmen kann.

An der Drohnenunterseite ist ähnlich wie beim Drachen eine Schnur/ein Draht mit Taubenschwinge angebracht, die/der ferngesteuert ausgelöst werden kann.

An eine Drohne wird die Beuteattrappe nicht mit einer Nylonschnur, sondern besser einem kunststoffummantelten Draht angeknüpft. Eine Schnur ist zu leicht und kann sich bei ungünstigen Windverhältnissen oder bei zu schnellem Absinken des Geräts über die vertikalen Rotorblätter werfen. Die Folge ist ein Absturz, der nicht nur teuer, sondern auch gefährlich für Menschen und Greifvogel werden kann.

Diese Trainingsmethode kann angepasst ebenfalls für den Habicht/Harris Hawk angewendet werden.

IDEAL – ALLE METHODEN

Im Idealfall lernt ein Greifvogel alle aufgeführten Trainingshilfsmittel kennen. Das schafft die Möglichkeit, ihn bei jeder Witterung trainieren zu können, gerade wenn kein jagdlicher Einsatz möglich ist.

MUSKELABBAU

Um einen erfolgreichen Beizvogel zu fliegen, der anspruchsvolle Jagdflüge zeigt, ist während der Beizsaison ein tägliches Training Voraussetzung. Nach Ende der Beizsaison jedoch muss die Muskulatur des Vogels, ganz ähnlich dem *Aufbau*-Training, in umgekehrtem Sinne langsam wieder abgebaut werden. Erst dann darf er in die Mauserkammer gestellt werden.

ABSINKEN LASSEN

Eine Möglichkeit, den Falken mit der Drohne zurückzuholen, besteht darin, die Drohne mit dem Falken am gebundenen Beutestück kontrolliert absinken zu lassen. Das kostet den Vogel allerdings zusätzliche Kraft, weil er nur sehr selten nach unten segelt, sondern meist schwingenschlagend nach unten drängen wird. Das ist unbedingt zu berücksichtigen, damit der Falke nicht überfordert wird.

ABTRAGEN UND BEIZJAGD MIT VÖGELN VOM HOHEN FLUG

WANDERFALKE

ALLGEMEINES ZUM WANDERFALKEN

Wanderfalken (*Falco peregrinus*) üben seit jeher eine Faszination auf den Menschen aus. Sie sind Sinnbilder für Freiheit, Kraft und Schnelligkeit – zahlreiche Geschichten und Legenden ranken sich um den stolzen, schnellen Jäger.

Als Kosmopolit bewohnt der Wanderfalke fast alle Kontinente und kann sich praktisch allen Lebensräumen anpassen. Wanderfalken zeichnen sich durch ihr angenehmes Wesen und die unkomplizierte Art im Umgang mit ihnen aus. Fehler sind wesentlich leichter zu korrigieren, als das z. B. bei Hierofalken der Fall ist. Dies ist vermutlich auch der Grund, weshalb Wanderfalken in der Falknerei sehr verbreitet sind. Als ausschließliche Vogeljäger können sie zur Beizjagd von kleinem bis großem jagdbaren Flugwild eingesetzt werden.

Mit dem Wanderfalken kann die Beizjagd aus dem Anwarten, der Jagd aus dem hohen Luftraum, und von der Faust ausgeübt werden. In der Falknersprache bezeichnet man deshalb auch Wanderfalken als „Vögel vom Hohen Flug".

Für die Beizjagd können Wanderfalken mit verschiedener Prägung („Greifvögel und Lernen", S. 102) eingesetzt werden. Bei uns in Deutschland finden allerdings in erster Linie Jungvögel Verwendung, die von den Elterntieren aufgezogen wurden. Deshalb bezieht

☞ WELCHER FALKE FÜR WELCHES WILD?

BEIZWILD	KLEINE SÜDEUROP. O. ASIATISCHE FALKEN		NORMALE MITTELEUROP. FALKEN		STARKE NORDISCHE FALKEN		JAGDART	HUND
	♂	♀	♂	♀	♂	♀		
REBHÜHNER/ ROTHÜHNER	X	X	X	X	X	(X)	Anwarten	Vorstehhund
MOORSCHNEE- HÜHNER		X	(X)	X	X	X	Anwarten	Vorstehhund
FASANE		X		X	(X)	X	Anwarten	Vorstehhund
STOCKENTEN/ WILDENTEN		X	(X)	X	X	X	Anwarten	Vorstehhund, Stöberhund
RABENKRÄHEN		X	(X)	X	X	X	Faust o. Anwarten	Kein Hund
ELSTERN	X	X	X	(X)	X		Anwarten	Kein Hund

(X) = eingeschränkt, je nach individueller Größe des Falkenterzels oder -weibchens

Deutsch Kurzhaar mit zwei Wanderfalken auf der kleinen Cadge im Auto

WENIG GEWÖLLSTOFFE

Mit dem Züchter muss abgesprochen werden, dass zwei Tage vor der Entnahme des Jungfalken aus der Voliere nur Atzung ohne Gewöllstoffe gefüttert wird, damit der Vogel kein Gewölle zu werfen hat. Ansonsten muss der Ausschnitt der Haube so groß sein, dass der Vogel ein Gewölle durch den Ausschnitt werfen kann. Generell sollten in der ersten Woche des Abtragens kaum Anteile von Gewöllstoffen mit der Atzung verfüttert werden, damit kleine Gewölle durch die Haube geworfen werden können.

sich der in diesem Kapitel vorgestellte Abtrageprozess auch auf von Altvögeln aufgezogene Jungfalken, die mit dem Erreichen des Trockenwerdens im Alter von ca. acht Wochen aus der Voliere genommen werden.

ABHOLEN DES JUNGFALKEN

Mit dem Züchter wird tunlichst besprochen, was mitzubringen ist, wenn der Falke abgeholt wird. Entweder wartet der Jungfalke bereits aufgeschirrt beim Züchter auf uns oder wird aus der Kammer genommen, wenn wir eintreffen. Im letzten Fall müssen alle benötigten Utensilien mitgebracht werden (siehe „Geschirre und Hauben". S. 49).

Neue Hauben sind vorher unbedingt mit den Fingern im Bereich des Schnabelausschnitts zu massieren, damit sie dort die Steifigkeit verlieren und angenehm zu tragen sind. Außerdem sollten mehrere Haubengrößen zur Auswahl mitgenommen werden.

Das Einfangen des Jungvogels erfolgt am besten vom Züchter oder einer dritten Person, um negative Verknüpfungen mit dem neuen Halter zu vermeiden.

AUFSCHIRREN

Ist der Falke eingefangen, wird er sofort verhaubt und in ein Handtuch gewickelt, um ihn aufzuschirren. Durch die Haube als optischem Sichtschutz werden negative Eindrücke nicht wahrgenommen, und nach dem Fixieren im Handtuch kann schnell und stressfrei das Geschüh angelegt werden.

Im Anschluss wird das Gefieder mit einer Wassersprühflasche befeuchtet. Dies beruhigt den Falken auf natürliche Weise und verschafft an warmen Tagen Kühlung. Dieses Befeuchten sollte auch an den ersten Tagen vor dem Atzen beibehalten werden. Danach kann der Falke auf die behandschuhte Faust gestellt und, sobald er ruhig ist, auf der Faust, im Karton oder auf einer kleinen Cadge nach Hause transportiert werden.

Beim Transport eines frisch aus der Kammer geholten Jungfalken sollten weder weitere Falken auf der Cadge sitzen, noch Hunde im Innenraum sein.

IM NEUEN ZUHAUSE

ERSTE UNTERBRINGUNG

Zu Beginn bis zum Abschluss der Vertrauensbildung wird der Jungvogel zu Hause über

Nacht oder in Zeiten, in denen wir uns nicht mit ihm beschäftigen können, in einem dunklen, ca. 15 bis 20 °C kühlen Raum unangebunden auf dem Bodenblock untergebracht. Ohne Anbindung, damit er im Falle eines Abspringens nicht hängen bleiben kann. Der dunkle Raum ersetzt die Haube, sollte sie abgenommen oder abgestreift werden, und er verhindert, dass sich der Falke erschreckt, wenn wir den Raum betreten, solange er noch nicht locke ist. Um den Jungvogel an Geräusche und Stimmen zu gewöhnen, kann zeitweise ein Radio eingeschaltet werden. Vor jeder weiteren Übung wird der Falke noch im Dunkeln verhaubt und dann erst gewogen.

AN DEN BLOCK NUR DEN VERTRAUTEN FALKEN

In der traditionellen Praxis wurde der Falke bereits am nächsten Tag an den Block in den Garten gestellt, um ihn tagsüber mit Menschen, Hunden oder unbekannten Situationen bekannt zu machen und ihn dann nach Einbruch der Dämmerung zum Atzen auf die Faust zu nehmen. Da zu Beginn der Falke noch kein Vertrauen entwickelt hat und die Gefahr besteht, dass er beim Aufnehmen abspringt, ist diese Art des Abtragens nach heutigen Erkenntnissen obsolet.

Deshalb wird beim zeitgemäßen Abtragen der Falke erst an den Block gestellt, wenn er so vertraut ist, dass er bei Tageslicht ohne Abspringen wieder aufgenommen werden kann. Bei dieser Art des Abtragens nutzen wir übergangsweise zunächst die Hohe Reck, weil wir dort dem Vogel im Gegensatz zur Sitzgelegenheit am Boden auf Augenhöhe begegnen. Beim Aufnehmen vom Block hingegen stellen wir wegen unserer Größe eine Bedrohung dar. Selbst wenn wir uns klein machen, den Jungfalken gebeugt oder kniend vom Block aufnehmen würden, könnte er bei dieser überholten Methode abspringen, was unter Umständen zu einer falschen Verknüpfung führt. In der ersten Zeit verwenden wir deshalb auch konsequent die Hilfsmittel „Dunkelheit" (dunkler Raum) und Haube, bis der Falke uns völlig vertraut.

DIE ERSTE FÜTTERUNG

Vor der ersten Fütterung, die spätestens am Folgetag des Abholens erfolgt, wird der Falke gewogen. Dazu muss er wieder verhaubt werden, wenn er die Nacht ohne Haube verbracht hat. Hat der Züchter kein Gewölle gegeben, ist Letzteres in der ersten Nacht jedoch nicht unbedingt nötig.

Damit der Falke sich beim Aufnehmen im dunklen Raum oder bei Berührung nicht erschreckt, sollte er behutsam angesprochen werden.

Nach dem Wiegen gehen wir an einen Platz mit starkem Dämmer- oder Spotlicht und befeuchten das Gefieder des Falken etwas. Um den Vogel nicht zur Ungeduld zu erziehen, wird nach dem Wiegen unterschiedlich lange gewartet, bevor es weitergeht. Erst dann wird die Haube vorsichtig geöffnet und nach erneuter kurzer Wartezeit behutsam nach vorne über den Falkenkopf gezogen.

KLEINE STÜCKE SIND BESSER

Anstelle eines großen, frischen Atzungsstücks, das der Falke von unten her aufnehmen müsste, bieten wir ihm besser kleine, vor-

Verhauben eines Wanderfalken

bereitete Fleischstückchen mit einer langen Pinzette an. Da Jungvögel an den ersten Tagen noch unsicher sind und davor scheuen, die Atzung von unten aufzunehmen, könnte die Annahme eines großen Brockens sehr lange dauern oder gar verweigert werden. Kleine, mundgerechte Atzungsstückchen nimmt der Falke bereitwilliger und schneller auf.

Die Streifen von zwei bis drei Zentimetern Länge werden ihm im diffusen Lichtkegel oder Dämmerlicht mit der Pinzette auf Höhe des Schnabels gereicht. Häufig sperren die Jungfalken in dieser Situation, weil sie schemenhaft etwas wahrnehmen. Dieser Moment wird genutzt, um ein Fleischstück in den geöffneten Beck zu legen. Beim Schließen des Schnabels bemerkt der Falke die Atzung und schluckt oder verwirft sie. Das wird so lange wiederholt, bis der Jungvogel genügend Atzung aufgenommen hat.

BEI ATZUNGSVERWEIGERUNG

Verweigern Greifvögel in Ausnahmefällen die Atzung auf der Faust, muss spätestens am zweiten Tag eine andere Methode angewandt werden, da der Vogel sonst zu viel Gewicht verlieren würde. Die Atzung wird ihm dann auf einem festen Untergrund (Block) im Schein eines Lichtkegels oder bei Helligkeit und frei ohne Störungen angeboten. Sobald sich der Vogel sicher fühlt, nimmt er die Atzung an. Geschieht dies bei Helligkeit, darf der Vogel erst nach Einbruch der Dunkelheit wieder aufgenommen werden, damit er uns nicht sehen kann!

VERHAUBEN UND WIEGEN

Wird der Falke unruhig, muss er wieder verhaubt werden, um es nach einiger Zeit erneut zu versuchen. Zum Verhauben wird die Haube vorsichtig wieder aufgesetzt und mit einer leicht bogenförmigen Bewegung nach hinten über den Hinterkopf geschoben. Anschließend werden die Verschlussriemen zugezogen.

Zum Abschluss wird der Falke wieder gewogen, um zu kontrollieren, wie viel Nahrung er aufgenommen hat.

Vom Anfang an wird der Falke vor und nach dieser Übung getragen, damit er lernt, sicher auf der Faust zu stehen. Während des Tragens kann der verhaubte Falke mit einer Feder abgeliebelt – „abgesponnen" – werden oder auch vor oder nach dem Atzen auf dem Bodenblock im Wohnzimmer verweilen, um mit den alltäglichen Geräuschen bekannt gemacht zu werden. In dieser ersten Phase des Abtragens ist der Falke dabei noch verhaubt, erst nach erfolgter Vertrauensbildung kann er auch ohne Haube an der Zimmerreck oder dem Bodenblock zeitweise im Zimmer stehen, um die Beziehung zwischen Beizvogel und Falkner weiter zu festigen.

Die nächsten Tage sehen ähnlich aus, nur werden die Fleischstückchen nach und nach tiefer gehalten, um den Falken zu motivieren, die Atzung von unten aufzunehmen. Sobald der Falke die Atzung selbstständig ohne Zögern von der Faust nimmt, wird die Lichtintensität erhöht, und das Tragen des Jungvogels bei aktiver Nahrungsaufnahme kann nach und nach auch bei Tag stattfinden. Dadurch wird der Jungvogel mit unbekannten Situationen vertraut gemacht, weil er beim aktiven Kröpfen so beschäftigt und abgelenkt ist, dass er weniger zum Abspringen neigt. Allerdings ist immer darauf zu achten, dass der Falke wieder verhaubt wird, sobald er Nervosität zeigt und abzuspringen droht, damit der Vogel keine negativen Erfahrungen mit der Faust des Falkners macht.

AUF DER HOHEN RECK

Nachdem der Falke bei Tageslicht Atzung aufnimmt und die Vertrautheit zum Falkner hergestellt ist, wird er auf eine Hohe Reck in den Garten gestellt. Die Reck sollte sich an einem ruhigen Platz befinden, mit einer Wand im Hintergrund. Das hindert ihn daran, auf diese Seite abzuspringen. Von hier aus kann der Jungvogel aus sicherer Distanz alle täglichen Abläufe und familiären Geschehnisse beobachten und kennenlernen. Ein Hochspringen von Hunden, schnelles Heranlaufen oder ein jähes Eintreten neuer Situationen müssen vermieden werden. Der Falke soll und muss zwar alles kennenlernen, aber nicht alles auf einmal, sondern sukzessive und ohne negative Erfahrungen.

NUR UNTER BEOBACHTUNG
Wird der Falke das erste Mal auf der Hohen Reck mit dem Reckknoten befestigt, muss er durchgehend beobachtet werden, damit sichergestellt ist, dass er sich im Falle eines Abspringens wieder aufschwingt. In der Regel können das Greifvögel von Natur aus, trotzdem kann es vorkommen, dass der Falke kopfunter hängt oder versucht, nach unten wegzufliegen. In diesem Fall muss der Falkner umgehend eingreifen. Meist genügt es, den Greifvogel am Rücken kurz anzutippen oder mit der Hand zu unterfassen und umzudrehen, damit er sich wieder aufschwingt.

Dem Gerfalken wird mit dem Ellenbogen eine Brücke gebaut, auf der er auf die Faust laufen kann.

Generell sollten Beizvögel niemals ohne Bells auf die Reck gestellt werden, damit akustisch wahrgenommen werden kann, wenn der Beizvogel unruhig ist oder abspringt, um ggf. eingreifen zu können.

ÜBERTRETEN AUF DIE FAUST
Auf der Hohen Reck lernt der Falke auch, auf die Faust überzutreten. Dazu wird ihm ein kleines Stück Atzung auf der Faust angeboten. Hat er es geschluckt, wird er auf die Reck gestellt. Abermals wird ihm mit der Faust ein kleines Stück Atzung angeboten, und zwar so, dass er von der Reckstange auf die Faust übertreten muss.
Manche Falken zögern und versuchen, die Atzung aufzunehmen, ohne dabei auf die Faust zu steigen. In dem Fall kann man dem Falken eine kleine Brücke bauen. Der Ellenbogen wird an die Reck gelehnt, sodass der Vogel auf dem abgewinkelten Arm ganz einfach zur Faust laufen kann.
An den nächsten Tagen lassen wir den Falken auf immer größere Distanz von der Reckstange auf die Faust springen. Sobald der Falke diese Übung sicher auf zwei Meter ausführt, wird die gleiche Übung am Block vorgenommen. Springt er auch von diesem Platz aus sofort auf die Faust, kann er bedenkenlos

am Tag im Freisitz zum Lüften an den Block gestellt werden, wo auch eine Badebrente zum Baden und Schöpfen zur Verfügung steht. Es ist darauf zu achten, dass der Vogel nie längerer, direkter Sonneneinstrahlung ausgesetzt ist. Nur im Winter stellt die Kraft der Sonne i. d. R. keine Gefahr mehr dar. Bei starkem oder anhaltendem Regen sollte am Freisitz eine Überdachung zur Verfügung stehen. Wichtig ist, dass sich Falken vor dem Freiflug trocknen können, wenn sie nass geworden sind, ansonsten kann es passieren, dass sich

der Vogel nach dem Abfliegen irgendwo abstellt und erst der Gefiederpflege nachkommt, bevor er zum Training oder Jagdflug bereit ist. Ein zeitgemäßer Freisitz ist immer umfriedet und überdacht, um den Falken vor Angriffen von Katzen, Hunden oder anderen Greifvögeln zu schützen und – sollte sich die Langfessel aus irgendeinem Grund öffnen oder reißen – einem Entfliegen vorzubeugen.

DAS ABTRAGEN ZUM ANWARTER

Nachdem das Vertrauen aufgebaut und die Verknüpfung Atzung–Faust abgeschlossen ist, wird der Falke mit verschiedenen Hilfsmitteln vertraut gemacht. Das wichtigste Hilfsmittel bei der Beizjagd ist das Federspiel.

IM VORBEILAUFEN

Kennt der Falke uns, die Faust und die Atzung bereits, können wir ihm mehrmals täglich ein ganz kleines Fleischstückchen von der Hand anbieten, wenn wir an der Reck vorbeilaufen. Schnell lernt der Vogel, dieses Ritual zu schätzen. Er wird uns aufmerksam beobachten, sobald wir uns nähern. Das Ritual kann später auch auf dem Federspiel oder der Beute beibehalten werden. Das Vertrauen zur Hand und dem Herantreten des Falkners wird dadurch gefördert.

AN DER LOCKSCHNUR

Das Federspiel wird entweder als Trainingsgerät (s. S. 109 f.) oder zum Zurückholen unseres Beizvogels nach einem erfolglosen Jagdflug genutzt. Um das Federspiel kennenzulernen, legen wir es beim ersten Mal, beidseitig mit gut sichtbarer Atzung bestückt, neben den Block, sodass der Falke lediglich

Bei so einem Freisitz ist der Falke vor Angreifern geschützt und kann auch nicht entfliegen.

darauf springen muss. Der Falkner bleibt in der Nähe, während der Falke auf dem Federspiel kröpft. Während der Falke das tut, laufen wir um ihn herum, damit er die neue Situation kennenlernt. Beim ersten Mal darf er die ganze Belohnung kröpfen, um eine positive Verknüpfung herzustellen. Lediglich ein kleiner Teil der fälligen Tagesration wird zum Abnehmen des Vogels auf die Faust zurückbehalten.

Kurz bevor der Falke alle Atzung gekröpft hat, knien oder setzen wir uns neben ihn und schieben die Faust, auf der sich Atzung befindet, langsam über das Federspiel, damit er übertreten kann. Für diese Übung sollte man sich viel Zeit nehmen, damit der Falke nicht den Eindruck bekommt, man wolle ihm etwas wegnehmen, und vielleicht zu manteln anfängt.

Steht der Falke auf der Faust und hat alle Atzung aufgenommen, wird er wieder verhaubt, selbst wenn er schon vertraut ist. Das Verhauben zu diesem Zeitpunkt ist aus mehreren Gründen wichtig: Erstens wird eine positive Verknüpfung zur Nahrungsaufnahme hergestellt, zweitens lassen sich selbst schwierig zu verhaubende Falken nach dem Atzen besser verhauben und drittens wiederholt sich dieser Vorgang später ja auch bei der Jagd, wenn der Falke vom Federspiel oder von Beute aufgenommen wird.

An den Folgetagen wiederholt sich diese Übung in ähnlicher Weise, die Entfernung Federspiel zu Block wird aber täglich vergrößert und die Langfessel durch eine Lockschnur ersetzt, um ein Anfliegen auf das Federspiel über weitere Strecken zu trainieren. Für Beireiteübungen auf weite Distanzen wird eine frisch abgemähte Wiese gesucht, damit sich die Lockschnur beim Anflug nicht verhängt. Der Falke sollte entweder vom Block oder von der Faust einer Hilfsperson aus immer gegen den Wind abfliegen. Startet der Vogel sofort, wenn er das Federspiel sieht oder der Falkner von ihm wegläuft, ist die Zeit des ersten Freiflugs gekommen.

Übungen an der Lockschnur nur mit geöffnetem Geschüh. Bell und Adresstafel müssen angebracht sein.

Ein dem Falken bekannter, geeigneter Trainingsplatz sollte etwas abseits gelegen sein und keine Aufblockmöglichkeiten in unmittelbarer Nähe bieten.

DER ERSTE FREIFLUG

Vor dem ersten Freiflug muss der Falkner sich praktisch mit der Telemetrieanlage (s. S. 62 ff.) vertraut machen. Dies kann unter Umständen über ein dauerhaftes Verstoßen des Beizvogels entscheiden.

Häufig erfolgt der erste Freiflug in einer Zeit noch sommerlicher Temperaturen, deshalb bietet es sich an, die Trainingszeit entweder in die Morgen- oder Abendstunden zu legen.

GESCHÜHRIEMEN

Vor jeder Übung im Freien werden die Geschühriemen geöffnet oder entfernt und die Lockschnur direkt an der Öse der Aylmeri-Manschette oder geöffneten Geschühriemen angebracht (s. Foto oben). Löst sich die Lockschnur einmal unerwartet, kann der Vogel mit offenem Geschüh wegfliegen und sich beim Aufblocken nirgends verhängen. Auch bei Lockschnurübungen ist deshalb der Sender am Vogel zu befestigen.

Ein English Pointer steht Rebhühner in einem abgeernteten Stoppelfeld vor.

Letzteres hat den Vorteil, dass keine Tauben mehr unterwegs sind und die Beizvögel zu dieser Tageszeit eine gewisse Abendschärfe haben. Kennt der Falke das Training und die Jagd bereits, können auch Flüge in der Mittagszeit stattfinden. Das kontrollierte Schweimfliegen ist jedoch nur erfahrenen Falknern zu empfehlen. Dabei steigt der Falke in der Thermik hoch – er „schweimt" – und lässt sich etwas abtreiben. Auf das Signal des Falkners, die erhobene Hand oder das Sich-in-Bewegung-Setzen, kommt der Falke in großer Höhe zurück und wird dafür mit dem Angebot einer Beute belohnt. Das setzt allerdings einen zuverlässigen „Point" (Vorstehen vor Wild) des Vorstehhundes voraus. Der erste Freiflug erfolgt entweder von der Faust oder vom Block aus. Hierzu wird entgegen den Beireiteübungen dem Falken das Federspiel nicht gezeigt. Nachdem die Haube abgenommen wurde, wird so lange gewartet, bis er von alleine abfliegt. Dann wartet man die Reaktion des Falken ab, die meist so aussieht, dass der Vogel sich am Falkner orientiert und um ihn herumfliegt, oder sich, wenn er wegfliegt, auf den konditionierten Ruf oder Pfiff beirufen lässt. Ist der Falke im aktiven Steigflug, wird das Federspiel auf den Boden geworfen. Je nach Höhe wird der Vogel einen Sturzflug oder einen Segelflug auf das Feder-

spiel machen und darauf landen. Zu Beginn kann es auch vorkommen, dass er neben dem Federspiel landet und dann darauf läuft, um seine Belohnung zu erhalten.

Die Dauer des Fluges wird mit jedem Tag länger ausgedehnt. Der Flug aus immer besser werdenden Positionen wird stets mit dem Federspiel belohnt. Beim Abtragen zum Anwarter soll der Falke sich vom Falkner lösen, um später hohe Flüge zu zeigen. Das erreicht man nicht, indem er zu früh abgerufen wird. Belohnt wird nur der aktive Steigflug.

Sobald der Falke einen guten Trainingsflug zeigt, die Jagd aber wegen herrschender Schonzeit noch nicht möglich ist, kann der Falke auch mit einer kurz vorher frisch getöteten Beute belohnt werden. Die durch den Tötungsprozess ausgelösten Reflexe der Beutetiere animieren den Falken, sie anzujagen, und lassen ihn eine positive Verknüpfung zum vorangegangenen Geschehen herstellen. Durch das anschließende Rupfen und Kröpfen der warmen Atzung wird das gefestigt. Bei Falken, die diesen Ablauf kennen, bietet er einen weiteren Vorteil: Stehen die Vögel in zu hoher Kondition und reagieren nicht auf das Federspiel allein, lassen sie sich damit leichter einholen.

Ganz entscheidend für den späteren Jagderfolg ist der Trainingszustand des Falken, deshalb müssen Ausdauer trainiert und Muskelmasse aufgebaut werden. Falken, die zum Abstellen neigen, sind meist überfordert und verfügen nicht über die ausreichende Fitness, oder ihnen wurde die Aufgabenstellung nicht richtig vermittelt (s. Kap. „Biologische Grundlagen, Allgemeines und Trainingsmethoden" S. 98). Je früher auf frei lebendes Wild gejagt werden kann, umso besser, denn erst mit den Jagdflügen und den nicht vorhersehbaren Ereignissen während des „Echtbetriebs" lernt der Falke, dass sich Erfolg nur bei hohen Flügen einstellt. Um dem Falken das unerwünschte Taubenjagen (s. Kasten) abzugewöhnen, muss er nach dem erfolglosen Anjagen von Tauben und der Rückkehr zum Falkner immer posi-

KEINE TAUBEN

Tauben soll der Falke nicht jagen, denn er würde später natürlich nicht zwischen Haus-, Brief- und Wildtauben unterscheiden. Die Ablenkung durch dieses in der freien Landschaft häufige Wild ist zu groß und damit die Gefahr, dass der Falke schon nach kurzer Zeit aus dem konzentrierten Anwarten ausbricht, um selbstständig zu jagen („blaujagen").

tiv belohnt werden, am besten mit Wild, das er erbeuten kann. So erfährt er, dass Tauben zu jagen sinnlos ist und nur bei der Rückkehr Erfolg winkt. Eine gut beflogene Taube ist einem Jungfalken flugtechnisch und ausdauermäßig nämlich haushoch überlegen. Sie wird versuchen, dem Jungfalken durch Wegsteigen zu entkommen, den Jungfalken so in die Höhe ziehen und ihm all seine Leistung abverlangen. In den meisten Fällen bricht der Falke den Jagdflug irgendwann ab und kehrt zum Falkner zurück, oft in einer guten Höhe – eine hervorragende Gelegenheit, ihm Wild anzubieten.

Egal welche Wildart gebeizt werden soll, immer ist darauf zu achten, dass der Falke das Wild vorher kennenlernt, indem man ihm beim Einfliegen einige tote Beutetiere vorwirft und ihn diese kröpfen lässt. Vor allem bei Krähenfalken ist ein Anlernen auf schwarzes Beutewild wichtig.

JAGD MIT DEM ANWARTERFALKEN

Sobald der Falke den Ablauf des Anwartens im Grundsatz verinnerlicht hat und über eine durchschnittliche Ausdauer verfügt, wird auf Wild gejagt. Der Ablauf bei Rebhuhn, Fasan- und Raufußhuhnbeize ist ziemlich ähnlich, wobei sich jede Wildart unterschiedlich verhält und natürlich in verschiedenen Lebensräumen vorkommt.

Ist man sich unsicher, ob der Hund wirklich das Wild vorsteht, das gebeizt werden soll – oder wenn unterschiedliche Jagdzeiten zu beachten sind –, kann man es vor einem Flug des Falken zunächst einmal hochmachen, exakt ansprechen und beobachten, wo es einfällt. Dort lässt man den Hund das Stück Wild erneut vorstehen.

Vor einem Jagdflug wird außerdem stets die Umgebung – stark befahrene Straßen, nicht zugängliche Industriegebäude, Militäranlagen, gefährliche Mittelspannungsmasten oder attraktive Abstellmöglichkeiten – beurteilt und dann entschieden, ob der Falke geflogen werden kann. Sollte der Falke nicht absolut sicher und zuverlässig anwarten, muss gründlich überlegt werden, ihn an kritischen Plätzen zu fliegen. Die Gesundheit unserer Jagdhelfer, auch die des Hundes, muss immer an erster Stelle stehen.

Bereits im Vorfeld muss auch darüber nachgedacht werden, wie das Wild am besten zu heben ist. Um dem Jungfalken möglichst gute Erfolgschancen zu bieten, sollte das Wild über freie Ackerflächen abstreichen können und *mit* dem Wind, nicht gegen ihn, gehoben werden. Wenn der Hund fest vorsteht und der Falke von der Faust abgestrichen ist, wird gewartet, bis der Vogel seine Position in ausreichender Höhe über uns eingenommen hat. Währenddessen kann der vorstehende Hund weiträumig umschlagen werden, um zu verhindern, dass das Wild nach vorne wegläuft – vor allem Fasane suchen ihr Heil in der Flucht gern zu Fuß –, und um ggf. von vorn besser auf den Vierläufer einwirken zu können. Der Falke wird dabei stets im Auge behalten. Erst wenn er eine gute Position erreicht hat, wird das Wild unter ihm gehoben. Der Falke wird es nun entweder im Steilstoß aus großen Höhen oder im Schrägstoß bei niedrigeren Höhen anjagen und es zu schlagen versuchen. Der richtige Augenblick und die Art und Weise, wie das Wild gehoben wird, können über Erfolg und Misserfolg eines Jagdfluges entscheiden. Wird bei Jungfalken zu lange

In einem großen Bogen umschlägt der Falkner den Hund, um ein Weglaufen der Rebhühner zu verhindern.

CHANCENGLEICHHEIT

Junges Beizwild ist ebenso unerfahren wie ein junger Falke. Damit er zeitnah Erfolg erfährt und lernen kann, wird der Jungfalke deshalb möglichst an Jungwild gebracht. Hebt man junge Rebhühner oder Fasane geschickt, hat auch ein nicht so hoch fliegender Falke recht gute Chancen. Er selektiert blitzschnell und wird sich das jüngste Huhn oder den schlechtesten Flieger aussuchen.

Erfolglose Jagdflüge über lange Zeit „frustrieren" den Jungfalken. Der Falkner muss die Weitsicht besitzen, ungünstige Situationen von vorneherein zu vermeiden und dem unerfahrenen Jäger die bestmöglichen Chancen bieten.

gewartet, bis das Wild aufsteht, oder die Ausdauer für einen Jagdflug reicht nicht aus, brechen sie u. U. aus dem Anwarten aus, um blau zu jagen, oder stellen sich ab.

Die Fluchthöhe des Wildes ist entscheidend für die Art des Schlagens. Niedrig fliegendes Wild wird der Falke niederschlagen, hoch abfliegendes binden.

Manchmal stellt sich der unerfahrene Jungfalke nach einem erfolglosen Flug in der Nähe der eingefallenen Hühner ab. Dann sollte gewartet werden, bis er von allein wieder auffliegt oder von einer Hilfsperson dazu gebracht wird. Oftmals steigen die Falken nach der kurzen Pause noch einmal: Wenn nicht alle Hühner aufgestanden sind, bekommt er eine zweite Chance. So lernt der junge Jäger, dass es sich lohnt, nach einem Fehlflug nochmals über Falkner und Hund anzuwarten.

Hat der Jungfalke ein Huhn geschlagen, wird er voll belohnt. Belohnung kann entweder die Beute selbst sein, oder ihm wird nach dem Kröpfen von deren Kopf und Hals hochwertige Atzung gereicht, weil der Rest des Wildes zum Eigenverzehr genutzt werden soll.

Für den Falken spielt es keine Rolle, ob er Rebhuhn oder Taube bekommt: Entscheidend sind Menge und Verknüpfung in diesem Moment. Nur durch regelmäßige Jagdflüge und Erfolge mit Belohnung steigt die Sicherheit des Anwartens hinsichtlich Höhe und Ausdauer. Bald schon kann dann der Falke ohne weiteres mehrere Male geflogen werden – vorausgesetzt man hält ausreichende Pausen von 15 bis 30 Minuten zwischen den Flügen ein.

Wird der erfolglose Falke auf das Federspiel zurückgerufen, nimmt man ihn mit etwas Atzung ab und verhaubt ihn, damit er nach dem Jagdflug keinen Erfolg am Federspiel hat – am Federspiel wird immer nur bei eigens abgehaltenen Appellflügen ohne Wild belohnt. Anschließend findet entweder ein weiterer Jagdflug statt oder der Falke wird mit etwas Verzögerung aufgeatzt.

DAS BEIZWILD

REBHÜHNER
Rebhühner sind das klassische Beizwild für Wanderfalkenterzel. Sie kommen ausschließlich in der offenen Feldflur vor. Vom Hund werden Rebhühner oft auf weite Distanzen vorgestanden, sodass sie meist liegen bleiben und sich drücken, ohne vor dem Vierläufer zu laufen. Rücken der Hund oder der Falkner zu weit auf, kann es passieren, dass die Hühner bereits vor oder beim Abfliegen des Falken abstreichen.

Rebhühner sind rasante Flieger und fordern, mit Ausnahme von Junghühnern, einen hoch fliegenden Falken. Im Spätherbst sind sie gut beflogen und schwierig zu beizen: Hier wird nur ein Jungfalke Erfolg haben, der sich von Beginn der Beizsaison an mit den Rebhühnern weiterentwickelt hat.

Werden Hühner aus großer Höhe mit hoher Geschwindigkeit getroffen, sind sie meistens tot. Trotzdem kann es vorkommen, dass ein Huhn noch lebt oder in die Deckung fällt. Dann ist der im Apport firme Jagdhund gefragt.

Manche Falkner versuchen, Rebhühner auf Sicht zu beizen, wenn sie das Wild im Feld liegen sehen. Aus Erfahrung ist anzuraten, dies nur mit einem Hund zu tun. Spätestens, wenn der Falke in der Luft ist, drücken sich Rebhühner so stark, dass sie mit dem menschlichen Auge nicht mehr wahrzunehmen sind. Hier kann nur die erfahrene Nase unseres vierbeinigen Jagdhelfers zum Erfolg führen.

Bei starkem Wind oder Regen hält ein Regenschirm den Falken trocken und vermeidet unnötigen Energieverlust beim Tragen im Wind.

Wanderfalkenterzel auf geschlagenem Rebhuhn

UNTER DEM REGENSCHIRM
Nichts spricht dagegen, einen Falken auch bei starkem Wind oder Sturm zu fliegen. Es muss aber ein gut beflogener Falke sein, der Wind seit längerem kennt. Bei starkem Nebel dagegen unterbleibt die Jagd aus hohem Anwarten besser, weil der Sichtkontakt abbrechen und der Falke sich verstoßen könnte. Bei anhaltendem Regen wird der Vogel unter einem Regenschirm zur Jagd getragen, damit sein Gefieder für den Jagdflug trocken bleibt. Auch bei starkem Wind verhindert ein Regenschirm, dass der Falke ständig im Wind steht.

Wanderfalke stößt auf Wild.

Der Nordische Wanderfalkenterzel hat erfolgreich ein Grouse geschlagen.

FASANE

Fasane werden in der Regel vom Hund auf kürzere Entfernung vorgestanden und neigen noch stärker als Rebhühner dazu, vor dem Vierläufer wegzulaufen. Wartet der Falke nicht konzentriert und eng über dem Hund bzw. Falkner an, steht dieses Wild gerne auf, sobald der Greifvogel etwas abseits steht. Steht der Falke aber genau über den Fasanen, drückt sich das Wild und ist schwer zu heben. In der Luft sind Fasane für den Falken zwar leichter zu schlagen als Rebhühner, am Boden können sie jedoch sehr wehrhaft sein: Unerfahrene Falken lassen sie am Boden unter Umständen wieder aus. Solche „Bodenkämpfer" sind dann kaum noch einmal zu heben und suchen ihr Heil in der Flucht „zu Fuß". Generell gilt: Sind Fasane das Hauptbeizwild, sollte ein starker, weiblicher Falke abgetragen werden.

ROTHÜHNER

Die Rothühner Spaniens, vor allem Südspaniens, werden meist mit dem Terzel und ohne Hund bejagt. Viele Felder sind zur Jagdzeit bereits abgeerntet und die neue Einsaat ist noch nicht aufgegangen, sodass dieses reizvolle Beizwild vorwiegend auf blanken Äckern zu finden ist. Diese sind zu dieser Jahreszeit hart und rau, sodass sich Hunde

die Pfoten blutig laufen würden. Aus diesem Grund wird i. d. R. ohne Hunde gejagt.
Die Rothühner werden mit dem Fernglas gesucht. Wenn überhaupt ein Hund zum Einsatz kommt, geschieht das nur, wenn die Hühner gehoben werden.
Anders als „unsere" Rebhühner laufen Rothühner oft unter dem anwartenden Falken. Das animiert Jungfalken, die Beute am Boden zu schlagen. Kurz vor dem Zugreifen aber flüchten die Rothühner, und im Verfolgungsflug hat der Falke das Nachsehen.

GROUSE

Schottische Moorschneehühner oder Grouse sind wegen ihrer Größe und Schnelligkeit ein sehr reizvolles Beizwild. Werden sie mit einem Terzel bejagt, sollte der nicht weniger als 600 g Jagdgewicht auf die Waage bringen und im Fliegen mit starkem Wind vertraut sein. Im schottischen Hochland nämlich muss ein Falke lernen, mit Fallwinden umzugehen. Dazu fliegen die Falken oft weit weg bis zum nächsten Gegenhang, um dort den Wind zu nutzen und dann in großer Höhe zum Falkner zurückzukehren.
Größte Aufmerksamkeit ist auf das richtige Heben des Wildes zu legen. Bei starkem Gegenwind hat der Falke keine Chance, ein ab-

streichendes Grouse einzuholen. Deshalb muss es so gehoben werden, dass es unter Wind, d. h. mit dem Wind, oder wenigstens seitlich zur Windrichtung abstreicht. Außerdem sollte der Falke bei starkem Wind weit vor dem vorstehenden Hund positioniert werden, um ein Abstreichen der Grouse in den Gegenwind zu verhindern. Diese Beize ist nur mit einem weitsuchenden Vorstehhund möglich.

WILDENTEN

Ein attraktives Beizwild sind Enten, die an kleinen Gewässern oder schmalen Flussläufen bejagt werden können. Auf großen Wasserflächen ist ein Heben der Enten unter dem Falken aussichtslos. Selbst wenn es gelingt, die Enten zum Aufstehen zu bringen, werfen sie sich kurz vor dem Zugreifen wieder ins Wasser. Eine echte Chance hat der Falke nur, wenn die Enten vom Wasser weg über das offene Feld abstreichen. Idealerweise liegen die Wasserstellen deshalb in offenem Gelände. Bei der Beize lässt man den Falken weitab vom Gewässer steigen und dirigiert ihn erst dann darüber, wenn er ausreichend an Höhe gewonnen hat.

Das Beizen an Bachläufen ist nur erfolgreich, wenn das Wild seitlich abfliegt. Die Bachläufe müssen deshalb von Hilfspersonen abgeriegelt werden und der Abflug der Enten gesteuert werden.

Auf Wildenten empfiehlt es sich, weibliche Falken und dazu auch einen Hund einzusetzen.

ELSTERN

Die Elsternbeize ist eine der schwierigsten Jagdarten für Falken. Gerne werden dafür kleine Terzel eingesetzt, die auch in Kompanie geflogen werden. Am besten eignen sich vereinzelte Büsche oder nicht zu langgezogene Buschreihen im freien Gelände. Ist die schützende Deckung zu groß, sind Elstern nicht zu deren Verlassen zu bewegen.

Zum Heraustreiben der wendigen Flieger eignen sich hohe Stangen, an denen ein Lappen angebracht ist. Notwendig sind auch eine

FALKEN IN KOMPANIE

Für die Beizjagd mit zwei Falken in Kompanie werden zwei Jungvögel, die sich bereits kennen, gemeinsam abgetragen und eingeflogen. Sie müssen lernen, sich zu tolerieren und zu unterstützen, damit sie sich nicht behindern. Falken, die sich nicht kennen, dürfen nicht gemeinsam geflogen werden. Diese Jagdart erfordert viel Erfahrung und ist einem Anfänger nicht zu empfehlen. Auf einen Hund kann bei der Elsternbeize verzichtet werden.

oder mehrere Hilfspersonen, die als Absperrung fungieren, da man ansonsten die Elstern nur vor sich her treibt.

Der Falke muss über große Ausdauer verfügen, denn die Jagdflüge dauern lange und sind anstrengend.

AASKRÄHEN

Die Krähenbeize ist sowohl aus dem Anwarten als auch dem Verfolgungsflug von der Faust möglich. Krähen sind intelligent, wendig und wehrhaft, Das macht ihre Beize sehr schwierig. Um Krähen während der Saison hindurch regelmäßig erfolgreich bejagen zu können, sind mehrere Jagdmöglichkeiten bzw. -reviere Voraussetzung. Darüber hinaus ist Einfallsreichtum gefragt und viel Zeit zu investieren.

Anwarten Mit dem Auto werden Krähenschwärme oder Paarkrähen gesucht, die sich im freien Feld in 80 bis 500 m Entfernung befinden. Liegen sie direkt vor einem Waldstück, darf der Falke nicht geworfen werden: Die Krähen nehmen sofort die Deckung des Waldes an, sodass es für den Falken aussichtslos ist. Den Falken lässt man aus dem stehenden oder fahrenden Auto auf die Krähen abfliegen. Ihrem natürlichen Fluchtverhalten folgend, flüchten die Krähen, sobald sie den Beizvogel bemerkt haben, entweder in den freien Luftraum oder in nahegelegene Bäume bzw.

Hecken. Nehmen die Krähen eine Deckung an, wird der Falke darüber anwarten. Der Falkner treibt dann die Krähen heraus. Große Rappeln (Ratschen) oder, wie bei der Elsternbeize, lange Stangen mit einem angebundenen Tuch eignen sich recht gut, um Krähen aus hohen Bäumen herauszutreiben.

Sobald eine Krähe die Deckung verlässt, wird der Falke einen Stoß ansetzen und versuchen, sie zu schlagen. Da Krähen exzellente Flieger und weitaus wendiger sind als ein Falke, braucht es oft mehrere Angriffe bis zum Erfolg.

Verfolgungsflug Die zweite Möglichkeit, Krähen zu beizen, ist der Verfolgungsflug. Für diese Art der Beizjagd muss das Gelände frei von Deckung wie Feldgehölzen, Hecken oder Ähnlichem sein. Die Verfolgungsflüge können über weite Entfernungen gehen und werden unter Falknern auch als „Englische" bezeichnet. Diese Bezeichnung geht auf die Beizjagd in England zurück, bei der in speziellen deckungslosen Ebenen wie der Salisbury Plain im letzten Jahrhundert viele Krähen in diesem Stil gebeizt wurden.

Durch Emporsteigen versuchen die Krähen, ihrem Angreifer in den freien Luftraum zu entkommen. Der Falke wird seinerseits versuchen, die Krähe zu übersteigen, um dann einen Stoß von oben anzubringen. Die überstiegene Krähe lässt sich in vielen Fällen nach unten fallen, sobald der Falke über ihr ist. Bei einem Fehlstoß beginnt das Szenario von vorne, und so entstehen spektakuläre Flüge, die der bessere Ausdauerflieger am Ende für sich entscheidet.

Krähen sind ein sehr wehrhaftes Wild, deshalb tut der Falkner gut daran, seinem Falken schnell zu folgen, um einem Zweikampf am Boden ein schnelles Ende zu setzen.

Wanderfalkenweib nickt eine Rabenkrähe ab.

Wanderfalke verfolgt Rabenkrähe

GERFALKE

HIEROFALKEN – ALLGEMEINES

Zum Formenkreis der Hierofalken oder Jagdfalken, wie sie früher genannt wurden, zählen neben dem Gerfalken auch der *Saker-*, *Lanner-* und *Luggerfalke* als eigentliche Jagdfalken. Ihnen allen gemein ist ein gegenüber Wanderfalken etwas weicheres Großgefieder, breitere Schwingen mit einer niedrigeren Schlagfrequenz, ein längerer Stoß und kürzere Finger. Diese Eigenschaften versetzen sie in die Lage, neben fliegender auch laufende Beute zu schlagen, und lassen die Vögel als ideale Falken erscheinen, die praktisch alles können und überall einsetzbar sind. Dabei sind diese Besonderheiten ein spezielles Attribut an ihren Lebensraum, der im Jahresverlauf in einer meist kargen, offenen Landschaft die Ausnutzung aller Ressourcen für das Überleben verlangt.

Ihre Intelligenz, die es ihnen ermöglicht, Zusammenhänge schnell zu erfassen, verzeiht nur wenige Fehler, und generell setzen Hierofalken einen erfahrenen Falkner, insbesondere mit regelmäßigen und guten jagdlichen Möglichkeiten, voraus. Heute begrenzen oft berufliche Herausforderungen die benötigte Zeit für die Beizjagd, was in der Gesamtabwägung meist als Entscheidung für den eher unkomplizierteren Wanderfalken als Beizvogel spricht.

GERFALKEN

Gerfalken *(Falco rusticolus)* in der weißen, grauen und dunklen Farbvariante sind die größten und stärksten Falken überhaupt. Sie leben unter extremen klimatischen Bedingungen in der Arktis, nördlich des 60. Breitengrades, und müssen im sehr kurzen, arktischen Sommer die Aufzucht ihrer Nachkommen bewältigen.

Dieser harte Lebensraum hat im Laufe der Evolution die Gerfalken zu einem universell jagenden Falken mit außergewöhnlichen Fähigkeiten geformt. Ihre Größe – weibliche Falken können in Ausnahmefällen bis zu 2000 g wiegen –, Schnelligkeit und Ausdauer im Suchflug über weite Strecken sowie ihr hartnäckiger Verfolgungswille am Wild faszinierten schon früh die Falkner und Adeligen ihrer Zeit. Besonders begehrt war immer die weiße Variante des Gerfalken.

STRESSEMPFINDLICHKEIT

Gerfalken sind außerordentlich empfindlich gegenüber Stresssituationen, vor allem in der Jugend, wenn ihr Abwehrsystem noch nicht ausgebildet ist. Hygienemängel, neue Eindrücke bzw. Abläufe, die ein Gerfalke noch nicht

Gerfalkenterzel im Freiflug

Autor Klaus Leix mit Gerfalkenweib, kurz vor dem Abflug

kennt oder verarbeitet hat, können zu einer kritischen Belastung führen. Dauern die Umstände länger an, und das vor allem bei warmen Temperaturen mit gleichzeitig hoher Luftfeuchtigkeit, erkranken die Gerfalken schnell an der meist tödlich endenden *Aspergillose* (s. S. 94). Im arktischen Lebensraum der Gerfalken verhindern kühle Temperaturen und extrem saubere Luft die Entstehung dieser von Falknern so gefürchteten Erkrankung.

CHARAKTEREIGENSCHAFTEN

Gerfalken sind temperamentvoller und „individueller" als andere Falkenarten, und selbst unter Horstgeschwistern können sich mitunter sehr unterschiedliche Charaktere entwickeln.

Zum einem sind sie total verspielt und neugierig auf alles, was um sie herum geschieht, zum anderen aber auch vorsichtig und fast ängstlich gegenüber allem Unbekannten, wenn es ihnen zu nahe kommt. Aufgrund ihrer Intelligenz begreifen sie schnell Zusammenhänge, können aber auch von einem Moment zum anderen launisch bis stur, ja völlig abweisend sein. Besonders misslungene Abläufe wie z. B. ein erfolgloser Flug, der nicht belohnt wird, oder

Ähnliches, kann sie derart in Rage bringen, dass sie sich im Einzelfall bis zur Erschöpfung aufregen und kaum mehr zu besänftigen sind. Nach kurzer Zeit der Beruhigung sind sie aber wieder freundlich und suchen den Kontakt zum Falkner. Diese Eigenschaften eines Falken verlangen eine besonnene Vorgehensweise und einen erfahrenen Falkner.

JAGDLICHES POTENZIAL UND GRUNDVORAUSSETZUNGEN

Gerfalken sind intelligente Opportunisten und prädestiniert für den Verfolgungsflug jeglicher Art. Sei es hinter dem Hasen, der über die offene Landschaft davonstiebt, oder hinter fliegendem Wild, das in den Himmel zu entkommen versucht. Entfernungen spielen dabei keine Rolle, holt er doch alles spielend ein. Ist keine Deckung in Sicht, übersteigt er das Wild, bindet es oder stoppt die Beute durch Anschlagen, um sie dann anschließend am Boden zu überwältigen, bzw. abzunicken.

Zudem ist der Gerfalke zwar nicht ganz so geduldig wie ein Wanderfalke, aber, entgegen früherer Annahmen, ein exzellenter Anwarterfalke mit enormem Steigvermögen.

Letzteres kann ihn nicht selten bis an die Sichtgrenze des menschlichen Auges führen.

Die große Kunst, einen Gerfalken in exzellentem Stil erfolgreich zu fliegen, besteht darin, sein energiegeladenes Auftreten und seine zweifellos vielfältigen, außergewöhnlichen Fähigkeiten so zu kanalisieren, dass sich aus dem Zusammenspiel aller Komponenten ein perfekt jagender Falke entwickelt.

Deshalb muss jedem Falkner abgeraten werden, einen Gerfalken jagdlich zu fliegen – auch wenn der Wunsch nach diesen phantastischen Falken noch so groß ist –, wenn er
– noch keine überdurchschnittlichen Erfahrungen mit Falken besitzt,
– nicht genügend ausreichende Tageszeit in den herbst- und winterlichen Monaten zur Verfügung hat,
– keine regelmäßigen sicheren Beizmöglichkeiten, d. h. geeignetes offenes Gelände mit ein bis zwei reellen Chancen pro Beiztag während der Beizsaison an Wild bieten kann, und
– für das Fliegen eines Gerfalken als Anwarterfalken keinen geeigneten zuverlässigen Vorstehhund führt.

Die nachfolgenden Ausführungen in diesem Kapitel beziehen sich auf Jungvögel, die von Altfalken aufgezogen wurden. Allerdings können Gerfalken auch von Menschen aufgezogen und geflogen werden, was jedoch vertiefte Kenntnisse im Umgang mit geprägten Falken voraussetzt und mit einem großen zeitlichen Aufwand verbunden ist.

ABHOLEN UND AUFSCHIRREN

Das Abholen, Aufschirren und Abtragen bis zum Freiflug eines jungen Gerfalken, der von Elternvögeln aufgezogen wurde, unterscheidet sich grundsätzlich nicht vom Wanderfalken (s. S. 118 ff.). Allerdings muss bei den Gerfalken noch behutsamer vorgegangen werden, damit möglichst wenig negative Verknüpfungen zum Falkner entstehen. Bei keiner anderen Falkenart sind diese ersten Eindrücke für den späteren Abtragungsprozess so ausschlaggebend wie beim Gerfalken. Das beginnt schon in der Zuchtkammer bei seinen Eltern während der Aufzucht. Wenn die Altfalken bei jeder Störung durch den

☞ WELCHES BEIZWILD FÜR GERFALKEN?

BEIZWILD	GERFALKE	JAGDART	HUND
REBHÜHNER/ROTHÜHNER	Jerkin möglich	Anwarten	Vorstehhund
MOORSCHNEEHÜHNER	Jerkin	Anwarten	Vorstehhund
FASAN	Weib/Jerkin	Anwarten/Faust	Vorstehhund
STOCKENTEN/WILDENTEN	Weib/Jerkin	Anwarten/Faust	Vorstehhund, Stöberhund
RABENKRÄHEN	Jerkin	Faust danach Anwarten	Kein Hund
GRAUREIHER*	Weib/Jerkin	Faust	Kein Hund
KORMORAN*	Weib	Faust	Hund unterstützt
GÄNSE	Weib	Faust	Hund unterstützt
HASE	Weib/Jerkin	Faust	Vorstehhund

* Landesrechtliche Regelungen beachten

Das Verhauben eines Gerfalken verlangt eine ruhige Hand und einen vorsichtigen, regelmäßig gleichen Ablauf.

Züchter auf das Heftigste warnen, werden die Nestlinge diese Ablehnung später übernehmen. Solche Falken sind zu Beginn nicht nur schwierig oder schreckhaft, sondern lassen sich bei Störungen kaum beruhigen. In manchen Fällen braucht es einen längeren Zeitraum, bis sich dieses Verhalten verliert. Können Gerfalken aber ohne negative Erfahrungen aufwachsen, gestaltet sich der Abtragungsverlauf viel einfacher, und die Falken fassen schnell Vertrauen zum Falkner. Wer

glaubt, bei Gerfalken durch reine Gewichtsreduzierung beim Abtragen etwas beschleunigen zu können, liegt vollkommen falsch. Gefragt sind Geduld und Erfahrung, gute Beobachtungsgabe und eine richtige Einschätzung der Gerfalkenpsyche in der jeweiligen Situation.

VERHAUBEN

Junge Gerfalken lassen sich zu Beginn genauso gut oder schlecht verhauben wie andere Falken auch. Während insbesondere Wanderfalken der Haube gegenüber duldsamer sind, erkennen Gerfalken schnell die Zusammenhänge und wägen ab, ob das Verhauben für sie einen Vorteil bringt, wie z. B. fliegen, jagen und anschließend kröpfen zu können, oder ob der Falkner mit dem Verhauben ein unerwünschtes Verhalten oder einen erfolglosen Flug ohne die übliche Belohnung abschließen möchte.

Aus diesen Gründen braucht der Falkner viel Erfahrung, eine ruhige und sichere Hand mit einem regelmäßig gleichen Ablauf und der Fähigkeit, die augenblickliche Bereitschaft des Falken für das Verhauben richtig einzuschätzen.

ABTRAGEN

INTELLIGENZ UND LERN-VERHALTEN

Gerfalken sind im Vergleich zum Wanderfalken intelligenter, lernen schneller und verstehen fast spielerisch Zusammenhänge im Abtragungsprozess. Das gilt jedoch auch für falknerisch unerwünschte Verhaltensweisen. Einmal erlebt, speichert der Gerfalke ein Verhalten und kann es, je nach Situation, jederzeit wieder abrufen. Man bekommt unweigerlich den Eindruck, dass gewünschtes Verhalten bei Gerfalken immer wieder positiv belohnt werden muss, um es zu erhalten, wohingegen unerwünschte Verhaltensweisen schon beim ersten Mal sitzen.

WENN DER FALKE TOBT ...

Möchte sich der Gerfalke, aus welchen Gründen auch immer, nicht verhauben lassen, hilft oft ein kalter Flügel auf der Faust, der ihn beruhigt und von seinem Missgelauntsein ablenkt. Mit etwas zeitlichem Abstand ist er meist schon nach kurzer Zeit wieder zum Verhauben bereit. Sollte er im schlimmsten Fall unter lautem Protest sogar das Aufschwingen verweigern, bringt man den Falken kurz an den Block und nimmt ihn nach einer kurzen Beruhigungsphase wieder auf, um den Ablauf erneut zu wiederholen. Im Beizbetrieb lässt man den Gerfalken auf Langfessellänge am Boden stehen und sich beruhigen, bis er wieder bereitwillig auf die Faust springt.

Der Gerfalke steilt nach einem Durchgang am Federspiel (links) auf ...

... und kippt dann über den Rücken ab, um anzujagen.

Dazu ein kleines Beispiel: Haben Gerfalken die Verbindung zwischen Kröpfen auf dem Federspiel und Beireiten zum Federspiel erkannt, kommen sie in kurzer Zeit gleich auf große Distanzen und können oftmals schon innerhalb weniger Tage frei geflogen werden. Haben sie das Federspiel lieben gelernt, kommen sie in nahezu jeder Kondition auf jede Entfernung beigeritten. Wurden sie aber enttäuscht oder gar verschreckt, kann ihre negative Einstellung zum Federspiel nur mit erheblichem Aufwand wieder korrigiert werden.

DER ERSTE FREIFLUG

Hinsichtlich der Vorübungen an der Lockschnur wird auf das Kapitel „Wanderfalke" (S. 122 ff.) verwiesen. Sobald der Gerfalke sicher an der Lockschnur zum Falkner beireitet, steht der erste Freiflug an. Neben dem Gewicht, Wetter, Entwicklungsstand muss der Falkner die außergewöhnlichen Flugeigenschaften seines Gerfalken für den ersten Freiflug, aber auch im späteren Jagdbetrieb berücksichtigen. Dabei kann der Falke aus irgendeinem Grund – aus Verärgerung oder bei plötzlich auftretenden Störungen – über das Federspiel hinwegfliegen und ohne Zuruf einfach weiter abstreichen, ohne umzudrehen. In so einer Situation kann der Gerfalke unter Umständen ohne Mühe Distanzen jenseits von 10 oder gar 30 km zurücklegen. Dann

muss der Falkner unverzüglich die Verfolgung aufnehmen, um den Falken nicht zu verlieren. In der Regel löst sich sein Missgelauntsein mit der Entfernung wieder auf: Alles scheint vergessen, als wenn nichts gewesen wäre, und beim Eintreffen des Falkners lässt sich der Falke ohne Probleme aufnehmen. Meistens jedoch wird der Gerfalke zu Beginn entweder vor dem Federspiel landen und es zu Fuß greifen oder, falls er darüber streicht, einen größeren Ring fliegen und im zweiten Anflug auf dem Federspiel oder daneben landen. Auf jeden Fall muss der Falkner bei den ersten Freiflügen ein offenes und bekanntes Übungsgelände auswählen, um den Falken lange im Blick zu haben und bei Bedarf schnell reagieren zu können.

NIEDERSCHLAGEN VON BEUTE

Gerfalken sind von ihrem Naturell her bodenorientiert und neigen dazu, eingeholtes Wild anzuschlagen, um es am Boden zu überwältigen. Deshalb ist es notwendig, ihnen das Greifen von Beute in der Luft beizubringen. Die natürliche Jagdart des Gerfalken, Federwild auszufliegen, ist für die deckungslosen arktischen Jagdgebiete zwar geeignet, birgt auf unseren landwirtschaftlichen Flächen mit unterschiedlich hohem Bewuchs jedoch große Probleme: Das verfolgte oder angeschlagene Wild verschwindet in der nächst-

Verhaubter Gerfalke im ersten Alterskleid, zu erkennen an den vereinzelt noch vorhandenen Jugendfedern am Rücken.

WICHTIG: GLEICHE ABLÄUFE

Gerfalken können aufgrund ihrer Anatomie fliegendes und laufendes Wild schlagen. Trotzdem ist dem Falkner abzuraten, seinen Falken auf verschiedene Wildarten zu fliegen. Immer gleiche Abläufe auf eine Wildart und eine Jagdart gewährleisten am Ende einen erfolgreichen und stilvoll jagenden Gerfalken.

---

möglichen Deckung und die sicher geglaubte Beute ist urplötzlich verschwunden. Der Gerfalke wird in so einem Fall versuchen, seine Beute wiederzufinden, u. U. am Ende auch zu Fuß. Einmal angeschlagenes Wild, wie z. B. Fasan und Rebhuhn, ist unter dem Gerfalken kaum noch zu heben. Es drückt sich oder versucht, dem Falken zu Fuß zu entkommen. Deshalb sollte großer Wert darauf gelegt werden, den Gerfalken von Anfang an zu lehren, seine Beute in der Luft zu binden. Dazu muss das Stangenfederspiel schrittweise zuerst am Boden, dann gezogen und zuletzt angehoben in der Luft geschlagen werden.

VERHALTENSREGELN BEIM TRAINING

So clever Gerfalken auch sind, so stur können sie bei Veränderung reagieren. Einige wenige Beispiele sollen das verdeutlichen.
Wird ein Abtragungsschritt zu oft wiederholt, ohne dass eine Weiterentwicklung erfolgt, fällt es dem Falken schwer, das Festgefahrene abzu-

legen und den nächsten Schritt zu vollziehen. Kennt der Gerfalke bis zum Freiflug nur das am Boden liegende Federspiel, weigert er sich, es in der Luft zu greifen. Das kann so weit führen, dass er gänzlich das Interesse verliert, sich vor seinem Falkner abstellt oder, schlimmer noch, nach mehreren Runden verärgert abdreht und einfach wegfliegt, wenn er das Federspiel nicht am Boden bekommt.
Problematisch sind auch Unterbrechungen des Abtragungsprozesses über mehrere Wochen. Wird der Falke aus seinem Rhythmus genommen, findet er danach nur schwer wieder zurück. Während der Beizsaison kann eine Unterbrechung dazu führen, dass sich die Fitness des Wildes verbessert, die des Gerfalken aber stagniert und der Falke dem Wild nicht mehr gewachsen ist.
Demzufolge ist es wichtig, dass alle Lernschritte und Abläufe gut durchdacht werden, sich fortlaufend aufbauend weiterentwickeln und sich immer an dem Ausbildungsstand und der Lernbereitschaft orientieren.

ABTRAGEN ZUM ANWARTER

Generell empfiehlt es sich, Gerfalken mit einem GPS-Sender in Rückenmontage und einem zweiten herkömmlichen Funksender in Stoßmontage zu fliegen (s. Fotos S. 64 u. 65). Legt der Gerfalke im Extremfall eine große Entfernung zurück, ermöglicht der Sender eine Ortung auch im unwegsamen Gelände, egal wie weit sich der Falke verstoßen hat. Der zweite Sender bietet Sicherheit, falls der andere einmal versagt.

Das Abtragen zum Anwarter ist dem des Wanderfalken sehr ähnlich (s. Kap. „Das Abtragen zum Anwarter", S. 122 ff.) wenngleich auch hier einige Unterschiede zu berücksichtigen sind.

Wie bereits erwähnt, sind Gerfalken von ihrer Anlage her horizontale Jäger, die gerne im schnellen, ausdauernden Verfolgungsflug jagen und das Wild ausfliegen. Dennoch ist es ein Leichtes für sie, dank ihres unglaublichen Steigvermögens geradeaus in den Himmel zu steigen und erst in mehreren hundert Metern Entfernung zu drehen, um dann, immer weiter steigend, aus enormen Höhen zum Falkner zurückzukehren.

Sobald der Falke das Prinzip des Anwartens verstanden hat – Stichwort „Belohnung im Steigflug" –, brauchbare Höhen annimmt und sein Wild kennt, muss er so früh wie möglich an jungem Wild eingesetzt werden. Für keine andere Falkenart ist es so wichtig, ohne längere Unterbrechungen durch die ganze Beizsaison hindurch mit dem Wild zu wachsen.

An wehrhafte Beute muss der Falke sehr behutsam herangeführt und in mehreren Stufen darauf eingestellt werden, damit er beim Erstkontakt den Zugriff nicht verweigert. Gerfalken sind trotz ihrer Stärke viel zu vorsichtig, um sich auf einen eventuell risikoreichen Ablauf oder Kampf einzulassen. Bei einem erfolgreichen Flug sollte der Ger über die ganze Saison hinweg mit einem vollen Kropf belohnt werden.

Wenn sie ihre Arbeitshöhe erreicht haben und das Wild nicht schnell genug gehoben wird, neigen junge Gerfalken dazu, exakt über dem Hund, einem Turmfalken gleich, zu rütteln oder mit weit geöffneten Schwingen kreisförmig über der Szenerie zu segeln. Beides bedeu-

HEISSE SOMMERTAGE

Das Abtragen und Training an heißen Sommertagen ist grundsätzlich problematisch für junge Gerfalken. I. d. R. sind die Falken Anfang Juli trocken, also mitten in der Sommerzeit. Hohe Temperaturen aber vertragen diese Falken bei körperlicher Belastung überhaupt nicht. Deshalb ist es am besten, das Training der Falken in die kühlen Morgenstunden um den Sonnenaufgang herum zu legen oder zumindest in die kühleren Abendstunden.

Gerfalke auf geschlagenem Fasanenhahn

tet stetigen Höhenverlust und lehrt den Gerfalken, dass er auch bei niedrigen Höhen zum Erfolg kommen kann, sofern Wild aufsteht. Deshalb kann ein Gerfalke nur bei entsprechendem Wildbesatz und mit brauchbarem Vorstehhund zu einem erfolgreichen Anwarter abgetragen werden, wenn das Wild sicher und passend zur Situation gehoben werden kann.

BEIZEN VON WILD

REBHÜHNER UND FASANE

Der Ablauf von Rebhuhn- und Fasanenbeize unterscheidet sich nicht von dem mit dem Wanderfalken (s. S. 127 ff.), wobei das Rebhuhn mit dem Gerfalkenterzel gebeizt werden kann, aber nicht die klassische Wildart für diesen großen Falken darstellt. Infolge seiner imposanten Erscheinung ergeben sich Rebhühner zu Beginn der Saison oft ohne viel Fluchtverhalten, können also zur leichten Beute werden und den Gerfalken zum Leiten animieren. Der Fasan hingegen ist in unseren Breitengraden neben den Wildenten das ideale Beizwild aus dem Anwarten für männliche und weibliche Gerfalken. Im offenen Gelände ist der Gerfalke auch aus schlechten Positionen fast immer in der Lage, den Fasan auszufliegen. Unter dem gewaltigen Flugbild der Gerfalken drücken sich die Fasanen, sind oftmals schwer zu heben oder laufen zu Fuß innerhalb der Deckung weg. Noch unerfahrene Gerfalken werden aufgrund ihrer Ungeduld dazu verleitet, das Anwarten abzubrechen, sobald sie laufende Fasane sehen. Deshalb ist es enorm wichtig, noch während des Steigflugs des Falken oder spätestens, wenn er die gewünschte Höhe erreicht hat, das Wild zu heben und die Geduld des Gers zu Beginn der Saison nicht allzu lange zu strapazieren. Für den Ablauf ist es letztendlich wichtig, dass im Laufe des Anwartens mit Hilfe des Hundes immer Wild aufsteht. Sonst verliert der Gerfalke nach mehrmaligen Fehlflügen das Interesse am Anwarten, streicht einfach ab und beginnt, blauzujagen.

Erst in der kalten Jahreszeit, ab November und Dezember, erreicht der Gerfalke sein fliegerisches Optimum und bietet dann grandiose Flüge auf höchstem Niveau.

ROTHÜHNER

Bei der Rothuhnbeize in den weiten, offenen Landschaften Spaniens, das ein exzellentes Jagdgebiet für das hohe Anwarten darstellt, ergibt sich durch das arttypische Verhalten der Rothühner, unter dem Falken wegzulaufen, das Problem, dass junge Gerfalken auf sie stoßen. Der Jerkin ist durchaus in der Lage, im Spätherbst und Winter Rothühner auszufliegen, was meist weite Flüge mit sich bringt und den Falken hinsichtlich wilder Adler und anderer Räuber in Gefahr bringen kann.

GROUSE

Das schnelle Grouse in den nordenglischen und schottischen Hochmooren ist eine ideale Beute für den Gerfalken, da das Schneehuhn bzw. Moorschneehuhn zu den natürlichen Beutetieren wild lebender Gerfalken zählt und unter ähnlichen klimatischen Bedingungen wie denen seiner arktischen Heimat lebt. Auch starker Wind und regnerisches Wetter sind daher kein Hindernis für den Gerfalken. Zu bedenken ist jedoch immer, dass sich die Flüge in kurzer Zeit sehr weit vom Falkner wegbewegen und das Grouse nahezu immer außer Sichtweite einfällt oder geschlagen wird. Während Wanderfalken in der Regel nach einem Fehlflug wieder ihren Falkner suchen, neigen Gerfalken dazu, einfach die Landschaft weiter nach Beute abzufliegen. Deshalb muss der Falkner seinem Gerfalken schnell folgen, um seiner möglichst rasch wieder habhaft zu werden.

WILDENTEN

Wildenten sind wegen ihres geradlinigen Flugs direkt in den Himmel ohne Annehmen von Deckung – abgesehen von Wasserflächen jeglicher Art – ein geeignetes Wild für sehr hoch anwartende Gerfalken. Im Unterschied zum Wanderfalken, der nach einem erfolglosen Stoß und kurzen Verfolgungsflug aufgibt und zurückkehrt, hat der Gerfalke durchaus eine zweite Chance im Verfolgungsflug. Das birgt allerdings das Risiko, dass er die Ente weit entfernt vom Falkner in dann oft fremdem Gelände schlägt.

KRÄHEN

Die Krähenbeize ist mit dem Gerfalkenterzel aus dem Anwarten über Bäumen und kleinen Feldgehölzen oder als Verfolgungsflug von der Faust möglich. Im klassischen, sogenannten „englischen Flug" auf hoch streichende Krähen ist der männliche Gerfalke unübertroffen. Der scheitert allerdings in unserer industrialisierten Landschaft meist an vieler Deckung und kleinstrukturiertem Gelände. In der Regel endet die Krähenbeize an irgendwelchen Gehölzen (vgl. Abschnitt „Krähen", S. 129 f.). Hier muss der Gerfalke lernen, aus dem Anwarten im Steilstoß abfliegende Rabenkrähen zu schlagen.

Auch hier verlieren Gerfalken schnell die Geduld, wenn der Falkner nicht rechtzeitig helfend zur Stelle ist. Es besteht dann die Gefahr, dass der Falke ins Geäst stößt oder ausbricht und fernab fliegende Rabenkrähen angreift. Nicht selten entstehen dabei kritische Situationen, die zum Verlust des Beizfalken führen können. Schlägt der Gerfalke Krähen im Baum, darf er darauf nicht belohnt werden. Weil Gerfalken schnell außer Sicht- und Reichweite konventioneller Telemetrie An-

Gerfalkenterzel auf geschlagenem Rebhuhn

lagen geraten, muss sich der Falkner beeilen, seinen Gerfalken wiederzufinden. Aus diesen Gründen ist die Krähenbeize in unserer verbauten, kleinstrukturierten Landschaft mit den Gerfalken oft eine risikoreiche Beize mit hohem Stressfaktor für den Falkner.

Zu Beginn muss der junge Gerfalke auf einer toten Krähe aufgeatzt werden, damit er sein zukünftiges Wild kennen und schätzen lernt. Anschließend ist er behutsam in mehreren Schritten an das Anjagen aus dem zuerst stehenden, dann langsam fahrenden Fahrzeug auf das Federspiel, später auf eine verdeckt geworfene Krähe zu trainieren. Allerdings dürfen die Übungen mit der toten Krähe nicht zu oft wiederholt werden, damit sich der Jerkin nicht auf diese einfache Beutevariante einstellt.

Bei jungen Gerfalken ist auch besonders darauf zu achten, dass die Krähen ihm nicht bei den ersten Krähenkontakten schmerzhafte Schnabelbisse und -hiebe zufügen und er in der Folge Krähen verweigert. Jeder Flug muss sorgfältig abgewogen werden: Wie sind z. B. Wind- und Wetterverhältnisse unter Berücksichtigung der gegebenen Landschaftsstrukturen? Können Verkehrswege, Flüsse oder

---

BUSSARD UND HABICHT

In unseren Breitengraden muss auf die Gefahr für den Beizvogel hingewiesen werden, die in den Wintermonaten in Gestalt aggressiver, hungriger Bussarde und Habichte droht. Bei entsprechendem Hunger greifen diese Vögel alles an und machen auch vor Gerfalken nicht Halt.

Ähnliches zu einem Risikoflug führen? Sind die Krähen Jung- oder Altvögel?

Letztendlich darf der junge Gerfalke nur an Rabenkrähen geworfen werden, wenn er in der Gesamtabwägung eine reelle Erfolgschance besitzt.

GÄNSE, REIHER, KORMORANE

Ein weiteres interessantes Beizwild für Gerfalken sind Gänse, Reiher und Kormorane, die nach starker Vermehrung vielerorts zunehmend zu Schaden gehen und damit in den Fokus der Vergrämung durch Beizvögel geraten sind.

Gerfalken sind von der Größe her die bevorzugte Falkenart, um Gänse, Reiher und Kormorane mit regelmäßigem Erfolg zu überwältigen und so wirksam zu vergrämen. Die Größe und Wehrhaftigkeit dieser Beutetiere verlangt mehr als sonst einen sehr erfahrenen Falkner, der Gerfalken fachgerecht und so an dieses schwierige und aggressive Wild heranführt, dass der Falke Erfolg hat. Dabei kann u. U. ein speziell geeigneter, im Team arbeitender

Hund beim Überwältigen dieser großen Beutetiere im Bodenkampf wertvolle Dienste leisten, zumal bei Wildgänsen das Sozialverhalten nicht unterschätzt werden darf, die ähnlich wie Krähen gemeinsam den Falken attackieren.

FELDHASE

Obwohl möglich, wird die Beizjagd mit dem Gerfalken auf den Feldhasen in der modernen Falknerei bis auf wenige Ausnahmen nicht mehr ausgeübt. Eher zufällig, meist aus lang andauernden Anwarteflügen, greifen Gerfalken je nach aufgestauter Jagdlaune aufstehende Hasen an.

Die Feldhasenbeize ist generell nur im offenen Gelände möglich. Bei einer Streife oder mit Hilfe des Hundes wird der Feldhase aufgespürt, und erst, wenn er eine gewisse Distanz erreicht hat, wird der Gerfalke aus der Haube geworfen. Der Falkner nimmt sofort die Verfolgung der Jagd auf, um ggf. seinem Falken zu Hilfe zu eilen. Ist das Gelände deckungslos, bestehen gute Erfolgsaussichten.

Gerfalke nach erfolgreichem Jagdflug auf eine Rabenkrähe

WEITERE HIEROFALKEN

Neben Gerfalken werden noch Saker- und Lannerfalken sowie die eher seltener verwendeten Prärie- und Luggerfalken für die Beizjagd verwendet. Auch sie können sowohl fliegende als auch laufende Beute schlagen. In der historischen Falknerei waren Saker- und Lannerfalke – damals vor allem der Feldeggsfalke – sehr geschätzte Beizvögel.

Während sich der *Sakerfalke* heute im arabischen Raum nach wie vor großer Beliebtheit erfreut, sieht man ihn in der mitteleuropäischen Falknerei eher selten im Beizbetrieb. *Lannerfalken*, meist afrikanische Vertreter, und *Luggerfalken* gelten als umgängliche Falken, die aber nur schwerer zum Jagen zu bringen sind. Auch sie sind heute eher Raritäten im jagdlichen Einsatz und werden nur von Falknern geflogen, die eine besondere Vorliebe für diese Falkenarten besitzen.

Im Prinzip gelten die gleichen Vorgehensweisen wie beim Gerfalken, wobei die übrigen Hierofalken bei weitem nicht so anfällig für Krankheiten sind wie dieser. In wärmeren Regionen stellen diese Falken wegen ihrer besseren Hitzeverträglichkeit gegenüber den nordischen Falken eine interessante Alternative dar und können hauptsächlich auf Rebhühner, Krähen und Elstern eingesetzt werden.

DER MYTHOS GERFALKE

So faszinierend die jagdlichen Anlagen des Mythos Gerfalke auch sind, so schwer lassen sie sich in unseren heimischen Revieren entfalten. Der Abtragungsaufwand und die Voraussetzungen, die zu einem erfolgreichen Beizfalken über die Jahre führen, sind wesentlich höher, als dies z. B. beim Wanderfalken der Fall ist. Generell jedoch können Gerfalken unter Einbeziehung wildreicher Offenlandreviere im europäischen Raum durchaus zu exzellenten Beizfalken werden, die in den Wintermonaten berauschende Flüge bieten.

Falkner aus Doha mit seinem Sakerfalken auf geschlagener Houbara

ABTRAGEN UND BEIZ-
JAGD MIT VÖGELN
VOM NIEDEREN FLUG

HABICHT

ÜBER DEN HABICHT

Der Habicht ist schon immer und seit Beginn der Falknerei in den früheren Jahrhunderten als der „Küchenvogel" bezeichnet worden. Habichte sind von Natur aus Allrounder und somit für die Beizjagd auf fast alle Niederwildarten einzusetzen. Sie jagen sowohl Haarwild bis Hasengröße als auch Federwild bis zur Größe von Fasan und Stockente. Sie haben ein allgemein „schlichtes Gemüt" und eignen sich besonders auch für Jungfalkner, weil Anfängerfehler von ihnen sehr gut verziehen werden bzw. leichter zu korrigieren sind.

HEIMISCHE UND NORDISCHE HABICHTE

Zwischen den verschiedenen Habicht-Unterarten gibt es große und auch individuelle Unterschiede. Grundsätzlich trifft aber zu, dass die nordischen Unterarten generell fluglustiger sind und auch auf deutlich größere Entfernungen anjagen als heimische. Allerdings sind auch Letztere durchaus in der Lage, höhere Leistungen zu zeigen, wenn dies denn trainiert und richtig vermittelt wird.

BEIZJAGDFORMEN

Die Beizjagd mit dem Habicht wird in der Regel von der Faust oder aus der freien Folge ausgeübt. Dazu wird das Wild mit dem Hund gesucht und auf das hochgemachte Wild dann gebeizt. Nur auf Gemeinschaftsbeizen während der Feldsuche auf Hasen wird in der Regel auf einen Hund verzichtet. Bei der Beizjagd auf Krähen und Elstern ist der Hund entbehrlich.

Als Hunde für die Beizjagd mit dem Habicht eignen sich alle Vorstehhund-Rassen, aber auch reine Stöberhunde wie z. B. Cocker Spaniel.

☞ WELCHER HABICHT FÜR WELCHES WILD?

BEIZWILD	HEIMISCHE HABICHTE		STARKE NORDISCHE HABICHTE		JAGDART	HUND
	♂	♀	♂	♀		
KANICHEN	X	X	X	X	Von der Faust/ Freie Folge	Vorstehhund, Stöberhund
HASEN		X	X*	X	Von der Faust/ Freie Folge	kein Hund o. Vorstehhund
FASANE	X	X	X	X	Von der Faust/ Freie Folge	Vorstehhund, Stöberhund
STOCKENTEN	X	X	X	X	Von der Faust/ Freie Folge	Vorstehhund, Stöberhund
RABENKRÄHEN	X	X	X		Von der Faust	Kein Hund
ELSTERN	X		X		Von der Faust	Kein Hund

* nur starke nordische Habichtsterzel und nur Junghasen

Autor Jörg Frye mit sibirischem Buteoides-Terzel, Voll-Imprint

AUFZUCHTVARIANTEN

Da unsere Beizvögel fast ausschließlich aus der Zucht stammen (vgl. Kap. „Recht", S. 18), kann die Anschaffung eines Habichts langfristig geplant und der Züchter vorher kontaktiert werden. So gelingt es, den zu den individuellen Bedürfnissen passenden Beizvogel zu bekommen.

VOLLGEPRÄGT (IMPRINT)

Habichten, die vollgeprägt werden, wird die Atzung ohne direkte Futter-Verknüpfung zum Menschen angeboten, die Atzung ist ab ca. zehn Lebenstagen permanent vorhanden (s. Foto S. 145 o.). Bei richtigem Vorgehen verhindert dies in der Regel andauerndes Lahnen. Dennoch ist immer wieder zu beobachten, dass manche Habichte zu einem späteren Zeitpunkt zu „Dauerlahnern" werden, was bei genauer Analyse eine Futterassoziation zum Menschen während der Aufzuchtphase – also Mensch gleich Futter – erkennen lässt oder darauf hinweist, dass Abtragungsfehler begangen wurden. Dies können sein:

– zu frühes und/oder zu schnelles In-Kondition-Nehmen,
– dauerhaftes Tragen und Atzen auf der Faust,
– zu lang ausgedehnte und zu häufige Beireiteübungen zum Handschuh,
– mangelnde Beizgelegenheiten und so keine Auslastung des Habichts, der dennoch in Kondition gehalten wird.

Der Vorteil vollgeprägter Habichte ist, dass sie infolge des frühen Kontakts zur menschlichen Umwelt extrem stressbefreit sind, was die Gesunderhaltung des Vogels sehr begünstigt, und entsprechend in hoher Kondition bei optimaler Leistungsentfaltung geflogen werden können. Der Nachteil ist, dass sich bei falschem Aufzuchtmanagement und/oder falscher Konditionierung eine Aggressivität dem Falkner oder auf Gesellschaftsjagden auch andern Beizvögeln gegenüber zeigen kann.

TEILGEPRÄGT (SOCIAL-IMPRINT)

Hier erfolgt die Aufzucht in Gruppen von Jungvögeln bei engem Kontakt zum Menschen in dessen Umgebung (Haus, Hof, Garten, Arbeitsplatz, Stadt und den damit verbundenen Aktivitäten). Diese Vögel zeigen alle Eigenschaften des „Vollgeprägten" und sind bereits vor dem Abtragen ihrer Umwelt gegenüber vollkommen stressresistent.

KONTAKTLAHNEN

Die meisten Beizhabichte geben ein „Kontaktlahnen" von sich, wenn sie in Jagdkondition sind oder den Falkner sehen bzw. hören, bevor es hinaus ins Revier geht. Dem „Dauerlahnen" ist nur durch konsequentes Verhalten und Vermeidung von Aufzuchtfehlern entgegenzuwirken.

Das nützt wieder der Gesundheit der Vögel, denn Stress ist die Ursache vieler Krankheiten. Außerdem gilt generell, dass Tiere unter stressfreien Bedingungen besser lernen als unter Belastungen.

Für den Beizvogel bzw. die Beizjagd bedeutet das nicht nur schnelleres Lernen, sondern dementsprechend auch einen früheren jagdlichen Einsatz.

Ein weiterer Vorteil teilgeprägter Habichte ist, dass sie durch die Geschwisterprägung auch an die eigene Art gewöhnt sind und deshalb nicht zu Aggressivität eigenen Artgenossen gegenüber neigen. Aus falschem Management können allerdings die gleichen Nachteile entstehen wie bei vollgeprägten Vögeln.

Social Imprinting – sibirische Albidus-Habichte (Accipiter gentilis albidus) in grauer und weißer Farbmorphe

ELTERNAUFZUCHT

Bei dieser Aufzuchtart werden die Jungen bis zum Trockenwerden ohne Kontakt zum Menschen von den Altvögeln aufgezogen. Der Vorteil ist, dass solche Habichte nur sehr selten zum Lahnen neigen. Allerdings müssen sie zu Beginn in tieferer Kondition als die geprägten gearbeitet und geflogen werden.

FALKNERISCHE UNTERBRINGUNG

Das Abholen des Habichts und sein Transport ins neue Zuhause unterscheiden sich nicht von den entsprechenden Ausführungen im Kapitel Wanderfalke (S. 118).

Während der Beizsaison wird der Habicht am besten auf der *Bogenreck* oder der *Rundreck* untergebracht. Durch das „Hoch"-Stehen sind eine Beschädigung des Gefieders wie auch ein Abnutzen der beim Beizen unverzichtbaren Klauen fast gänzlich ausgeschlossen. Nach dem Beizen oder an Ruhetagen muss der Habicht allerdings am Sprenkel oder der Flugdrahtanlage stehen und eine Badebrente mit frischem Wasser zur Verfügung haben. Während der Mauser empfiehlt sich eine geschlossenen Voliere oder Flugdrahtanlage.

Nordische Junghabichte im Alter von sechs bis 21 Tagen

HABICHT AUS ELTERNAUFZUCHT

Der von Altvögeln aufgezogene Habicht wird nach dem Trockenwerden – der Terzel mit ca. 60 Tagen, Weiber mit ca. 70 Tagen – vom Züchter aus der Zuchtvoliere geholt, aufgeschirrt und von diesem so lange betreut, bis er abgeholt wird. Entnahme und Aufschirren können auch direkt am Tag der Abholung geschehen.

Um den Stress des Junghabichts, der niemals zuvor einen Menschen gesehen hat, zu minimieren, empfiehlt es sich, ihm beim Aufschirren entweder den Kopf zu verdecken oder ihn zu verhauben.

Wird der Habicht erst zuhause aufgeschirrt, ist alternativ ein Transport in einem dunklen, geräumigen Pappkarton mit Teppichboden oder Kunstrasen möglich. Hierbei sollte der

Stoß oder Staart mit Malerkrepp umwickelt werden, um eine Beschädigung oder Brechen der Stoßfedern zu verhindern. Nach dem Aufschirren wird der Habicht zuhause in einem absolut dunklen Raum unangebunden auf die vorbereitete Reck gestellt. Die ersten Tage verlaufen dann, wie beim Wanderfalken (S. 118 ff.) beschrieben.

VOLLGEPRÄGTER HABICHT

Für den vollgeprägten Habicht ist davon auszugehen, dass er, nachdem er beringt wurde und die erforderliche EU-Bescheinigung vorliegt, in einem Alter ab ca. 18 Tagen beim Züchter abgeholt wird. Die Zeit des Heranwachsens bis zum Beginn des richtigen Trainings muss sinnvoll genutzt werden: Der Junghabicht soll alles kennenlernen, womit er später während der Ausbildung und im Jagdbetrieb konfrontiert wird. Er wird z. B. immer im Auto mitgenommen, falls er später auf Krähen abgetragen werden soll, bekommt viel Kontakt zu Menschen in der unmittelbaren Umgebung und sammelt Erfahrungen an belebten Verkehrspunkten, mit Hunden usw. Ein Geschüh erhält der Junghabicht erst später ab ca. vier bis fünf Wochen.

TEILGEPRÄGTER HABICHT

Der teilgeprägte Habicht sollte ca. 50 bis 60 Tage beim Züchter bleiben, um eine Fehlprägung auf den Menschen zu vermeiden. Ab diesem Alter wird er dann beim Züchter an den Sprenkel gestellt, um sicherzustellen, dass der Junghabicht bei Abholung diese Haltungsform bereits kennt.

ABTRAGEN DES GEPRÄGTEN HABICHTS

Wie überall führen viele Wege zum Erfolg. Eigene und andere Meinungen, Erfahrungen und Philosophien aufzunehmen, sich das Beste von allem herauszusuchen, um dann die eigene Strategie und den eigenen Weg zu fin-

Althabicht zum Schiften der mittleren Stoßfedern auf dem Bogenreck mit Bespannung

den, ist sicher empfehlenswert. Dennoch ist anzuraten, Habichte ohne lange Abtrageprozedur und langes Flugtraining schnell an Wild zu bringen und mit ihnen erfolgreich zu jagen. Um dem latent durchaus vorhandenen Problem des Dauerlahnens vorzubeugen, müssen die nachfolgenden Maßnahmen, strikt eingehalten werden.

SCHRITT 1 – BEUTEBINDUNG

Der Junghabicht muss relativ früh lernen, dass er die Atzung nur auf dem Federspiel und/oder auf toter Beute bekommt, um eine starke Prägung auf das zu jagende Wild zu erreichen. Gleichzeitig begreift er so, dass er sich vom Falkner entfernen muss, um satt zu werden.

Der eigentliche Beginn des Abtragens erfolgt aber erst, wenn die Habichte, wie in der Natur auch, die Bettelflugperiode – sie endet im Schnitt im Alter von 90 bis 100 Tagen – beendet haben. Erst dann sind sie erwachsen und haben die volle Leistungsbereitschaft. Hält man sich an diese Vorgehensweise, ist es kein Problem, den Habicht innerhalb einer Woche frei auf die Beuteattrappe zu fliegen, sofern die „Früh-Prägung" auf Beute richtiggemacht wurde.

Junghabicht, völlig vertraut am Sprenkel

SCHRITT 2 – TAGESHUNGER

Die Junghabichte werden nur so lange auf der Faust geatzt – maximal zwei bis vier Trainingseinheiten –, bis sie verstanden haben, auf dem Handschuh ruhig zu stehen und sich tragen zu lassen, was immer nur während des Atzens geschieht.

Parallel dazu wird das Gewicht minimal auf „Tageshunger" reduziert, damit der Habicht vom Sprenkel auf die Faust springt.

Von diesem Zeitpunkt an wird dann der Habicht nicht mehr auf der Faust, sondern, wie oben erwähnt, nur noch auf Beuteattrappen oder auf toten Beutetieren geatzt, die später auch das Beizwild bilden.

Um Lahnen und unnötiges Krampfen auf der Faust zu verhindern, wird der Habicht später nur auf dem Boden, auf dem Federspiel oder auf Beute aufgeatzt. Für unterwegs hat sich ein kleines Tischchen (Brett) bewährt, das mit Kunstrasen bespannt ist. Auf ihm erhält der Habicht seine am Tisch festgebundene Atzung. Ganz wichtig ist es, den Habicht niemals dort zu atzen oder zu trainieren, wo er seinen Ruheplatz hat, weil er sonst zu lahnen anfängt.

SCHRITT 3 – JAGEN UND IN RUHE KRÖPFEN

Fliegen und Jagen ist das Wichtigste, sobald der Habicht frei auf ca. 50 m zum Federspiel oder Balg geflogen werden kann.

Appellflüge zur Faust müssen unterbleiben! Immer nur auf Beuteattrappen darf der Habicht zurückgeholt werden, denn er soll sich auf die Beute fixieren und nicht auf den Handschuh des Falkners. Der wird durch die Atzung sonst allzu schnell zur „Ersatzbeute" und dann aufs Heftigste angegriffen.

Zu Beginn der Ausbildung und des Lernprozesses muss der Habicht immer in Ruhe kröpfen können: Der Falkner darf sich nicht zu dicht neben dem auf der Beute stehenden Habicht aufhalten und die Beute *nicht* ständig berühren oder bewegen. Geprägte Habichte bevorzugen einen Komfortbereich, aus dem sich der Falkner fernhalten sollte. Beobachtet man den Habicht aus 20 bis 50 m Dis-

---

HABICHT IM WOHNZIMMER

Viele Falkner halten ihre Beizhabichte während der Jagdsaison im Wohnzimmer auf der Reck, um den „Sozialkontakt" so stark wie möglich zu fördern und aufrechtzuerhalten. Diese Vögel kennen Erwachsene, Kinder, Hunde etc. und neigen somit weder zu starkem Lahnen, noch zu unerwünschter Aggressivität. Sie werden bzw. bleiben gleichzeitig enorm locke.

Althabicht auf der Reck. Dank eines modernen Befestigungssystems kann eine Kurzfessel entfallen.

tanz, stellt man bald fest, wie sich dessen Verhalten ändert: kein Manteln, kein Stoß, der sich in den Boden bohrt. Um den Habicht zu sichern, wird ein Erdspieß empfohlen, an dem der Vogel mit der Langfessel befestigt wird, bevor man sich entfernt.

Im ersten Jahr belässt man es bei einem Stück Wild pro Beiztag (Schlagen – Kröpfen – Satt-Sein). Der Habicht wird es danken und in den nächsten Jahren ein zuverlässiger und hochmotivierter Jagdbegleiter sein. Ganz nach dem Motto: „Weg vom Falkner, hin zur Beute, denn *nur dort* werde ich satt."

HABICHT AUS ELTERN-AUFZUCHT

Der von Altvögeln aufgezogene Habicht muss als Erstes lernen, dem Menschen zu vertrauen. Hierzu muss er an den ersten Tagen in einem abgedunkelten Raum auf der Reck verbringen, bis er so weit gefestigt ist, dass er, ohne abzuspringen, gehändelt werden kann. Bis die Vertrauensbildung abgeschlossen ist, entspricht das Vorgehen wieder demjenigen im Kapitel „Wanderfalke". Sobald der Junghabicht vertraut genug ist, kann er an den Sprenkel nach draußen mit Badebrente und frischem Wasser gestellt werden.

Anders als beim handaufgezogenen Habicht sind beim Habicht aus Elternaufzucht alle Übungen, die in Verbindung mit dem Handschuh und dem Falkner stehen, durch kleine Belohnungshappen positiv zu verstärken. Deshalb bietet der „Kalte Flügel" durch seine Federn, Sehnen und Knochen lange Zeit eine Beschäftigung, um den Junghabicht mit unterschiedlichsten Eindrücken bekannt zu machen.

Eine weitere Möglichkeit, den Junghabicht an neue Situationen zu gewöhnen, besteht darin, ihn an einer sicheren Stelle am Haus auf die Rundreck zu stellen, wo er so viel wie möglich zu sehen vermag, ohne dabei selbst unmittelbar gesehen zu werden. Hier kann der Junghabicht viele Stunden des Tages verbringen, ohne dass er in eine Angstsituation gerät und vielleicht abspringt. Außerdem empfiehlt es sich, die Reck durch einen Schutzkäfig abzuschirmen, damit sich dem Habicht in diesem Stadium des Abtragens keine Hunde, Kinder oder fremden Personen nähern können.

Sobald die Vertrautheit zum Falkner hergestellt ist, erfolgt als nächster Schritt das Übertreten von der Reck auf die mit Futter – Belohnung – bestückte Faust. Am Anfang beträgt der Abstand zwischen Reck und Faust nur wenige Zentimeter, doch schon nach ein paar Tagen sollten es mehrere Meter sein.

TRAINING AUF BEUTE

Ist der Habicht so weit gearbeitet, dass er über eine Distanz von 20 bis 50 m an der Lockschnur zur Faust geflogen kommt, ist die erforderliche Verknüpfung vollzogen. Es wird jetzt Zeit, ihn auf die Beute einzustellen, die er später jagen soll. Der Faustappell wird deshalb vorerst gestoppt, um keine zu starke Prägung auf den Handschuh mit dem Verstärker „Futter" zu riskieren.

AUF DEM FEDERSPIEL

Im ersten Schritt wird dem Habicht hierzu das Federspiel mit aufgebundenen Schwingen oder ein Kaninchen- bzw. Hasenbalg mit genügend Atzung darauf angeboten. Frisch tote Beutetiere eignen sich natürlich am besten, denn nach deren Aufschärfen kann der Junghabicht direkt aufgeatzt werden.

Hierbei lernt der Junghabicht, von der Faust auf die vermeintliche Beute zu springen – tunlichst aus einer etwas größeren Distanz –, und er bekommt danach immer einen vollen Kropf. Er erfährt also eine der wichtigsten Lektionen, die auch die freie Natur so lehren würde: Schlagen – Kröpfen – Satt-Sein! Eine unmittelbare Wiederholung, weil es ja so gut geklappt hat und so schön anzuschauen war, ist absolut zu vermeiden, um den jungen Habicht nicht gleich zu Beginn zu frustrieren.

ES GEHT HINAUS

Um den Habicht im Training auf das spätere Beizen vorzubereiten, ist es von Vorteil, alle weiteren Übungen draußen in der Feldflur durchzuführen und eine zweite Person um Unterstützung zu bitten, damit alle Aktionen von der Faust des Falkners ausgehen und der Habicht lernt, dass alles Positive am Handschuh beginnt. Ist kein Helfer zur Stelle, kann die ganze Aktion auch von einer Aufblockmöglichkeit ausgehen.

Eine frisch tote Beute oder ein Balg oder Federspiel, wenn es nicht anders geht, wird an einer ca. 20 bis 30 m langen Schnur befestigt und in einem Versteck platziert. Im Anschluss wird aus entsprechender Entfernung eine Art Suche inszeniert, an der auch der gehorsame Hund teilnehmen darf.

Haben wir uns dem Versteck auf etwa 10 bis 20 m genähert, zieht der Helfer die „vermeint-

Beizjagd mit Habicht von der Faust; mit dabei ein Bracco Italiano (italienischer Vorstehhund)

liche" Beute heraus, damit der Junghabicht sie direkt angreifen kann. Hat der Vogel die Beute geschlagen, muss der Helfer aufhören, die Attrappe zu ziehen oder wild daran zu zerren. Einen Beutekampf zu simulieren, ist nicht nötig!

Sollte diese Übung nicht sofort klappen, weil der Junghabicht abgelenkt oder im Gewicht noch etwas zu hoch ist, bricht man ab und fährt nach Hause. Erst dort wird dem

---

SPARSAM MIT WIEDERHOLUNGEN

Alle Übungen bedürfen i. d. R. keiner weiteren Wiederholung, denn Beutegreifer lernen durch einmaliges Tun! Unnötige Wiederholungen führen schlimmstenfalls zum Erlernen von unerwünschten Eigenschaften! Beispiel: Super Appell, aber kein oder nur geringes Interesse an Wild – für so einen Habicht ist der futterbewehrte Handschuh zur Beute geworden und damit Ersatz für alles, was läuft und fliegt und zu erjagen zu anstrengend wäre. Aus Sicht des Vogels hat energieaufwendiges Jagen keinen Sinn, da das Futter auf dem Handschuh ja schon auf seine Rückkehr wartet!

Habicht, am besten eine Stunde später, von der Faust aus der Balg mit der Tagesration Futter angeboten und er wird aufgeatzt. Infolge der zeitlichen Verzögerung ist keine negative Verknüpfung mit dem Vorhergegangenen zu befürchten. Nach einer eintägigen Ruhepause wird diese Übung im Feld am Folgetag wiederholt.

Alle Übungen sollten in einer höchst möglichen Kondition durchgeführt werden, nur der Tageshunger ist entscheidend! Auch sollten die Übungen am Anfang immer in der gleichen Reihenfolge ablaufen, um eine gewisse Routine zu erlangen, das gibt dem unsicheren Junghabicht mehr Sicherheit und Stabilität! Der Junghabicht darf nie überfordert werden, auf Wiederholungen ist daher zu verzichten!

BEIZE VON DER FAUST

Sobald im Trockentraining alles klappt, wird der Habicht an Wild gebracht. Hier gibt es am Anfang einige Hürden zu überwinden: hohe Vegetation, in der das Wild gute Deckung findet und der unerfahrene Junghabicht wenig Chancen hätte, es zu binden, oder hohe Temperaturen, die den Habicht, und auch Jagdhelfer Hund, schnell ermüden lassen.

UNTER OPTIMALEN VORAUSSETZUNGEN

Versuchen Sie deshalb, die Voraussetzungen so optimal wie möglich zu gestalten, um dem Junghabicht ein positives Erfolgserlebnis zu bescheren. Gerade im Frühherbst ist es ratsam, das gute Licht zu nutzen und erst am späten Nachmittag mit dem Habicht zu beizen. Die Motivation des Junghabichts und die Chance, Wild zu finden, sind dann am größten.

Hinter dem voraussuchenden Vorsteh- oder Stöberhund durchstreifen wir die Feldflur nach vorgesehenem Beizwild für den Junghabicht. Sobald der Hund vorsteht, kommt es darauf an, eine möglichst gute Position zu finden, von der aus der Habicht seinen Beuteflug starten kann. Wichtig ist Rundumsicht, wenn nicht absehbar ist, wohin das Wild flüchten wird.

Ist das Beizwild durch den gehorsamen Hund oder einen Helfer in Bewegung gebracht, wird der Junghabicht sofort losgelassen, wenn er darauf abspringt. Geworfen wird der Junghabicht nicht! Es kann sein, dass er die Beute nicht gesehen hat oder abgelenkt war.

AM KANINCHENBAU

Wird auf Kaninchen gebeizt und zeigt der Hund einen geeigneten und befahrenen Kaninchenbau an, kann dieser auch mit erfahrenen Frettchen frettiert werden (s. Kasten S. 100).

Hierbei sollte gerade am Anfang der Kaninchenbau nicht allzu groß sein, um langes Warten zu vermeiden, was den Habicht zur Ungeduld und ständigem Abspringen verleiten könnte. Es ist auch genügend Abstand zum Bau einzuhalten, damit der Habicht aus der Deckung heraus jagen kann. Das steigert die Erfolgschancen. Vor allem aber muss man sich am Stand äußerst ruhig verhalten, damit die Kaninchen überhaupt aus der Röhre springen. Ist das Gelände hügelig, empfiehlt es sich, einen erhöhten Standort als Warteposition zu suchen. Generell ist Vorsicht geboten, wenn Stromleitungen oder Zäune in der Nähe sind, die vom Beizvogel als Aufblockmöglichkeiten angenommen werden könnten, denn das Risiko eines Stromschlags bzw. einer Verletzung ist groß.

Erfolg ist entscheidend! Anfangs gehört die komplette Beute immer dem Habicht!

Habicht bei der Beizjagd auf Kaninchen

BEI FEHLFLUG

Bei Fehlflügen sollte der Junghabicht auf Ersatzbeute, Balg oder Federspiel eingeholt werden. Zu diesem Zeitpunkt ist von einem Zurückholen zum Handschuh unbedingt abzuraten, damit keine Fehlverknüpfung „Misserfolg führt zu Handschuh mit Atzung" entsteht. Erst später, wenn der Beizvogel das Jagdgeschehen kennt und keine Gefahr der Fehlinterpretation besteht, kann dies praktiziert werden.

Nach einem Fehlflug ist abzuwägen, ob weiter nach Beute gesucht oder die Beize an diesem Tag beendet wird. Die Schwere des Fluges und die Chance, weiteres Wild zu finden, sowie die Motivation des Junghabichts und die Lichtverhältnisse sind dabei zu berücksichtigen. Auch jetzt gilt: Der Junghabicht wird nach Hause gebracht und bekommt erst dort seine Tagesration Atzung auf dem Balg etc.

SCHLAGEN – KRÖPFEN – SATT-SEIN

Dieses Vorgehen wird so oft wiederholt, bis sich der erste Beuteerfolg schließlich einstellt. Und dann gilt: „Schlagen – Kröpfen – Satt-Sein"! Unbedingt muss der Falkner dem Junghabicht die Beute überlassen und ihn aufatzen. Dieses Vorgehen sollte in der ersten Beizsaison grundsätzlich beibehalten werden, um eine op-

timale und intensive Beutebindung zu erlangen. Es wird sich auszahlen und den Habicht so motivieren, dass er in den nächsten Jahren immer besser und erfolgreicher wird, weil er zu 100 % auf Beute ausgerichtet ist.

AUS FREIER FOLGE

Bei dieser Art, zu beizen, wird es dem Habicht erlaubt, dem Falkner und Hund frei durch die Bäume zu folgen. Wenn ein Junghabicht erkannt hat, dass er durch den Hund zum Erfolg kommt, wird er sich später generell über dem suchenden Hund einstellen, um möglichst schnell beim hochgemachten Wild sein zu können.

VOR- UND NACHTEILE

Die Beizjagd aus der freien Folge hat den unübersehbaren Vorteil, dass der Habicht viel mehr fliegt und so einen guten Trainingszustand erlangt oder behält. Doch wo Licht ist, ist auch Schatten: Bei der Beizjagd aus der freien Folge verselbstständigt der Habicht sich und seine Jagdweise – der Appell kann dabei fast gänzlich verloren gehen. Der Falkner wird des Habichts dann nur noch über den Beuteerfolg wieder habhaft.

BEIZWILD

Der Habicht ist Flug- und Haarwildjäger und hat ein dementsprechend großes Beutespektrum. Allerdings sollte generell Maß gehalten werden bei der Auswahl des Beizvogels und -wildes: Es muss nicht mit „Kanonen auf Spatzen geschossen" werden – bitte die Zuordnung des Beizwildes im Kasten Seite 145 beachten.

KANINCHEN

Kaninchen sind leider vielerorts aus unserer Feldflur verschwunden, in öffentlichen Anlagen wie z. B. Industriegebieten, Parkanlagen, Freibädern und Friedhöfen aber noch regelmäßig anzutreffen. Hier können die grauen Flitzer großen Schaden anrichten, sodass viele der öffentlichen Betreiber sowie Städte und Kommunen ihrer schonenden Dezimierung durch Beizjagd gegenüber sehr aufgeschlossen sind. Aber Achtung: Das Beizen in urbanem Gelände birgt Gefahren wie Stahlgitterzäune, Glasfronten an Gebäuden etc. Hier darf kein Risiko eingegangen werden, die Sicherheit unseres Beizkameraden und Hundes muss immer im Vordergrund stehen.

Weißes sibirisches Habichtsweib bei der Hasenbeize

FELDHASEN

Hasen finden wir im Feld und Wald. Der Hase wird entweder in einer Streife ohne Hund gesucht und von Helfern aufgetrieben, oder es wird der gehorsame Hund eingesetzt, der den Hasen sucht, findet und vorsteht oder hochmacht. Ein Nachprellen des Hundes ist in jedem Fall und bei allen Beizen grundsätzlich zu unterbinden! Da Hasen ein sehr großes und wehrhaftes Wild sind, sollte der Falkner schnell zur Stelle sein, um den Habicht zu unterstützen.

FASAN UND REBHUHN

Fasan und Rebhuhn finden wir in der offenen und abwechslungsreichen Feldflur. Nordische Unterarten des Habichts sind prädestiniert für diese Wildarten, weil sie Flugwild auch über große Distanzen hartnäckig verfolgen. Für die Suche sollte ein Vorstehhund eingesetzt werden, da Stöberhunde das Wild aus der Deckung werfen. Für Rebhühner, die wir ausschließlich in der offenen Feldflur finden, ist immer ein Vorstehhund einzusetzen, damit die Startdistanz nicht zu groß ist.

WILDENTEN UND SCHNEPFEN

Wildenten sind ein sehr schnelles Beizwild und gewinnen enorm schnell an Höhe. Die Bejagung sollte nur an schmalen Wassergräben oder ganz kleinen Tümpeln stattfinden. Die Kunst besteht darin, die Enten so vom Wasser zu heben, dass sie über das freie Gelände abstreichen.

Auf größeren Wasserflächen ist die Entenbeize schier aussichtslos. Enten neigen zum Tauchen, sobald sie bedrängt werden. Ist das schützende Wasser groß genug, verlassen sie es nicht. Ein Habicht aber, der mehrfach vergeblich versucht hat, die vor ihm wegtauchenden Enten zu schlagen, wird dieses Unterfangen über kurz oder lang aufgeben und unter Umständen für die Zukunft Stockenten meiden. *Schnepfen* sind eher ein zufälliges Beizwild, das beim Durchstreifen von Wäldern oder beim Vorstehen des Hundes im Feld hochgemacht wird.

Adulter Habichtsterzel mit erbeuteter Rabenkrähe

RABENKRÄHEN UND ELSTERN

Krähen und Elstern sind generell sehr wehrhaft. Die Kunst des Habichts besteht neben dem Kennenlernen „schwarzer Beute" darin, dieses sehr schnelle und fluggewandte Beizwild aus dem Verfolgungsflug heraus zu schlagen. Die Krähenbeize wird meist aus dem fahrenden Auto (Länderrecht beachten!) betrieben, denn nur so hat der Falkner überhaupt die Möglichkeit, seinen Beizvogel in angemessene Entfernung zu bringen. Eine Gewöhnung des Habichts an das fahrende Auto ist dabei die Grundvoraussetzung. Einige Falkner gewöhnen die Habichte bereits schon als kleine Küken ans Autofahren, indem sie im Körbchen überallhin mitgenommen werden.

Elternaufgezogenen Habichten wird das Autofahren durch Atzen auf der Faust vertraut gemacht. Das Fliegen aus dem geöffneten Fenster wird zuerst im stehenden und später vom fahrenden Auto aus geübt.

Wenn das alles ohne Probleme vonstattengeht, kann dem Habicht an geeigneter Stelle im Feld eine tote Krähe, die als stehender Vogel drapiert wurde, angeboten werden. Am Anfang trainieren wir das auf recht kurze Distanz zum Auto und steigern die Distanz kontinuierlich.

Einzel- oder Paarkrähen eignen sich am besten für die Beize. Bei Gruppen bzw. Schwärmen wird es für den Habicht manchmal schwierig, eine geeignete Krähe zu selektieren. Erschwerend kommt das ausgeprägte soziale Gruppenverhalten der Rabenvögel hinzu:

Habicht im Flug mit Stoßbefestigung des Senders und verklebten Geschüriemenschlitzen

Durch gezielte Attacken und Schnabelhiebe auf den Kopf können sie den Habicht verletzen, wenn der Falkner nicht schnell genug bei seinem Beizvogel ist.

SPERBER

ALLGEMEINES ZUM SPERBER

Der Sperber war bis 1985 ein weitverbreiteter und beliebter Beizvogel in Deutschland. Bei Erlass der Bundeswildschutzverordnung (BWildSchV) im Jahr 1985 wurde er entgegen der Empfehlung des DFO leider nicht in die Liste der heimischen Beizvögel aufgenommen. Erst nach mehr als 30 Jahren gelang es den drei großen Falknerverbänden Deutschlands (Deutscher Falkenorden, Orden Deutscher Falkoniere und Verband Deutscher Falkner), ihn im Zuge einer Änderung der BWildSchV im Jahre 2018 wieder als regulären Beizvogel zurückzubringen. Wenn auch heute das Beutespektrum für den Sperber deutlich beschränkter ist als vor 1985, können Rebhühner, wo ausreichend vorhanden, Wildtauben, Elstern und Lachmöwen, je nach Landesjagdzeitenverordnung als Beizwild genutzt werden.

Verhaubter Beizsperber

Der Sperber *(Accipiter nisus)* ist unter unseren Greifvögeln zwar der kleinste Beizvogel, hat dafür aber das größte Herz. Der lateinische Gattungsname *Accipiter* bedeutet „Der Zugreifende". Das lateinische Wort *nisus* bedeutet „Der Adlige" und stammt angeblich aus der Zeit, in der nur Adlige den Sperber zur Beizjagd einsetzen durften.

„An seiner gelbrot flackernden Iris mit der zusammengezogenen Pupille, seinem bleigrauen Rückengefieder, seiner hellen Brust mit dem engen, braun gewellten Filigran, den hohen zierlichen Füßen mit den langen krumm-spitzen Dolchzehen und vor allem an der einzigartigen straffzähen Haltung, die den ganzen Adelsstolz der gesamten gefiederten Ritter der Lüfte in sich zu verkörpern schien, erkannte ich sogleich den Meister der Jagd auf kleines, wendiges Federwild." So beschrieb der Fotograf und Autor Karl Stülcken 1958 den Sperber.

ERFOLGREICHE SPERBERZUCHT

Wie andere Greifvögel auch, hatte der Sperber in den 1970er-Jahren extrem unter den Auswirkungen der chemischen Umweltbelastung zu leiden. Der Bestand in Mitteleuropa war weitgehend zusammengebrochen, weil dieser Kleinvogeljäger – als Endglied der Nahrungskette – sehr stark mit Bioziden belastet war. Die Embryonen in den Eiern starben ab, oder die Eier waren so dünnschalig, dass sie zerbrachen. Der Bestand nahm katastrophal ab. Um dieser dramatischen Entwicklung entgegenzuwirken stellten Falkner bereits Anfang der 1970er-Jahre verunfallte Sperber in Zuchtkammern zusammen und hofften auf eine erfolgreiche Zucht, um später mit den gezüchteten Sperbern beizen zu können und wild lebende Bestände durch Auswilderung zu unterstützen. 1977 endlich gelang den Züchtern Dorschner, Wotschikowsky und Pöppelmann das erste Schlüpfen gezüchteter Jungvögel in Deutschland, nachdem Herren in der Schweiz und Richter in der ehemaligen Deutschen Demokratischen Republik schon vorher einen Erfolg verzeichnet hatten. Seither wird der Sperber regelmäßig gezüchtet und ist somit problemlos aus der Zucht für die Beizjagd erhältlich.

WEIB UND SPRINZ

Unter den heimischen Greifvögeln weist der Sperber den größten Geschlechtsdimorphismus auf. Während die männlichen Sperber (Sprinze) ein Gewicht von 130g bis 160 g haben, wiegen die Weiber doppelt so viel – zwischen 220 und 280 g. Demzufolge werden Sprinze für die Beizjagd heutzutage nicht mehr verwendet, denn ihr Beutespektrum ist auf Kleinvögel begrenzt. Auch Sperlinge, die im vorigen Jahrhundert noch regelrecht verfolgt wurden, sind mittlerweile stark zurück gegangen und geschützt. Sperberweiber hingegen jagen auch größere Beutetiere, die ihr eigenes Gewicht überschreiten, wie z. B. Wildtauben oder Rebhühner und sind daher für die Beizjagd gut geeignet.

ABHOLUNG UND GESCHÜH

Die beste Zeit, einen Sperber beim Züchter abzuholen, ist in der Nestlingsphase im Alter von zwei bis drei Wochen. In einem Karton kann der Jungsperber problemlos nach Hause transportiert werden. Dort sollte bereits ein Kunsthorst vorbereitet worden sein, der je nachdem, ob ein Wildflug geplant ist oder nicht, entweder im Freien oder in einer Kammer aufgestellt wurde.

Geatzt wird der Neuling von Hand. In diesem Alter werden junge Sperber meistens sehr schnell locke. Die Manschetten für das Ösen-

geschüh legt man in einem Alter von drei bis vier Wochen an. Dies kann während des Kröpfens geschehen, oder der Sperber muss dazu in die Hand genommen werden. Allerdings empfiehlt es sich dann, den Kopf des Vogels mit einem leichten Tuch zu bedecken, damit er keine negativen Eindrücke mit diesem Vorgang verknüpft.

FÜR DEN SPERBER NUR DAS ÖSENGESCHÜH

Beim Sperber darf nur das Aylmeri-Geschüh verwendet werden. Die Manschetten sollten sehr hoch sein, um die empfindlichen Ständer zu schützen (s. Kap. „Equipment für Falkner und Beizvögel – Halteeinrichtungen" S. 50 f.). Durch die ca. fünf Millimeter große Öse wird ein etwa zehn bis zwölf Zentimeter langes Riemchen mit Knoten gezogen und mittels einer kleinen Drahle oder einer besonderen Anglerdrahle an einer Langfessel befestigt. Es ist vorteilhaft, die Adresstafel nicht an das Geschüh, sondern an die Manschette zu nieten, damit der Riemen bei einem eventuellen Verstoßen des Beizvogels aus der Öse rutschen kann.

Um zu verhindern, dass der Beizvogel beim Verfolgungsflug mit einem Geschühschlitz in Dornenhecken hängen bleibt, ist während der

Ca. 3,5 Wochen alte Sperberweiber im Kunsthorst

Junge Sperber am Wildflugkasten. Sobald die Vögel am Abend darin atzen, wird der Kasten von außen für die Nacht verschlossen.

Jagd ein Wurfgeschüh ohne Schlitz einzuziehen. Die Bellen für einen Sperber müssen natürlich ebenfalls entsprechend klein sein. Ihr Durchmesser sollte maximal zwölf Millimeter betragen.

DER WILDFLUG

Um den Sperbernestling in den Wildflug stellen zu können, benötigt man einen geeigneten Wildflugplatz. Dazu wird eine selbst hergestellte Horstunterlage in eine geschützte Umhausung gestellt, die am Tag zu öffnen ist und nachts geschlossen werden kann. Am Standort sollte die Morgen- oder eine späte Abendsonne einfallen können, ansonsten Schatten Schutz vor direkter Sonneneinstrahlung bieten. Die Sicht des Jungvogels ist idealerweise nach allen Seiten frei, damit er sich die Umgebung einprägen kann.

Aufgrund seiner geringen Größe ist der Sperber wohl der einzige Beizvogel, der nicht nur in einer dünn besiedelten Landschaft, sondern auch in einem bewohnten Wohngebiet mit vielen Gärten problemlos in den Wildflug gestellt werden kann. Der Wildflug erspart im Grunde das Abtragen. Dazu macht man sich das natürliche Verhalten der Greifvögel zunutze.

BETTELFLUGSIMULATION

Nach dem Verlassen des Horstes im Alter von ungefähr vier Wochen kommen die Jungen in die „Bettelflugperiode", d. h., sie verlassen den Horst und entwickeln quasi unter Aufsicht der Eltern ihre Fähigkeiten im Fliegen und Jagen. Sobald einer der Altvögel mit Beute erscheint, kommen die Jungen ihm „bettelnd" entgegen. Der Falkner übernimmt hier die Aufgabe eines Elternteils und bringt dem Jungvogel – am besten drei-, viermal am Tag – seine Atzungsration. Regelmäßig wird er nun im offenen Gehege geatzt. Wichtig ist, dass man spätnachmittags gegen 18 oder 19 Uhr eine immer gleichbleibende Zeit des Atzungsangebots einhält, um den Sperber später durch Zuruf ins Gehege zu locken und die Klappe für die Nacht zu schließen.

RECHTZEITIG UND REGELMÄSSIG

Es ist darauf zu achten, den Sperber nicht zu spät einzuholen und ihn an feste Zeiten zu gewöhnen. Andernfalls kann es vorkommen, dass der Vogel eine Übernachtung im Baum vorzieht und dem Falkner eine schlaflose Nacht beschert.

MEHRERE JUNGSPERBER ZUGLEICH IN DEN WILDFLUG

Wo es möglich ist, können noch ein oder zwei weitere Jungsperber gleichzeitig in den Wildflug gestellt werden. Vor allem, wenn Sprinze dabei sind, hat dies den Vorteil, dass die Flugaktivität größer ist, weil sich die Vögel gegenseitig jagen können. Auf einen Einzelvogel kann man auch schon mal länger warten, wenn man ihn abends einholen will, aber bei zwei und mehreren Vögeln ist immer einer dabei, der gleich kommt und die anderen mitreißt. Die dazugestellten Sprinze können im Wildflug verbleiben und verwildern.

DER ERSTE FREIFLUG

Wenn der Jungsperber seine Schwingen durch Ballieren am Horst genügend trainiert hat, ist er mit ca. vier Wochen bereit zum Ausfliegen. Nach dem ersten Freiflug ist es nicht ungewöhnlich, wenn die Sperber an diesem Tag nicht am Horst erscheinen. Unerfahrenen Falkner bereitet diese Tatsache schnell Sorgen, doch hat die Erfahrung gezeigt, dass sich die Jungvögel im Laufe des nächsten Tages wieder am Horst einstellen. Nun beginnt ein routinemäßiger Ablauf. Tagsüber tobt sich der Jungvogel fliegerisch aus und übt das Fliegen und Jagen. Am Spätnachmittag/Abend kommt er freiwillig in das umhauste Freigehege zurück, um Atzung aufzunehmen, und verbringt dort geschützt die Nacht. Die regelmäßig eingehaltene Atzungszeit in Verbindung mit einem Signal oder Lockruf stellt die Verknüpfung von Atzung und Signal für die späteren Appellübungen her.

Spielerisch werden nun vorbeifliegende – vor allem größere – Vögel verfolgt. Sobald man nach einigen Wochen bemerkt, dass aus dem spielerischen Verfolgen der Vögel Ernst wird und Kleinvögel hartnäckig angejagt werden, zieht der Beizsperber an eine Flugdrahtanlage um und der Falkner übernimmt das weitere Training. Je nachdem in welchem Gebiet der Wildflug stattfindet werden die Sperber früher oder später selbstständig, was von zwei bis

zu fünf Wochen dauern kann, bis sie die ersten Anzeichen des ernsthaften Jagens zeigen.

DER NESTLING

VOR DEM TROCKENWERDEN AN DEN SPRENKEL

Sowohl der vom Züchter abgeholte Sperber, der nicht für den Wildflug vorgesehen ist, als auch der Wildflugsperber, können schon vor dem Trockenwerden – im Ästlingsstadium von vier bis fünf Wochen – kurze Zeit an ei-

Sperber nach der Beizjagd am Sprenkel im Haus

nen Sprenkel gestellt werden, wenn man äußerst ruhig mit ihnen umgeht. In diesem Alter lernen die Vögel sehr schnell und bleiben nach anfänglichem Abfliegen ruhig auf dem Sprenkel stehen. Vor dem Trockenwerden dürfen sie allerdings nur dann angelegt werden, wenn sie die natürlichen Ruhephasen nach dem Atzen nutzen können.

Sobald der Sperber Appetit auf Atzung bekommt, springt er ab, was seinem empfindlichen Stoß schaden kann. Es ist sorgfältig darauf zu achten, dass der Stoß nicht beschädigt wird. Er ist für die Jagd unentbehrlich und sein Zustand ein Zeichen guter Haltung!

GELASSENHEIT DURCH AUTOFAHRTEN

Will man später mit dem Auto zur Beize fahren, muss dies beim Abtragen des Sperbers berücksichtigt werden. In diesem Fall kann der Vogel schon im Nestlingsalter auf kurzen Fahrten im Auto mitgenommen werden und seine Umwelt beobachten. Selbst für einen kurzen Weg zur Tankstelle kamen meine Nestlingssperber auf die Ablage meines VW Käfers und meine beiden Kinder auf die Rückbank. Besuchten wir Freunde, die oft auch Kinder hatten, war der Sperber ebenfalls dabei.

Dieses Vorgehen zahlte sich aus, wenn einer der Vögel nach einem jagdlichen Fehlflug in unerreichbarer Entfernung stand und Unvorhersehbares, wie z. B. das Vorbeifahren eines Treckers, eintrat: Dann floh der Sperber nicht, weil er durch die eigenen Autofahrten an unterschiedlichste Fahrzeuge gewöhnt war. Der ständige Wechsel der Sitzplätze auf Sprenkel, Rundreck, im Auto und auch an belebteren Stellen auf der Faust sorgt somit für ein rasches Vertrautmachen mit den unterschiedlichsten Situationen.

Generell ist ein zügiges, jedoch nicht übereiltes Abtragen zu empfehlen. In der Regel neigen Sperber eher zum Abspringen als Habichte. Durch die vorstehend geschilderte Art des Abtragens waren meine Sperber jedoch

immer relativ ruhig. Hat man jedoch einen etwas nervösen Sperber, leistet die Haube gute Dienste.

HALTUNG

Die Haltungsbedingungen sind denen des Habichts ähnlich, bei allerdings angepassten Größenverhältnissen. Idealerweise stehen dem Sperber eine Flugdrahtanlage und Voliere zur Verfügung (s. Kap. „Haltung, Pflege und Gesundheitsvorsorge", S. 67 ff.). Außerhalb der Jagdsaison ist die Unterbringung im Mauserhaus oder an der Flugdrahtanlage möglich. Eine Flugdrahtanlage hat den Vorteil, dass der Beizvogel auch während der Mauserzeit locke bleibt. Die Sprenkelhaltung ist nur in Verbindung mit dem Freiflug geeignet und auf Dauer nicht erlaubt.

FLUGDRAHTANLAGE UND RECKS

Die Flugdrahtanlage darf wegen der empfindlichen Ständer des Sperbers nicht länger als drei Meter sein: Ansonsten kann seine Geschwindigkeit zu groß werden, sodass er sich bei einem Überfliegen der Aufsitzmöglichkeit ruckartig abgebremst wird oder sich gar verletzt. Auf die obligatorische Abbremsfederung bei Flugdrahtanlagen kann verzichtet werden, wenn die Flugdrahtanlage gestaltet ist, wie in Text und Foto auf Seite 74 dargestellt.

Das Halten an einer Flugdrahtanlage bietet dem Beizvogel eine Auswahl verschiedener Sitzmöglichkeiten und genügend Flugbewegung. Zur Absicherung gegen Gefahren durch Menschen oder Tiere ist die Anlage mit kleinmaschigem Drahtgitter zu umspannen.

Das Aufstellen eines Sperbers auf der Hohen Reck ist nicht zu empfehlen, besser eignet ist hier eine Rundreck. Sperber neigen, wie schon erwähnt, zu einem häufigeren Abspringen als andere Beizvögel und wären u. U. nicht mehr in der Lage, sich wieder aufzu-

Sperberweib nach dem Baden an der Flugdraht-anlage. Gut zu erklennen ist die hohe Manschette des Aylmeri-Geschühs zur Schonung der zierlichen Ständer

Sperber jagt Kleinvogel an (in Irland aufgenommen).

schwingen, wenn das Abspringen zu viel Kraft gekostet hat. Deshalb darf der Sperber nur unter Aufsicht auf diese falknerische Halteeinrichtung gestellt werden.

KONDITION

Die Konditionsregelung wird beim Sperber ähnlich wie bei anderen Beizvögeln vorgenommen, nur muss man bei dieser Art weitaus vorsichtiger vorgehen. Die Konditionsregelung wird erleichtert, wenn der Vogel sehr locke gehalten und mit ihm regelmäßig trainiert oder gejagt wird. Ein Sperber ist kein Beizvogel für zwei Tage pro Woche. Mit ihm sollte mindestens an fünf oder sechs Tagen in der Woche gejagt werden, dann erfüllt er die Anforderungen: Hohes Gewicht, gute Kondition und Motivation. Sie ermöglichen das Fliegen in einer hohen Kondition, was für größere Beute unverzichtbar ist.

Sperber haben einen geringen Spielraum in der Jagdkondition (Gewichtsfindung), sodass Fehler in der Konditionierung an der unteren Gewichtsgrenze lebensgefährlich wären.

NIEMALS ZU GERINGES GEWICHT!

Entgegen der Meinung unerfahrener Falkner jagen Nestlingssperber mit höherem Jagdgewicht weitaus besser als Vögel, die in zu niedriger Kondition stehen. Wird ein Sperber auf längere Zeit in tiefer Kondition gehalten, kann er ohne Fettreserven schnell in eine kritische Situation mit der Folge von Krankheit oder sogar Tod gelangen. Bei Kälte und Frost im Winter muss der Sperber deshalb in sehr hoher Kondition geflogen werden und seine Unterbringung im warmen Raum gewährleistet sein. Beim geringsten Verdacht, dass es dem Vogel nicht gut geht, muss der Sperber unverzüglich abgestellt, in kurzen Abständen aufgeatzt und zum Tierarzt gebracht werden.

KEIN BEIZVOGEL FÜR ANFÄNGER

Ist der Sperber aus irgendeinem Grund im Gewicht zu tief geraten, ist es sehr schwierig, ihn wieder in eine normale Kondition zu bringen. Das setzt viel Erfahrung voraus. Deshalb gehören Sperber nicht in die Hand von Anfängern!

Kein anderer Beizvogel ist auf der Faust so sprunghaft und während der Jagd so ungestüm und wendig wie der Sperber. Aufgrund seines schnellen Stoffwechsels erfordert dieser kleine Beizvogel mehr Aufmerksamkeit als größere Arten, und er ist daher nur von Falknern zu betreuen, die bereits andere Beizvögel erfolgreich geflogen haben. Bei täglichem Training und der dazugehörigen Kontrolle durch eine genaue Briefwaage bereitet die richtige Konditionseinstellung jedoch keine Probleme.

ABTRAGEN

Kröpft ein Sperber erst einmal auf der Faust, sind schnell Fortschritte im Abtragen zu erzielen: Häufiges Auf-die-Faust-Nehmen mit kleinen Atzungsgaben und ein zunehmend häufigeres Tragen auf der Faust – zunächst im Haus, dann draußen in ruhiger Umgebung und schließlich in belebter Umgebung, während er einen fast kahlen Taubenflügel rupft und möglichst lange damit beschäftigt ist – gewöhnen den Sperber schnell an seine Umgebung und den Falkner. Hier ist die Häufigkeit wichtig, nicht die Dauer des jeweiligen Tragens. Anschließend wird das Übertreten auf die Faust und wachsende Entfernung des Beireitens geübt.

APPELLÜBUNG-FREIFLUG

Sperber neigen zu einem besseren Appell als mancher Habicht, zumindest wechseln sie durch ihren größeren Bewegungsdrang öfter den Standort und geraten so eher in eine Position, aus der zurückzukommen sie dann bereit sind. Sobald der Sperber auf Langfessel-Entfernung auf die Faust beireitet, können die Beireiteübungen an der Lockschnur fortgesetzt werden Die Lockschnur sollte nie länger als 10 m sein, weil der Vogel sich damit selbst an kleinsten Ästchen und Unebenheiten am Boden verfangen könnte und dann unsanft zu Boden gerissen würde. Dies ist unbedingt zu vermeiden! Bei einem guten Appell an der Lockschnur auf etwa 10 Meter können die Beireiteübungen an einem ruhigen Ort frei fortgesetzt werden. Während bei den Appellübungen ein Zurückkommen auch über größere Strecken geübt wird, sollte der Sperber bei der Beize dagegen nicht aus großer Distanz gerufen werden, um ihm nicht unnötige Energie abzuverlangen. Diese sollte den Jagdflügen vorbehalten sein, so dass die Kondition nicht unnötig belastet wird.

JAGD MIT DEM SPERBER

Interesse für seine Beutetiere zeigt der Sperber im Alter von sieben bis zehn Wochen. Wird mit dem Beizbeginn zu lange gewartet, gewöhnt sich der Vogel zu sehr an die Faust und könnte das Interesse an Beute verlieren. Dem Sperber sollte beigebracht werden, unverzüglich beizureiten, wenn man ihn ruft. Nach ei-

Sperber nach erfolgreichem Flug auf eine Taube

nem Fehlflug wartet man kurz, bis seine jagdliche Erregung abgeklungen ist und holt ihn dann ein.

Als Kurzstreckenjäger verfolgt der Sperber seine Beute gewöhnlich nicht über große Distanz, weshalb der Falkner in der Regel schnell zur Stelle ist. Dennoch ist der Vogel durchaus in der Lage, größere Strecken zurückzulegen, wenn er sein Ziel vor Augen hat. Nach Jagdflügen, die ohne Erfolg auf dem Boden enden, verkrampfen sich Sperber oftmals auf der Faust, wenn sie aufgenommen werden. Ein weicher, aber fester Handschuh ist daher zu empfehlen.

Sperber sind sehr mutige Jäger und haben keine Angst vor größeren Beutetieren. So kann man sie durchaus an Rebhühner, Elstern, Ringel- und Türkentauben oder Lachmöwen gewöhnen, indem man sie während des Abtragens häufig auf diesen Beutetieren aufatzt.

REBHUHNBEIZE UND WURFMETHODE

Da Rebhühner heutzutage in vielen Regionen selten geworden sind, kann nur in Gegenden mit gutem Besatz auf sie gebeizt werden. Die kleinen Feldhühner zu beizen, ist eine echte Herausforderung für den Sperber. Die Beutevögel sind rasante Flieger, und man muss sich recht nah mit dem Beizvogel an sie heranpirschen.

Ab Oktober kann der Sperber die Hühner kaum mehr einholen, es sei denn, es wird die Wurfmethode angewendet. Sie ist etwas umständlich, aber sehr wirkungsvoll. Der Sperber wird zunächst auf die rechte Faust gestellt. Sodann greift der Falkner mit der linken Hand über den Rücken, nimmt ihn auf und legt den Vogel dann wieder zurück in die rechte Hand zum Werfen (bei Linkshänder umgekehrt). Manche Sperber greifen sich selbst vor Erregung, wenn man sie in die Hand legt. Um dies zu vermeiden, kann der Sperber wie im

Die Wurfmethode. Der Sperber liegt sicher in der Hand zum Werfen

Mit der am Stoß befestigten Sendermontage wird der Sperber auf abfliegendes Wild geworfen

Sperber auf einer Elster

Sperberweib auf erbeutetem Rebhuhn

Bild 162 (l. u.) mit den Finger zwischen den Ständern gehalten werden. Falls eine Kette Rebhühner aufsteht, kann der Beizsperber nunmehr hinterhergeworfen werden und hat durch den Wurf gleich eine gewisse Anfangsgeschwindigkeit zur Verfolgung der Hühner. Natürlich kann diese Wurfmethode auch auf anderes Beizwild eingesetzt werden.

WILDTAUBEN- UND MÖWENBEIZE

Mit der Beize auf Wildtauben sind recht gute Erfolge zu erzielen, wenn man dicht genug an die Vögel herangelangt und das Überraschungsmoment ausnutzen kann. Auch die Beize von Lachmöwen auf Müllplätzen bietet interessante Jagden. Hinter einem Erdschieber angepirscht, ist es möglich, ziemlich nahe an die Möwen zu gelangen. In der Regel befinden sich Lachmöwen in einem Schwarm, doch auch einzelne Möwen können zum Beispiel im Auto angepirscht werden und dann aus dem Fenster angejagt werden.

AUF DER BEUTE

Steht der Beizsperber auf seiner Beute, so tritt man ruhig an ihn heran, bevor er zu rupfen beginnt. Entdeckt man ihn nicht sofort und er rupft bereits, kann es sein, dass er auch größere Beute vor dem Falkner in Sicherheit bringen will, also zu „leiten" versucht. In diesem Fall wartet man besser noch ein Weilchen, bis die Erregung abgeklungen ist und der Sperber die Annäherung des Falkners akzeptiert. Wenn die Beute noch nicht verendet ist, muss man sie umgehend fachgerecht abfangen.

Vertraute Sperber versuchen gelegentlich auch, dem Falkner mit der Beute entgegenzuspringen, um auf dessen Faust Atzung zu bekommen. In jedem Fall ist nach einem Beizerfolg sorgfältig darauf zu achten, dass die empfindlichen Stoßpennen z. B. beim Leiten oder Entgegenspringen keinen Schaden nehmen. Daher wird der Stoß sorgfältig mit der Hand umfasst und der Vogel mit der anderen Hand schließlich aufgenommen.

SINGVÖGEL?

Manchmal werde ich gefragt, ob denn nicht versehentlich auch einmal Singvögel mit dem Sperber erbeutet werden. Aus eigener Erfahrung kann ich sagen, dass es in 30 Jahren, in denen ich aktiv Sperber geflogen habe, niemals dazu gekommen ist. Obwohl das bei dem in meinen Anfängen noch üblichen Beizen auf Sperlinge viel wahrscheinlicher hätte sein müssen.

STEINADLER

ÜBER DEN STEINADLER

Steinadler gelten wegen ihrer Größe als Sinnbild für Mut, Kraft und Stärke und tauchen als Symbole in den verschiedensten Wappen von Städten, Ländern und Staaten auf. In der Mythologie auch Gold- oder Königsadler genannt, stammt die wissenschaftliche Bezeichnung dieses Adlers aus dem Altgriechischen (Chrysos= gold, aetos= Adler). Der Steinadler galt als göttliches Symbol bei den Griechen, Persern und Babyloniern sowie bei den Indianern Nordamerikas. Letztere stellten aus den Stoßfedern junger Vögel den Kopfschmuck für ihre Häuptlinge her.

Bei den Steppenvölkern Asiens spielte der Steinadler in der Falknerei schon über Jahrtausende eine sehr große Rolle. Von dort gelangte die Jagd mit Greifvögeln im 4. Jahrhundert n. Chr. in den europäischen Raum. In Europa war der Steinadler in der klassischen Falknerei zunächst kein Bestandteil. Erst im 20. Jahrhundert erwachte das Interesse an der Beizjagd mit diesem faszinierenden Beizvogel, und der Trend, einen Steinadler jagdlich zu fliegen, hält unvermindert an.

HALTUNGSVORAUSSETZUNGEN

Zur artgerechten Haltung eines Steinadlers ist ein geeignetes Grundstück für entsprechend große Volieren nötig.

Außerdem wird vorausgesetzt, dass dem Falkner genügend Freizeit zur Verfügung steht, damit er den Adler ausreichend trainieren kann, um ihn später erfolgreich zur Jagd einsetzen zu können.

Nach der Mauserzeit ab August bis September muss der Steinadler täglich geflogen werden, um Kraft und Ausdauer aufzubauen, damit er in höchster Kondition auch über weite Distanzen erfolgreiche Jagdflüge absolvieren kann. Weitere entscheidende Faktoren für eine erfolgreiche Jagd mit dem Steinadler sind regelmäßige Beizmöglichkeiten und ein zur Verfügung stehendes Revier für tägliches Training.

AUSWAHL

Bei der Auswahl eines jungen Adlers spielen mehrere Faktoren eine Rolle. Es geht nicht nur darum, ob der Beizvogel ein Terzel oder ein Weib sein soll, sondern auch darum, wie der junge Adler aufgezogen wird. Diese Entscheidung ist immens wichtig, um später Schwierigkeiten, sei es mit der Nachbarschaft oder draußen beim Freiflug mit Spaziergängern, zu vermeiden.

Porträt eines schöpfenden Steinadlers

163

Steinadler an Flugdrahtanlage mit Badebrente und Freisitzmöglichkeit

KEIN ANFÄNGERVOGEL!

Der Steinadler darf niemals als erster Beizvogel eines Falkners abgetragen werden! Vor der Entscheidung, einen jungen Steinadler zu Beizjagdzwecken aufzustellen, muss man sich über die hohe Lebenserwartung von Steinadlern im Klaren sein. Es ist unverzichtbar, einen erfahrenen Adlerflieger als Lehrprinzen zu haben und diesen *zuvor* längere Zeit zu begleiten, um festzustellen, ob der Steinadler tatsächlich der richtige Beizvogel ist.

Schon im Vorfeld entscheidet eigentlich die Wohnsituation eines Falkners darüber, ob der spätere Jagdadler ein von Altvögeln oder von Menschen aufgezogener Adler sein wird. Bei einem menschengeprägten Adler ist die Wahrscheinlichkeit groß, dass er zu lahnen beginnt, wenn er in Kondition genommen wird. Das bedeutet eine permanente Beschallung und Herausforderung für den Falkner und seine Nachbarn.

Außerdem sollte ein Jungadler nur von einem seriösen bekannten Züchter gekauft werden.

Bei von Altvögeln aufgezogenen Adlern empfiehlt es sich, das Elternpaar genauer anzusehen, denn Charaktereigenschaften wie Aggressionsverhalten sind erblich. Noch besser ist es, wenn man Nachzuchten aus der gewollten Linie jagdlich im täglichen Umgang erlebt hat.

IMPRINT-ADLER

Die Vorteile eines handaufgezogenen und menschengeprägten Vogels liegen hauptsächlich im anfänglichen Umgang mit ihm. Da der Nestling an alle später auftretenden Einflüsse bereits durch die Aufzucht im Kunsthorst im Umgang mit Menschen gewöhnt ist, wird das Abtragen mit wesentlich weniger Aufwand verbunden sein als beim vom Altvogel aufgezogenen Jungadler.

An das Verhauben, welches jedem Adlerflieger empfohlen wird, gewöhnt man den Nestling schon sehr früh, indem man ihm täglich ab und an eine leichte, zu große Haube spielerisch über den Kopf stülpt und wieder abnimmt. Dies ist für den kleinen Adler in diesem Alter nichts Unangenehmes, und er wird das Verhauben, sobald er trocken ist, als etwas ganz Alltägliches empfinden und tolerieren.

Beim ausgewachsenen Jungvogel ist allerdings Voraussetzung, dass die Haube exakt passt, ansonsten wird der Vogel konsequent versuchen, sie durch Kopfschütteln oder mit Hilfe der Fänge abzustreifen.

Ist die Haube zu groß, sodass Licht durch den Ausschnitt am Schnabel gelangt, steht der Vogel sehr unruhig auf der Faust und versucht ständig, in Richtung des Lichteinfalls abzuspringen. Durch solch unsachgemäßes Händling besteht die Gefahr, dass der Steinadler haubenscheu wird und unter Umständen später die Adlerhaube völlig verweigert. Deshalb ist bei der Anschaffung einer Adlerhaube größter Wert auf Verarbeitung und Passgenauigkeit zu legen. Am besten werden mehrere Hauben ausprobiert.

EINSTELLEN AUF WILD

Einen Nestling auf späteres Beizwild einzustellen, ist relativ einfach. Handelt es sich z. B. um ein Adlerweib, das zum Zwecke der Rehbeize angeschafft wird, gewöhnt man den Jungvogel am einfachsten an die Größe des späteren Beizwildes, indem eine Rehdecke mit Kopf in den Kunsthorst gelegt wird. Der Jungadler wird sich dann stundenlang damit beschäftigen und den Respekt vor der relativ großen Beute verlieren.

Die Nestlinge wild lebender Steinadler lernen ihre späteren Beutetiere kennen, indem die Elterntiere z. B. ganze Kaninchen oder Jungfüchse zum Horst bringen. Imprint-Adler oder Steinadler mit Geschwisterprägung eignen sich nach Meinung erfahrener Steinadler-Kenner besser zur Beizjagd auf größeres Wild wie Reh und Fuchs, weil sie meist mehr Mut an den Tag legen als elternaufgezogene Adler.

IDEAL – MEHRERE BETREUER

Idealerweise werden Imprint-Adler von mehreren Falknern geflogen und betreut, um eine einseitige Personen-Bindung und die daraus resultierenden negativen Verhaltensweisen zu vermeiden. Das müssen aber erfahrene Falk-

Steinadlerterzel mit perfekt passender kirgisischer Haube

Steinadler mit aggressivem Verhalten auf der Beute. Sein gesträubtes Kopfgefieder und das leichte Manteln bedeuten: Falkner jetzt unerwünscht!

Das Gegenteil: Dieser Adler steht entspannt auf der Beute.

ner sein! Dem lästigen Lahnen, das meist zum Zeitpunkt des Einfliegens mit dem In-Kondition-Nehmen des Jungvogels auftritt, kann so ebenfalls entgegengewirkt werden.

Durch die Prägung auf den Menschen betrachtet der Jungadler den Falkner nämlich als Elternersatz und bettelt ihn nach Futter an. In Extremfällen beginnt der Adler zu lahnen, sobald er Stimmen hört, obwohl er bereits aufgeatzt wurde.

Weibliche Steinadler, die noch viel individuellere Charaktere sind als Adlerterzel, können infolge der Fehlprägung eine Art Eifersucht gegenüber Personen aufbauen, die dem Falkner nahestehen. Das kommt in aggressivem Verhalten Familienangehörigen gegenüber zum Ausdruck.

SOCIAL-IMPRINT-ADLER
In den letzten Jahren sind die bekanntesten Steinadlerzüchter von reiner Handaufzucht der Nestlinge zur Aufzucht von gleichaltrigen Steinadlern in der Gruppe (Geschwisterprägung) übergegangen. Das hat den Vorteil, dass so aufgezogene Jungadler nicht einseitig auf den Menschen geprägt sind, sondern durch die anderen Jungvögel eine soziale Prägung auf die eigene Art entwickeln. Diese Jungadler werden tagsüber an einem sicheren und geschützten Platz im Freien untergebracht und können so gezielt optischen oder akustischen Reizen ausgesetzt werden, die den späteren Umgang mit den Vögeln sehr erleichtern.

Bei Jungadlern – sowohl bei Imprint- als auch geschwistergeprägten – ist zu beachten, dass die Vögel nicht zu früh konditioniert werden, um lästiges Lahnen zu vermeiden. Wie Imprint-Adler sollten auch geschwistergeprägte Adler von verschiedenen Falknern geflogen werden, weil auch sie auf den Menschen teilgeprägt sind.

ADLER AUS ELTERNAUFZUCHT
Der vom Altvogel aufgezogene Jungadler erfordert einen wesentlich höheren zeitlichen Aufwand beim Abtragen, weil er im Gegensatz zur Handaufzucht noch keinerlei Bezug zum Menschen hat.

Diese Adler kennen bis zum Trockenwerden nur die Elternvögel. Deshalb muss zuerst das Vertrauensverhältnis zwischen Falkner und Jungadler aufgebaut werden. Dies erreicht man am besten, indem der Vogel durch gezielte positive Reize (Atzung) lernt, dass die Anwesenheit des Falkners keine Gefahr für ihn bedeutet.

Sobald der Jungadler auf die Faust steigt, wird der Bezug zum Falkner durch intensives Tragen und Atzen auf dem Handschuh relativ schnell gefestigt und der Adler an alle alltäglichen Einflüsse gewöhnt, die ihm später, vor allem bei der Beizjagd, begegnen.

Anders als beim menschengeprägten Adler erfordert das Verhauben des altvogelaufgezogenen Jungadlers sehr viel mehr Fingerspitzengefühl. Dazu nimmt der Falkner den bereits auf

Adultes Steinadlerweib schlägt Feldhasen

der Faust ruhig stehenden Adler in einen abgedunkelten Raum, um ihm die nicht gleich
optisch wahrnehmbare Haube überzustülpen.
Sollte die Haube gut passen, bleibt der Vogel
ruhig auf der Faust stehen und kann anschließend ein paar Minuten getragen werden.
Im Anschluss wird die Haube wieder abgenommen und der Jungadler erhält ein kleines
Stückchen Atzung auf der Faust zur Belohnung. Nach und nach wird die Dauer des Ver-
haubens ausgedehnt und der Adler über den
positiven Effekt des Belohnens an die Haube
gewöhnt. Bei dieser Vorgehensweise empfin-
det der Jungadler das Verhauben als nichts
Unangenehmes.

ABHOLEN

Zum Züchter werden ein komplettes Geschirr
zum Aufschirren und eine passende Transportbox für Adler mitgenommen. Ist der
Jungadler bereits trocken, schirrt man ihn
nach dem Herausfangen aus der Voliere sofort
auf und setzt ihn in die abgedunkelte Transportkiste. Es ist ratsam, möglichst schnell den
Heimweg anzutreten, um den Neuankömmling zuhause an einen ruhigen Platz im Garten zu stellen.
Auf dem Block oder Sprenkel kann er in
Ruhe seine neue Umgebung betrachten und
sich daran gewöhnen. Bei Imprint-Adlern
oder Vögeln mit Geschwisterprägung geht die
Eingewöhnung und Vertrauensbildung zum
Falkner relativ unproblematisch vonstatten,
da ihm der Umgang mit dem Menschen vertraut ist. Schon nach einer relativ kurzen Ein-
gewöhnungszeit kann mit dem Abtragen begonnen werden. Der Adler aus Elternaufzucht
benötigt wesentlich mehr Zeit, um sich an die
neue Umgebung zu gewöhnen.
Der Ort, an dem der Vogel aufgestellt wird,
muss anfänglich sehr überlegt gewählt sein,
da der Jungadler noch sehr schreckhaft auf
visuelle oder akustische Reize reagieren kann.
Selbstverständlich muss der Neuankömmling

in den nächsten Tagen unter ständiger Beobachtung stehen, um sein Wohlbefinden
sicherzustellen. Am Abend setzen wir den
Neuankömmling in einen Raum oder eine
Voliere, wo der Vogel sicher untergebracht ist.
Die nächsten Tage werden dem schrittweisen
Lockemachen und dem Verhauben des Adlers
gewidmet – ähnlich wie in den vorangegangenen Kapiteln beschrieben. Sobald sich der
Jungvogel an seiner Sitzgelegenheit sicher
fühlt, setzt man diese sukzessiv auf einen belebteren Platz um, sodass der Jungadler mit
neuen Reizen in Berührung kommt.

ABTRAGEN

Das Abtragen eines Steinadlers gestaltet sich
ähnlich wie das eines Habichts. Beim Adler
kommt allerdings das weitaus größere Gewicht hinzu, welches das Tragen vor allem
weiblicher Adler schnell zur Strapaze werden
lassen kann.

GRÖSSE BRAUCHT PLATZ

Während sich ein Falkner mit Habicht
oder Falke in jedem Raum des Hauses
bewegen kann, müssen die Aufenthalts-
orte für den Steinadler wohl gewählt
werden: Falls der Jungadler nämlich
von der Faust abspringt, kann er seine
Schwingen schnell an einem Hindernis
anschlagen.

Autor Reiner Gulyasch mit Steinadlerterzel „Kolja"

Steinadlerterzel nimmt ein Bad in der Badebrente.

Nicht zu unterschätzen ist auch die Kraft des Adlers, wenn er mit seinen Fängen zugreift. Obwohl durch den Handschuh geschützt, muss der Falkner in manchen Situationen doch schmerzresistent sein, falls der Adler auf der Faust krampft. Mit Hilfe der Haube, die dem Adler aufgesetzt wird, wenn sein Abspringen absehbar ist, können bestimmte Situationen beim Abtragen stressfreier gesteuert werden

NICHT ZU FRÜH IN KONDITION

Jungadler dürfen nicht zu früh in Kondition genommen werden. Nach aller Erfahrung braucht ein Jungvogel fast bis zum nächsten Frühjahr, bis seine physische als auch psychische Entwicklung abgeschlossen ist. Das Ziel eines guten Falkners muss sein, den Adler bei bester Gesundheit in höchster Kondition zu fliegen.

Wie Menschen haben auch Steinadler unterschiedliche Charaktere. Manche sind gutmütig, andere sind dagegen schnell reizbar und zeigen ein aggressives Verhalten, insbesondere, wenn Atzung ins Spiel kommt. Hierauf muss sich der Falkner einstellen und entsprechend reagieren können. Ich habe schon Adler erlebt, die nach dem Landen auf der Faust sofort versuchten, einen Fang in den Oberarm des Falkners zu schlagen oder, noch schlimmer, in sein Gesicht zu greifen. Um dies zu vermeiden, müssen die Geschühriemen sofort gesichert werden, sobald der Vogel zur Faust beigeritten ist.

BESSER LANG ALS ZU KURZ

Die spätere Arbeit mit dem Steinadler auf den Balg oder die Schleppe unterscheidet sich im Grunde nicht wesentlich von der des Habichts, wobei Adler über größere Distanzen trainiert werden. Ein geländegängiges Fahrzeug und ein erfahrener Helfer sind von Vorteil, um den Balg so zu ziehen, dass der Adler ihn erfolgreich schlägt und sich dabei nicht verletzt.

ZUR FAUST UND AUF DIE SCHLEPPE

Da die Jagdflüge eines Steinadlers im Gegensatz zum Habicht meist sehr viel länger sind, empfiehlt es sich, die Beireiteübungen über mehrere hundert Meter zu trainieren, um ihn so auf lange Distanzen vorzubereiten. Ähnlich verfahren wir mit der Schleppe, die der Vogel in Entfernungen bis zu 500 m anjagen soll. Um die Geschicklichkeit des Vogels zu fördern, ist es ratsam, dies nicht nur auf

Steinadlerterzel jagt einen Feldhasen an. Meister Lampe hat sich mit einem Luftsprung dem Zugriff entzogen.

freiem Gelände zu trainieren, sondern auch Büsche oder Hecken beim Ziehen des Balgs miteinzubeziehen, sodass der Jungadler verschiedene Flugmanöver durchführen muss, um den Balg zu schlagen. Wichtig ist auch, dass die Schleppe aus einem vollständigen toten Hasen oder Fuchs – also nicht nur einem Balg – besteht, um den Vogel darauf ausgiebig zu belohnen. Durch die positive Verknüpfung wird der junge Adler motiviert und später beim Beizen weite Flüge zeigen, um Beute zu machen.

BEIZEN VON WILD

HASENBEIZE

Die Beize auf Hasen mit dem Steinadler wird auch als die Königsdisziplin bezeichnet, da der ausgesprochen schnelle und wendige Feldhase dem Beizadler alles abverlangt. Im Gegensatz zur Reh- oder Fuchsbeize, wo es hauptsächlich auf den Mut des Adlers ankommt, sind bei der Beizjagd auf Hasen Wendigkeit und ein gutes Flugvermögen gefragt. Das wird nur durch sehr viel Flugtraining erreicht. Auf Gesellschaftsbeizen sieht man sofort, welcher Falkner oft mit seinem Adler arbeitet und wer wenig Zeit für seinen Vogel aufbringt. Es ist nicht nur unschön, mit anzusehen, wenn sich ein kraftloser, untrainierter

Beizadler hinter einem Hasen müht und nach einem Fehlflug von nicht einmal 100 m auf dem Feld abstellt. Das demotiviert auch den Adler und kann so in Frust und Aggression umschlagen. Verfolgt ein gut beflogener Vogel allerdings einen weitab aufgestandenen Hasen, ist es ein Naturschauspiel, zu beobachten, wie beide Seiten ihre Chancen nutzen. Sei es der Hase, der durch Hakenschlagen und bis zu zwei Meter hohe Luftsprünge zu entkommen versucht, oder der Beizadler, der nach einem Fehlgriff nochmals nachsetzt und den Hasen zu binden trachtet.

Ist man ohne Begleitung unterwegs, empfiehlt es sich, den Adler aus der Haube zu werfen. Nur so kann der Hase aus der Sasse gedrückt werden, ohne dass der Vogel unkontrolliert von der Faust abspringt.

BEUTEKONKURRENT FALKNER

Erhält der Adler auf der Beute einen vollen Kropf zur Belohnung, bleibt der Falkner möglichst so lange beim Vogel, bis er ihn von der Beute abnimmt. Sich vom atzenden Beizadler zu entfernen und danach wieder hinzugehen, ist ein großer Fehler. Dann nämlich sieht der sonst vertraute Vogel in uns nicht mehr den Jagdkumpan, sondern einen Beutekonkurrenten, und er versucht, die geschlagene Beute durch Manteln und Aggressionsverhalten zu verteidigen (s. Foto S. 165 M.).

KANINCHENBEIZE BESSER NICHT

Mit dem Steinadlerterzel Kaninchen zu beizen, ist nicht förderlich für den Charakter des Adlers und sollte unterbleiben. Bei kleinen Beutetieren stellt der Falkner für den Adler i. d. R. immer eher einen Beutekonkurrenten als einen Helfer dar. Er leitet dann die geschlagene Beute u. U. und verteidigt sie aggressiv.

ABNEHMEN VON DER BEUTE

Wichtig beim Abnehmen des Vogels von der Beute ist eine behutsame und überlegte Vorgehensweise, um den Adler nicht zu vergrämen. Hier muss man sich vor allem zu Beginn sehr viel Zeit lassen und den Vogel ausgiebig auf der geschlagenen Beute aufatzen, bevor man ihn nach Abdecken der restlichen Beute mit Hilfe einer zusätzlichen Belohnung auf die Faust nimmt. Niemals wird dem Adler Atzung oder Beute weggerissen! Dies fördert das Schlagen nach der Hand und aggressives Verhalten dem Falkner gegenüber. Außerdem muss anfangs nach einem Jagderfolg der Jagdtag beendet werden, um den Jungadler nicht zu überfordern und zu enttäuschen.

FUCHSBEIZE

Die Fuchsbeize ist bei einem Feldtreiben nicht planbar, sondern eher ein Zufallsprodukt der Jagd auf Hasen. Wird ein Fuchs auf freiem Feld hochgemacht, kommt es oft vor, dass der Adler Reineke zwar anjagt, über ihm aber abdreht und zur Faust des Falkners zurückkehrt. Ursache hierfür ist die Angst vor der Größe des Fuchses und ggf. dessen Reaktion. Füchse stellen sich dem angreifenden Adler nämlich oft entgegen und fauchen dabei. So ist es gut möglich, dass auch ein auf die Fuchsschleppe trainierter Vogel den lebenden Fuchs nicht schlägt, da dessen Abwehrverhalten mit der Schleppe nicht simuliert werden kann.

Meist werden Füchse im Rübenacker vom Adler geschlagen, weil der Vogel in der Deckung nicht erkennt, um welches Wild es sich handelt. Die Rübenblätter erschweren es dem Adler allerdings, einen sauberen Kopfgriff anzubringen, und so kommt es manchmal zu einer für den Adler gefährlichen Situation mit Bissverletzungen des Vogels. Ist dies der Fall, müssen diese Wunden unverzüglich tierärztlich versorgt werden!

Hat der Steinadler allerdings Erfahrung im Schlagen von Füchsen, ist es für ihn wesentlich einfacher, dieses Wild zu erbeuten, als

Nach Fehlflügen beireitendes Steinadlerweib. Deutlich werden hier die mächtigen Ausmaße ...

... und der Größenunterschied zu dem schon sehr imposanten Adlerterzel auf diesem Foto.

Juveniles Steinadlerweibchen jagt ein Reh an.

einen geschickteren, schnelleren Feldhasen. Empfehlenswert für die Fuchsbeize ist ein Steinadlerweib, da es aufgrund seiner Kraft und Größe einen ausgewachsenen Fuchs besser überwältigen kann als ein Terzel.

Planbar ist die Jagd auf Füchse nur bei der Baujagd auf relativ freier Fläche. Hier ersetzt der Steinadler den anstehenden Schützen. Um ein kontrolliertes Werfen des Adlers auf den ausfahrenden Fuchs ohne Gefährdung eines Bauhundes zu gewährleisten, muss der Vogel aus der Haube geworfen werden.

REHBEIZE

Die Beizjagd auf Rehwild ist auch unter Falknern nicht unumstritten. Für den erfahrenen Rehwildjäger ist die Jagd auf Rehwild mit dem routinierten Steinadlerweib nichts anderes als die Hasenbeize mit dem Terzel.

Bei der Rehbeize hängt der Beizerfolg z. T. sehr von der Struktur und dem Bewuchs des zu bejagenden Geländes ab. In einem Senf- bzw. Rübenacker ist der Reiz zum ernsthaften Anjagen wesentlich größer als auf der Freifläche, weil ein Reh dem Adler darin bei Weitem nicht so groß erscheint wie auf Letzterer. Um Rehwild im freien Feld ernsthaft anzujagen, muss aus der Sicht des Jagdadlers alles passen: Sehr oft kommt es nämlich vor, dass der Beizadler das Rehwild anjagt, aber aus für den Falkner nicht nachvollziehbaren Gründen über dem Stück abdreht und zur Falknerfaust

zurückkehrt. Der reherfahrene Steinadler dagegen bindet das Reh mit sauberem Kopfgriff, zieht es nieder und setzt es so augenblicklich außer Gefecht.

In osteuropäischen Ländern wie Tschechien und der Slowakei, in denen fast ausschließlich Steinadlerweiber geflogen werden, finden jedes Jahr Tagungen speziell zur Fuchs- und Rehbeize statt. Hier bekommen die Adlerjäger wie auf einer Drückjagd Stände zugewiesen, um auf das durch eine Treiberwehr hochgemachte Wild zu beizen. Um ein sicheres Ansprechen des Wildes – unterschiedliche Jagdzeiten der Geschlechter und Altersklassen – zu gewährleisten, sollte der Adler nur aus der Haube geflogen werden.

BEIZJAGD MIT ADLER UND HUND

Wer das Privileg hat, in einem Niederwildrevier alleine beizen zu können, sollte unbedingt einen Jagdhund unter dem Adler führen. Hund und Adler müssen aneinander gewöhnt sein, um ein perfektes Zusammenspiel bei der Jagd zu gewährleisten.

Haben sich Adler und Hund aneinander gewöhnt, bereitet es große Freude, das Zusammenspiel zwischen beiden zu beobachten. Ein gut arbeitender Hund und ein Steinadler, der erwartungsvoll auf der Faust das Geschehen verfolgt oder in der Freien Folge aus den Baumwipfeln im Hochwald den stöbernden Jagdkumpan nicht aus den Augen lässt, sind ein Erlebnis.

NACHPRELLEN VERHINDERN

Bei der Suche im Feld ist es vorteilhaft, wenn ein Jagdhelfer dabei ist, um den vom Hund vorgestandenen Hasen aus der Sasse zu drücken und ggf. den Hund festzuhalten, damit dieser dem Hasen nicht nachprellt. Ein erfolgreicher Jagdflug, vor allem beim Jungadler, ist davon abhängig, wie sich der Falkner zum Hasen positioniert, und dass er das Geschehen entsprechend gut steuern kann.

AUS FREIER FOLGE

Die Jagd aus der freien Folge mit dem erfahrenen Steinadler im Hochwald ist eine der spannendsten und beeindruckendsten Jagdarten. Dabei muss die Bindung zwischen dem Falkner und Beizadler sehr eng sein, damit der Adler sich nicht verselbstständigt und alleine jagt. Um dies zu vermeiden, wird der Vogel in bestimmten Zeitabständen zur Faust zurückgerufen. So bleibt die Konzentration des Jagdadlers auf den Falkner erhalten.
Bevor man den Adler im Wald freilässt, sind die Ösenlöcher oder Schlitze der Geschühriemen unbedingt mit Klebeband zu verschließen, damit sich der Vogel nicht an vorstehenden Ästchen verfängt.
Bei der Freien Folge ist es nicht unwahrscheinlich, dass neben Hasen auch Reh, Fuchs oder anderes Raubwild hochgemacht wird. Dies birgt für einen noch unerfahrenen Adler allerdings gewisse Gefahren, da im Wald der Reiz, auch große Beute zu schlagen, stärker ist als im Feld. So kann es geschehen, dass ein Adlerterzel, der auf freiem Gelände niemals Rehwild anjagen würde, dieses im Wald schlägt, obwohl er keinerlei Erfahrung damit hat, und sich dabei unter Umständen verletzt.

BEIZJAGD IN DER GRUPPE

Jedes Jahr ist die Freude groß, wenn man sich Anfang Oktober mit befreundeten Falknern zur Hasenbeize trifft, um in der Gruppe zu beizen. Bevor die eigentliche Jagd beginnt, müssen Verhaltensmaßregeln besprochen werden, die jeder Teilnehmer unbedingt zu befolgen hat, um einen reibungslosen Verlauf der Jagd zu gewährleisten und so Unfälle unter den Beizvögeln zu vermeiden. Dies ist umso wichtiger, wenn es sich um eine größere Beizgruppe handelt oder unbekannte Falkner an der Beize teilnehmen.

ABSPRACHE IST WICHTIG

Bei einer kleinen Adlergruppe ist es vernünftig, eine Reihenfolge festzulegen, wer wann auf die aufstehenden Hasen wirft. Dadurch wird vermieden, dass zwei Vögel gleichzeitig auf einen zwischen zwei Falknern aufstehenden Hasen geworfen werden und es vielleicht zu einem Unfall kommt.
Die Absprache untereinander und Disziplin sind vor allem bei gemischten Beizvogelgruppen unerlässlich, damit vermieden wird, dass z. B. ein Habicht vom Adler geschlagen wird. Im Revier gehen Falkner mit ihren Beizvögeln in einer Streife über die Felder, bis ein Hase hochgemacht wird und ein Beizadler mit dem Ruf „Adler frei" geworfen wird. Wird der Hase geschlagen, begibt sich der Falkner zügig

Beizvogelappell vor der Jagd in einer großen Adlergruppe. Fast alle Vögel sind verhaubt.

zu seinem Adler und fängt den Hasen, sollte dieser noch nicht verendet sein, weidgerecht ab. Sobald der Adler spürt, dass der Hase sein Leben verwirkt hat, löst sich seine Anspannung und er beginnt, am Balg zu rupfen. Möglich ist es, einen Vorderlauf des Hasen aufzuschärfen und den Adler als Belohnung einige Bissen atzen zu lassen. Dann wird ein Stück Atzung aus der Falknertasche genommen und auf dem Falknerhandschuh angeboten, der geschlagene Hase behutsam mit der Falknertasche abgedeckt. Der Vogel konzentriert sich auf die Belohnung am Handschuh und steigt bereitwillig über.

Ist der Adler auf die Faust übergetreten und hat das angebotene Fleisch gekröpft, wird er verhaubt und der Hase nach dem Ausdrücken der Blase im Jagdrucksack verstaut.

Hat der Beizadler einen Fehlflug gehabt, lässt der Falkner ihn zur Faust beireiten und sichert die Geschühriemen mit den Worten „Adler fest".

Bei etwas größeren Beizgruppen ist ein Fliegen in einer abgesprochenen Reihenfolge schwer möglich, da der Abstand zum aufstehenden Hasen oft zu groß ist. Deshalb wirft derjenige Falkner, in dessen Nähe der Hase hochgemacht wurde. Notwendig ist dabei eine klare Absprache mit dem Nachbarn, damit in Grenzfällen kein zweiter Adler geworfen wird. Hier erweist sich das Werfen aus der Haube als

Vorteil, denn das Jagdgeschehen ist so wesentlich besser zu kontollieren.

ALTERNATIVE ADLERARTEN

Der *Habichtsadler* wird hauptsächlich zur Beizjagd auf Hase und Kaninchen eingesetzt. Durch seine Schnelligkeit und Wendigkeit ist er der ideale Beizvogel für diese kleineren Wildarten. Für die Jagd auf den Feldhasen ist allerdings der weibliche Vogel dem Terzel vorzuziehen, da Letzterer wegen seines geringeren Gewichts Probleme mit dem sicheren Binden eines ausgewachsenen Hasens haben kann. Terzel eignen sich besser zur Jagd auf Flugwild wie Fasan und auf Kaninchen, da sie mit ihrer Größe die Weiber an Wendigkeit übertreffen.

Zum Abschluss seien noch zwei Adlerarten erwähnt, die für die Beizjagd in unseren Breiten in Frage kommen. Dies sind der *Kronenadler* und der *Kampfadler*. Beide haben in etwa die Größe des Steinadlers und können somit auch auf dasselbe Beizwild eingesetzt werden. Wer sich einen dieser „Exoten" als Beizvogel aufstellen möchte, muss darauf achten, den Adler im Winter bei Frost in einem geschützten Innenraum zu halten, da beide Arten sehr kälteempfindlich sind.

173

HARRIS HAWK

ÜBER DEN HARRIS HAWK

Der Harris Hawk oder Wüstenbussard *(Parabuteo unicinctus)* findet erst seit den 1960er-Jahren in der Falknerei vermehrt Verwendung. Die ersten Berichte über wild gefangene Harris Hawks in der Falknerei stammen aus den USA. Dort wurden sie zu dieser Zeit noch in vielen Zoohandlungen als Haustiere angeboten. Einige dieser Vögel gelangten durch Falkner nach Europa, und bald hörte man Berichte von einem neuen Beizvogel, einem Team-Player, der scheinbar auf natürliche Weise mit dem Falkner und anderen Jagdhelfern zusammenarbeitete.

Heute ist der Harris Hawk, neben Habicht und Wanderfalke, einer der drei meist geflogenen Beizvögel der Welt. Dies verdankt er zum einen seiner sozialen Natur und einer gewissen ökologischen Intelligenz, zum anderen aber vor allem seinem Jagdverhalten und den ihm eigenen Jagdstrategien: Als rudeljagender Greifvogel kann er in Gruppen von zehn oder mehr Individuen jagen. Ähnlich einem Wolfs- oder Wildhundrudel gibt es Alphatiere (Leittiere) und ihnen untergeordnete Beta- und Gammaindividuen. Der Harris Hawk bringt so bereits Eigenschaften mit, die anderen Beizvögeln durch Aufzucht und/oder Abtragen erst beigebracht werden müssen. Außerdem verfügt er durch seine ana-

☞ WELCHER HARRIS HAWK FÜR WELCHES WILD?

BEIZWILD	NORMALE NORD- UND MITTELAMERIKANISCHE UNTERART		KLEINERE SÜDAMERIKANISCHE UNTERART		JAGDART	HUND
	♂	♀	♂	♀		
KANINCHEN	X	X	(X)	(X)	Faust, Freie Folge, T-Perch (Anwarten)	Vorstehhund, Stöberhund
HASEN	X	X			Faust, freie Folge (Anwarten)	Vorstehhund, Stöberhund
FASANE	X	X	(X)*	X	Faust, freie Folge, T-Perch (Anwarten)	Vorstehhund, Stöberhund
REBHÜHNER	X	(X)	X	(X)	Faust, freie Folge, T-Perch (Anwarten)	Vorstehhund, Stöberhund
STOCKENTEN/ WILDENTEN	X	X	(X)	(X)	Faust, freie Folge, T-Perch	Vorstehhund, Stöberhund
RABENKRÄHEN	X	X	X	X	Faust	Kein Hund
ELSTERN	X		X	X	Faust	Kein Hund

(x) = eingeschränkt, je nach individueller Größe des Harris Hawk
* evtl. nur Jungfasane

Juveniler Harris Hawk reitet zur Faust bei.

tomischen Eigenheiten (Flügelform u. a.) und angeborenen Verhaltensweisen über ein großes Repertoire an unterschiedlichen Jagdarten und Flugstilen, womit sich die große Beliebtheit bei Falknern ebenfalls erklären lässt.

AUFZUCHT

Harris Hawks leben in ihren nördlichen Vorkommen in Familienverbänden; sie wachsen in ihnen auf und leben, lernen und jagen in der Regel einige Zeit – von wenigen Wochen bis zu Jahren – in ihren Rudeln.

AUSGEFEILTE KOMMUNIKATION

Um sich in seinem Rudel verständigen zu können, hat der Harris Hawk ein großes Repertoire an Gesten und Lautäußerungen entwickelt. So werden Bedrohungen gemeldet, Unterwürfigkeit oder Dominanz den Artgenossen deutlich signalisiert. Damit ein junger Harris Hawk diese Kommunikation erlernen kann, ist es sinnvoll, ihn mindesten 14 bis 16 Wochen bei den Altvögeln und seinen Geschwistern zu lassen.

Bei gut aufeinander eingespielten Brutpaaren kommt es häufiger vor, dass ein Zweitgelege produziert wird, sobald das Erstgelege aufgezogen und „ausgeflogen" ist und beide Generationen einige Wochen zusammen in einer Voliere leben.

NICHT VOR 14 WOCHEN

Holt man den Jungvogel vor der 14. Lebenswoche ab, besteht die Gefahr des Prägens auf den Menschen, einhergehend mit Sozialisations- oder Rangordnungsproblemen. Werden sie zu spät – erst ab der 18. Woche – aus der Kammer geholt, können sich Harris Hawks zu „Volierenwildfängen" entwickeln. Diese Vögel sind wesentlich schwerer abzutragen und an die vom Menschen geprägte Umwelt zu gewöhnen.

OFFENE VOLIEREN

Bei der Aufzucht von Harris Hawks hat sich eine möglichst offene Voliere als vorteilhaft erwiesen. So werden die Jungvögel aus der Sicherheit ihrer gewohnten Umgebung heraus bereits an Alltagsreize (Menschen, Hunde, Fahrzeuge u. a.) gewöhnt. Bei der Ernährung ist auf qualitativ hochwertige, variierende Atzung zu achten, um körperlichen Defiziten durch Mangelernährung vorzubeugen.

ABHOLEN

Beim Abholen ist vorzugehen, wie bereits für den Jungfalken (s. S. 118) beschrieben. Für Harris Hawks sind allerdings etwas breitere Geschühmanschetten zu verwenden als beim Falken, um den Druck des Geschühs besser auf den gesamten Ständerbereich zu verteilen und so das Risiko von Ständerbrüchen zu reduzieren. Der Jungvogel wird entweder noch in der Voliere oder bereits aufgeschirrt auf einem Sprenkel oder Hochreck beim Züchter auf uns warten. Wird der Jungvogel erst aus der Kammer geholt, hat es sich als sinnvoll erwiesen, den Jungvogel vom Züchter oder einem Dritten aus der Voliere fangen und aufschirren zu lassen, um keinen negativen Eindruck zu hinterlassen. Nach dem Aufschirren wird der Harris Hawk auf die behandschuhte Faust gestellt und zum Transport in der Transportbox untergebracht. Der erste Transport sollte ohne Sitzstange durchgeführt werden. Dazu kann der Boden mit einem Stück Kunstrasen oder Ähnlichem ausgelegt werden, um ein Umherrutschen des Beizvogels während des Transportes zu vermeiden.

STRESSRESISTENT

Junge Harris Hawks sind, fast unabhängig von der Art der Aufzucht, recht stressresistent und an ihrer Umgebung interessiert. Deshalb ist es, von Ausnahmefällen abgesehen, einfach, den neuen Beizvogel während einer Pause auf der Fahrt nach Hause aus seiner Transportbox zu nehmen, um die Box zu säubern, damit der Vogel sich nicht sein Gefieder verunreinigt. So wird der junge Harris schon auf der Fahrt nach Hause Stück für Stück an die anthropogen veränderte Umwelt gewöhnt.

UNTERBRINGUNG

Zuhause wird der Jungvogel über Nacht oder in Zeiten, in denen wir ihn nicht händeln können, entweder in einem möglichst hellen Raum oder in seiner Anlage, immer jedoch mit Sichtmöglichkeit nach draußen, auf das Leben im Haus oder auf der Straße, aufgestellt. Dabei kann er sowohl auf einem Sprenkel, als auch einer anderen tauglichen Sitzgelegenheit untergebracht werden.

Wichtig ist, dass der Vogel nur langsam an seine neue Umgebung herangeführt wird. Eine Überforderung des Jungvogels durch ein „Zuviel" an Umweltreizen ist auf jeden Fall zu vermeiden.

Es hat sich bewährt, dem Harris Hawk eine kleine Rückzugsmöglichkeit im Freien, in der Voliere oder der umhausten Flugdrahtanlage anzubieten. Meist wird er diese Möglichkeit nicht nur zum Ausruhen nutzen, sondern auch, um Schutz vor starkem Wind oder Regen zu suchen. Da junge Harris Hawks gern erhöht sitzen, kann der Jungvogel auch an eine Hohe Reck, eine Rundreck oder einen drehbaren High-Perch (s. Foto S. 47 o. r.) gewöhnt werden. Dabei ist seine Beaufsichtigung notwendig, um sicherzustellen, dass der Vogel das Wiederaufschwingen beherrscht und sich nicht mit seinem Geschühriemen/ seiner Langfessel verhängt oder fesselt. In der Regel können sich Greifvögel wieder aufschwingen. Schwingt sich ein Harris Hawk trotzdem einmal nicht auf, ist vorzugehen, wie in Kapitel „Abtragen und Beizjagd mit Vögeln vom Hohen Flug" (S. 116) beschrie-

„STILLES ÖRTCHEN"

Einzelne junge Harris Hawks reagieren auf das Aufschirren aggressiv, protestieren lauthals oder lassen sich von der Faust fallen. In solchen Fällen wird eine Fahrtpause nicht gerade dort eingelegt, wo viele Menschen sind und Trubel herrscht. Meistens gibt sich das Verhalten nach wenigen Minuten, sodass man bei der nächsten Pause bereits eine belebtere Umgebung wählen kann.

Adulter Harris Hawk entspannt auf der Rund-
reck sitzend

Harris Hawk in umhauster Flugdrahtanlage mit Eingangs-
schleuse links (weißer Kasten)

ben, und die stressverursachende Situation
abzustellen. Bei allen Unterbringungsarten
muss der Jungvogel so aufgestellt werden, dass
er sich die Federspitzen nicht an Gegenständen in seiner Reichweite verbinzen kann.

AM TAG UND IN DER NACHT

Über Nacht wird der Jungharris entweder in
seiner eingehausten Flugdrahtanlage, auf
einem Sprenkel an seiner Spitzhütte gehalten
oder zur Übernachtung in eine Schlafbox
(ähnlich einer Transportbox), auf eine Hohe
Reck (s. S. 74 o.) oder einem Loop-Perch
(s. Foto S. 47 o. r.) gebracht. Wichtig ist, dass
er die Art der Unterbringung bereits am Tage
kennengelernt hat, damit er auch im Dunklen
angebunden sicher stehen bleiben kann.

ZUGFREI UND TROCKEN

Der Wüstenbussard lebt in den USA über Mit-
telamerika bis ins südliche Südamerika. Dort
ist er nur selten in Habitaten mit Temperaturen unter minus fünf bis minus zehn Grad
Celsius anzutreffen oder feuchtkalter Witterung ausgesetzt. Dementsprechend hat er
weniger Untergefieder als der Habicht. Aus
diesem Grund sind bei niedrigen Wintertem-
peraturen oder feuchtkalter Witterung zugige
Standorte bei der Unterbringung zu vermeiden.

RISIKIO KNOCHENBRÜCHE

Wird der junge Harris Hawk zum ersten Mal aufgeschirrt und alleine gelassen, darf keine Möglichkeit
des Verlegens, Durchschlagens oder Verknotens des
Geschühs oder der Langfessel und kein Festhängen
infolge Durchrutschens auf einem Block möglich
sein. Da die Knochen, insbesondere die der Ständer
(hier Unterschenkelknochen und Laufbein) noch
nicht vollständig ausgehärtet sind, kommt es bei
einer Panikreaktion sonst schnell zu Beinbrüchen.

Zudem weisen die Schwungfedern eine
höhere Flexibilität und geringere Sprödigkeit
auf und sind nässeanfälliger, was einen guten
Witterungsschutz in der Voliere und an der
Flugdrahtanlage erfordert. Feuchtkalte, teils
zusätzlich windige Witterung begünstigt die
Entstehung von Flügelspitzenödemen (Wing-
tip Edema), da nach solchen Witterungsperi-
oden vermehrt Fälle auftreten. Deshalb ist
darauf zu achten, dass man nur trockene Harris Hawks in Umgebungstemperaturen unterhalb von 5°C abstellt. Unterhalb des Gefrier-
punktes sollte möglichst ein frostfreies
Nachtquartier angeboten werden. Ausreichende Bewegung bei kalten Temperaturen
ist ratsam.

ABTRAGEN

Bereits in den ersten Tagen sollte damit begonnen werden, den Jungvogel immer nach dem gleichen Ritual zu wiegen, um sicherzustellen, dass der Vogel nicht unkontrolliert Gewicht verliert oder zunimmt.

ATZUNG SO SPARSAM WIE MÖGLICH

Harris Hawks nehmen normalerweise in den ersten Tagen schon Atzung auf der Faust an, was allzu schnell dazu verleitet, ihn wie viele andere Beizvogelarten damit abzulenken. Das ist nicht sinnvoll. Dadurch wird eine Verbindung „Falkner gleich Atzung auf der Faust", also Falkner-Atzung-Assoziation gefördert, die fast nicht mehr rückgängig zu machen ist. Diese Falkner-Atzung-Assoziation erhöht zum einen die Gefahr, den Beizvogel zum Lahner heranzuziehen oder einen sexuell auf den Menschen fixierten Beizvogel zu erschaffen. Zum anderen läuft man Gefahr, einen faustfixierten Beizvogel zu erhalten, der später aggressiv in den Handschuh einschlägt, sich dem Falkner gegenüber aggressiv verhält und in der Faust festkrallt, was spätere Jagdflüge erschwert.

Daher ist es ratsam, den Beizvogel so viel Zeit wie möglich *ohne* Atzung auf der Faust verbringen zu lassen. Das oben erwähnte ruhige Wesen des Harris Hawks bedarf keiner Ablenkfütterung. Während des Abtrageprozesses wird er lediglich beim Übertreten, den ersten Flügen an der Lockschnur oder den ersten Trainingsflügen mit Atzung zur Faust, zur Beuteattrappe oder zum geschleppten Stück Wild gelockt.

GEWÖHNUNG AN UMWELTREIZE

Hat der Harris Hawk einmal verstanden, dass vom Falkner keine Gefahr droht, und beherrscht er das „Wiederaufschwingen" auf die Faust, kann man ihn an alle notwenigen Umweltreize gewöhnen. Dieses Abtragen gestaltet sich, verglichen mit Habicht und Wanderfalke jedoch ganz anders:

Der junge, noch unerfahrene Harris wird in seinen ersten Tagen in Falknerhand an so viele neue Umweltreize wie möglich gewöhnt. Dabei sollte man sowohl die Intensität als auch die Zeitdauer der Gewöhnung langsam und sukzessive steigern, um den Jungvogel nicht zu überfordern.

Auch hierbei ist ein immer gleiches Ritual sinnvoll: Vogel aufnehmen – eventuell verhauben – wiegen.

Anschließend beginnt die weitere Arbeit mit dem Vogel. Dabei gibt es zwei mögliche Varianten. Entweder wird der Jungvogel möglichst viel getragen und an möglichst viele Umweltreize gewöhnt, oder er wird bis zu drei Mal am Tag über ein bis zwei Stunden getragen, um ihn sukzessive an den Falkner und seine Umwelt zu gewöhnen.

Der gesamte Gewöhnungsprozess findet ohne Atzung statt. Zu beachten ist dabei unbedingt, dass der Jungvogel nicht überfordert wird und eine positive Verknüpfung zur Faust hergestellt wird, damit der Vogel gerne auf die Faust übertritt.

GEWÖHNUNG AN HUNDE

Der Jungharris gewöhnt sich schnell an diverse Umweltreize, lediglich Hunde und Nachtgreife scheinen einen genetisch vererbten Angstreiz auszulösen. Ist beabsichtigt, die Beizjagd mit einem Vogelhund auszuüben, muss der Harris Hawk bereits früh an Hunde gewöhnt werden. Dies geschieht, indem er

---

WIEGEN ALS RITUAL

Die Unterbringung des Harris Hawks in einer Schlafbox oder in einem anderen Nachtquartier als der Tagesvoliere ermöglicht neben einer effektiven Gesundheitskontrolle des Beizvogels auch die Etablierung des Wiegerituals, um schnellstmöglich auf Veränderungen reagieren zu können.

Harris Hawk mit Vorstehhund

Hunde zuerst nur aus der Ferne und für kurze Zeit sieht und allmählich die Entfernung verringert und die Zeitdauer solcher Begegnungen verlängert wird.

Es muss gewährleistet sein, dass der fragliche Hund vogelrein ist und den abspringenden Harris Hawk nicht angreift. Deshalb wird zu Beginn der angebundene Harris Hawk niemals unbeaufsichtigt im Einflussbereich eines Hundes stehen gelassen! Das schnelle Heranlaufen von Hunden, deren Hochspringen und generell ein plötzliches Auftreten neuer Situationen sind zu unterbinden.

IN DER ARBEITSFREIEN ZEIT

Wird mit dem Vogel nicht gearbeitet, ist er auf seinem Sprenkel, seiner Säulen- oder normalen Reck untergebracht, wo er alle täglichen Abläufe in Garten oder Haus sowie familiäre Geschehnisse beobachten kann. Während der Abtragphase ist ein erhöhter Sitzplatz zu bevorzugen, damit der Jungvogel alles aus sicherer Entfernung sukzessive kennenlernt.

ÜBERTRETEN UND EINFLIEGEN

Hat sich der junge Harris Hawk an einige Umweltreize gewöhnt, wird ihm Atzung auf der Faust angeboten. Zu Beginn wird er die Atzung nur dann annehmen, wenn er vom Falkner nicht direkt angeschaut wird und/oder höher als der Kopf des Falkners steht. Dieses Verhalten ändert sich mit zunehmender Häufigkeit des Atzens auf der Faust. Eine leichte Gewichtsreduktion vereinfacht die Atzungsannahme auf der Faust wesentlich. Nimmt der junge Harris Hawk die Atzung ohne Zögern an, muss er lernen, von seinen Aufsitzmöglichkeiten auf die Faust überzutreten. Dazu wird dem aufgeblockten Harris die mit Atzung bestückte Faust so vor die Brust gehalten, dass er auf die Faust übertreten muss, um die Atzung zu erhalten. Manche Harris Hawks zögern, diesen Schritt zu tun. Sie kann man mit einem kleinen Atzungsstück (Tidbit) neugierig machen, das direkt vor den Schnabel gehalten wird. Manchmal versucht der Harris Hawk auch, die Atzung ohne Übertreten von der Faust zu nehmen. In diesem Fall geht man vor, wie auf Seite 121 beschrieben. Diese Übung wird ein paar Mal wiederholt, wobei die Tagesration Atzung anteilmäßig auf die Übungen zu verteilen ist.

Um es noch einmal zu betonen: Auch jetzt muss weiterhin viel Zeit *ohne* Atzung mit dem Harris Hawk verbracht werden, um das Risiko einer Falkner-Atzung-Assoziation und der damit verbundenen vielfältigen Schwierigkeiten zu umgehen.

Juveniler Harris Hawk mit Kaninchen-Dummy

KONDITIONIERUNG IST SPEZIELL

Harris Hawks besiedeln aride (lat.: trockene, dürre), semiaride und subtropische Klimazonen der Neuen Welt. Daher haben sie analog zu zirkumpolar vorkommenden Tieren der kalten Klimazonen eine Art „Shut-Down-Mechanismus" des Stoffwechsels entwickelt. Diese Verlangsamung der Stoffwechselreaktionen erschwert dem Falkner die Konditionierung des Harris Hawks. Fährt er nämlich seinen Stoffwechsel herunter, braucht ein Harris Hawk wesentlich weniger Atzung und hält trotzdem sein Gewicht.

In den nächsten Tagen wird die Entfernung zwischen Harris Hawk und Falkner schrittweise von wenigen Zentimetern zuerst bis auf Langfessellänge und dann auf Lockschnurlänge (ca. 15 bis 30 m) gesteigert. Dabei sollte die Lockschnur nicht an einem starren Punkt befestigt sein, sondern besser an Falknertasche, Weste oder anderen Gegenständen, die den Beizvogel durch ihr Gewicht langsam und nicht abrupt herunterbremsen. Kommt nun der Jungvogel, ohne zu zögern, an der Lockschnur zum Falkner geflogen, ist es Zeit für weitere Übungen.

BEUTEATTRAPPE

Akzeptiert der Jungvogel die Faust ohne zu zögern, wird er, parallel zum weiteren Abtragen, mit einer Beuteattrappe bekannt gemacht. Je nach späterem Einsatzzweck des Beizvogels kann dies entweder ein Federspiel, ein Kaninchen-Dummy oder ein Stück Schleppwild sein. Die Beuteattrappe wird sowohl zum Einholen, zum Trainieren als auch zum Einjagen des Beizvogels verwendet. Dazu wird sie dem Beizvogel, für ihn erreichbar, in Verbindung mit Atzung in seiner gewohnten Umgebung ausgelegt. Die Atzung sollte so angebracht sein, dass sie von beiden Seiten sichtbar ist. Springt der Harris Hawk auf die Attrappe, schlägt er sie quasi und wird durch die befestigte Atzung belohnt.

Zu Beginn lässt man die Attrappe ruhig liegen, um den Jungvogel nicht abzuschrecken. Akzeptiert sie der Harris als Beute und Futterquelle, kann man die Entfernung zwischen Vogel und Attrappe allmählich steigern und das „Erjagen" schwerer gestalten. So wird die Schwierigkeit der Jagdflüge auf die Attrappe erhöht, von der Flugdrahtanlage über die Lockschnur bis später zum Freiflug im Revier.

Zum Schluss werden Jagdflüge simuliert, bei denen die Attrappe, nachdem der Harris sie geschlagen hat, noch etwas „zappelt" und dem Jungvogel ein möglichst realitätsnahes Jagderlebnis bietet.

Um den Trainingseffekt für den Beizvogel zu erhöhen, kann man die Attrappe auch von einer Hilfsperson in einiger Entfernung ziehen lassen, anfangs auf der flachen Wiese, später bergauf, gegen den Wind, zwischen Bäumen und Sträuchern.

ERSTER FREIFLUG

Um einen Harris Hawk frei zu fliegen, ist, verglichen mit Habicht und/oder Wanderfalke, in der Regel ein geringerer Aufwand notwendig. Aufgrund seines sozialen Wesens bindet sich der Harris Hawk recht schnell an sein neues Rudel. Dadurch ist es möglich, Harris Hawks in im Vergleich zum Mausergewicht höheren Gewichten frei zu fliegen. Ein Harris der jedoch so hoch geflogen wird, wird selten ernsthaft anjagen. Anders als bei

FRETTCHENEINSATZ
Harris Hawks verstehen sehr schnell die Aufgabe eines Frettchens als Jagdhelfer bei der Kaninchenjagd. Dennoch sollte man gerade zu Beginn darauf achten, den Jungvogel nur von der Faust starten zu lassen, wenn klar und deutlich ein vom Bau weglaufendes Kaninchen als beizbar angesprochen wurde.

Habicht oder Wanderfalke ist es beim Harris Hawk recht schwierig, das richtige Jagdgewicht zu finden. Verringert man das Fluggewicht zu sehr, verringert das die Arbeitsbereitschaft des Vogels: Er wird versuchen, so wenig Energie wie möglich zu verbrauchen. Häufig erfolgt der erste Freiflug im Spätsommer und damit in einer Zeit, in der die Deckung noch dicht und die Bäume voll belaubt sind. Eine gut hörbare Bell sowie eine funktionierende Telemetrie sind aus diesem Grund unabdingbar.

Nachdem der Jungvogel zuvor bereits an der Lockschnur zur Faust und auf die Beute-

hoch — Vogel ist zu hoch, Appell fast nicht vorhanden, Zusammenarbeit fast nur aus „Goodwill".

Vogel arbeitet zunehmend besser mit. Appell verbessert sich, kraftvoller Flug, drückt das Wild vor sich her, spielerische Scheinattacken.

Gewicht des Beizvogels — Vogel hat einen sehr guten Appell, jagt sofort an, hat eine gute Ausdauer, Flüge sind effektiv.

Vogel arbeitet zunehmend schlechter mit, der Appell ist gut, Vogel vermeidet anstrengendere Flüge, bricht Jagdflüge schnell ab, läuft viel.

tief — Vogel ist verzweifelt, stellt die Zusammenarbeit fast ein, läuft sehr viel, jagt nicht mehr. Achtung: Unterkondition unbedingt vermeiden!

Harris Hawk jagt im urbanen Umfeld (Freibad).

Eine Kompanie Harris Hawks hat ein Kaninchen geschlagen.

attrappe geflogen worden ist, erfolgt der erste Freiflug in einem möglichst ruhigen Gelände mit einigen kleineren Bäumen. Idealerweise kennt der Harris Hawk das Gelände von den Appellflügen vom Sprenkel zur Faust und wird deshalb kaum einen Unterschied machen, wenn der Appellflug ohne Lockschnur stattfindet.

Zur Erhöhung des Schwierigkeitsgrades und zur Vorbereitung auf spätere Jagdflüge können die kleineren Bäume in das Flugtraining miteingebunden werden, wo man feststellen wird, dass Jungvögel eine starke Landungsunsicherheit haben. Appellflüge aus Bäumen mit wechselnden Höhen und sich vergrößernden Abständen zwischen Falkner und Beizvogel festigen das Vertrauen und stärken die Flugmuskulatur des Jungharris.

Harris Hawks, die nicht oder nur unzureichend an Hunde gewöhnt worden sind, stellen ihre Mitarbeit bei Anwesenheit eines Hundes im Revier gerne so lange ein, bis der jeweilige Hund aus ihrer Komfortzone verschwunden ist.

In den nächsten Tagen sollte der Jungvogel so viel wie möglich geflogen werden. Je fitter der Jungvogel wird, je mehr Flugpraxis er be-

kommt, je öfter er erfolgreich die Beuteattrappe oder eine Kaninchenschleppe anjagt, schlägt und belohnt wird, desto größer wird sein Selbstbewusstsein. Dieses zu stärken und das Vertrauen in Falkner und Jagdhelfer wie den Hund oder das Frettchen aufzubauen, ist nun die primäre Aufgabe des Falkners.

Mit der Steigerung seiner Fitness und seines Gewichtes wird der Harris Hawk bei passendem Jagdgewicht von sich aus zu jagen anfangen. Nun ist es am Falkner, für eine gute Gelegenheit zu einem Jagdflug auf ein Kaninchen, oder eine andere gewählte Wildart, zu sorgen. Die Praxis zeigt, dass einige Harris Hawks bevorzugt in höherem Gras bzw. in dichterer Vegetation anjagen, andere ein möglichst hindernisfreies Gelände bevorzugen. Herauszufinden, welches Gelände der Jungharris lieber mag, ist Aufgabe des Falkners. Ob die erste Beute jetzt über dem vorstehenden Hund, aus dem Auto heraus oder über dem eingeschlieften Frettchen angejagt wird, ist abhängig von Wildart und Intention des Falkners.

Schlägt der junge Harris Hawk seine erste Beute, ist er ausreichend darauf zu belohnen und aufzuatzen, um das gewünschte Verhalten maximal zu verstärken. Zu Beginn sollte

Falkner mit Harris Hawk und Frettchen als Jagdhelfer

man dem Vogel möglichst keinen gespannten Kropf geben, da der junge Harris Hawk diesen langsam verdauen würde, was zu einem Anstieg an unerwünschten Mikroorganismen führen kann.

Manchmal ist es einfacher, ein Kaninchen aus der freien Folge heraus zu schlagen. Bei dieser Jagdart begleitet der Harris Hawk seinen Falkner und ggf. seinen Vogelhund frei fliegend. Das erhöht die Chance, Wild zu finden, enorm, denn der Vogel sieht aus der Höhe wesentlich mehr als auf der Faust und kann dem Falkner z. B. durch ein starkes, wiederholtes Schütteln des Stoßes gesichtetes Wild anzeigen. Der Falkner wird dann, mit Vogelhund oder ohne, gezielt in Richtung des verwiesenen Wildes gehen, es heben und so dem Harris Hawk zu einem möglichen Jagdflug verhelfen.

VOM TREIBER ZUM JÄGER

Es liegt in der sozialen Natur des Harris Hawks, dass juvenile Vögel im Rudel eher als Treiber fungieren. Der Schritt vom Treiber zum Jäger ist jedoch für den einen einfacher als für den anderen. Die Motivation, selber zu jagen, ist quasi die Essenz aus Wohlbefinden, Kraft, Ausdauer und Ernährungszustand.

Sollte es bei diesem für den Jungharris überaus wichtigen Schritt Probleme geben, ist es ratsam, einen erfahrenen Harris Hawk fliegenden Falkner um Rat zu bitten und sich ggf. längere Zeit von ihm beraten und/oder helfen zu lassen.

JAGDARTEN

Der Harris Hawk ist nicht nur im Hinblick auf mögliche Beutetiere sehr vielseitig, sondern auch in seinen möglichen Jagd- oder Flugarten. Analog zum Habicht kann man den Harris sehr gut von der Faust oder auch aus der freien Folge fliegen, zusätzlich aber auch, ähnlich einem anwartenden Falken, aus dem Anwarten von der T-Perch (s. Foto S. 185) oder aus der Warte im Aufwind am Hang, dem sogenannten „Slope-Soaring". Der Harris Hawk jagt sehr gut alleine. Will man aber die Erfolgsrate weiter steigern, so kann man ihn entweder in Kompanie, in einer Gruppe oder einem Rudel fliegen. Wobei immer im Vorfeld zu klären ist, ob die Beizvögel verträglich und daran gewöhnt sind, gemeinschaftlich zu fliegen.

☞ GEMEINSCHAFTSBEIZE MIT HARRIS HAWKS

KOMPANIE	Zwei Harris Hawks werden gemeinsam geflogen (zwei Terzel, Terzel und Weibchen oder zwei Weibchen).
GRUPPE	Die Gruppe besteht aus mehr als zwei mit anderen Harris verträglichen Harris Hawks aus Elternaufzucht. In der Gruppe fliegen die Harris Hawks gemeinsam, zeigen aber weniger kooperative Verhaltensweisen.
RUDEL	Das Rudel besteht aus mehreren Harris Hawks, die im Rudel leben oder sich so gut kennen, dass sie Jagdarten und -taktiken entwickeln, um möglichst effektiv zu jagen. Die Vögel fliegen und jagen sehr kooperativ.

BEIZWILD

HASENBEIZE

Die Hasenbeize unterscheidet sich von der weiter oben schon näher beschriebenen Kaninchenbeize nicht nur in der Größe des Beutetiers, sondern auch im Ablauf. Hasen bewohnen in der Regel die offene Ackerflur und drücken sich in ihren Sassen. Idealerweise jagt man einen Harris Hawk nicht auf ausgewachsene Hasen, sondern auf Hasen bis zur Größe eines Dreiläufers ein, um es dem Harris zu vereinfachen. Einen Hasen auf dem Acker zu finden, fällt nicht immer leicht. Daher hat es sich als sinnvoll erwiesen, das jeweilige Gelände in einer Streife abzulaufen. Zuvor wird tunlichst eine klare Flugreihenfolge besprochen, an die sich die Falkner auch zu halten haben. Geht ein Hase hoch, wird der Harris Hawk, der an der Reihe ist, fliegen gelassen. Der Vogel wird versuchen, den flinken Hasen einzuholen. Bereits jetzt sollte der Falkner schon die Verfolgung seines Vogels aufnehmen, um ihm im Falle eines Erfolges umgehend helfen zu können. Harris Hawks vertrauen fast immer auf die Hilfestellung des Falkners, weshalb manchmal auch suboptimal gegriffene Hasen so lange gehalten werden, bis dieser eintrifft. Mit den langen Ständern und seinem festen Griff ist der Harris Hawk ein guter Hasenvogel. Aber auch für einen fitten und erfahrenen Harris kann ein Feldhase eine Gefahr für die Gesundheit darstellen.

FASANENBEIZE

Für die Beizjagd auf Fasane ist ein fest vorstehender Jagdhund eine große Erleichterung. Die Jagd kann von der Faust, aus der Freien Folge, dem Anwarten und zuletzt von T-Perches aus erfolgen.

Fasane neigen dazu, vor dem Hund zu laufen und sich zu drücken, besonders, wenn der Harris über ihnen im Baum steht. In dem Fall sind sie schwer zu heben.

Am Boden können sie durchaus sehr wehrhaft sein und werden von unerfahrenen Harris Hawks deshalb manchmal wieder ausgelassen. Solche schon einmal gegriffenen Fasane sind dann kaum noch einmal hochzumachen und flüchten „zu Fuß".

Viele Harris Hawks neigen dazu, Fasane nach dem Einfallen oder in starker Deckung am Boden zu schlagen, selten sieht man ein Binden in der Luft. Am einfachsten sind Fasane an Waldrändern oder Dickungen zu greifen, wenn der Harris durch seinen

UNTERSCHIEDLICHES BEIZWILD

Viele Falkner fliegen ihren Harris Hawk auf unterschiedliches Beizwild ein. Dies ist nicht immer von Vorteil, denn je vielseitiger ein Harris Hawk eingejagt wurde, umso ernsthafter können Ablenkungen in Form anderer Beutetiere die Jagd auf eine bestimmte Wildart erschweren.

Höhenvorteil eine hohe Startgeschwindigkeit in den Jagdflug einbringt.

ENTEN UND BLÄSSHÜHNER

Diese Wasservögel sind für einen Harris Hawk eine reizvolle Beute. Kleine Wasserlöcher, Teiche oder schmale Wassergräben, im Idealfall mit einem guten Baumbewuchs und einem nicht zu großen Schilfgürtel, bieten dabei ideale Voraussetzungen für ihre Beize. Auf großen Wasserflächen hingegen ist ein Heben der Enten oder der Blässhühner fast aussichtslos.

Die vom Harris Hawk angejagten Beutevögel werfen sich zumeist kurz vor dem Zugreifen wieder ins Wasser. Eine Ente oder ein Blässhuhn auf dem Wasser zu schlagen, ist selten erfolgreich. Im Fall der Ente sogar gefährlich für den Harris Hawk. Es ist schon vorgekommen, dass eine auf dem Wasser gegriffene Ente versuchte, mitsamt dem verankerten Harris Hawk abzutauchen. Manchmal sogar mit Erfolg, was für den untergetauchten Vogel sehr gefährlich werden kann.

Eine reale Chance hat der Harris nur, wenn die Enten oder Blässhühner sich am Uferrand, im Schilf, im seichten Wasser drücken oder, wie bereits für andere Beizvögel weiter vorn beschrieben, vom Falkner oder seinem Vogelhund gehoben werden und über das offene Feld wegstreichen. Kann der Harris Hawk dann das Wasserwild aus der Warte oder von einem Baum heraus anjagen, ist das optimal.

KRÄHENBEIZE

Zur Krähenbeize können sowohl der Terzel als auch der weibliche Harris Hawk eingesetzt werden. Zwar hat der Harris Hawk gegenüber dem Habicht eine deutlich größere Griffreichweite, jedoch reicht das nicht immer aus, um die größere Massenträgheit des schwereren Habichtweib gegenüber dem Harris-Hawk-Terzel auszugleichen.

In der Regel wird der bereits beflogene und gut trainierte Harris Hawk an den Beutevogel gewöhnt, indem man ihn eine tote Krähe als Beuteattrappe schlagen lässt und dann mit einem guten Kropf belohnt. Spätestens jetzt wird der Vogel an das Fahren im Auto gewöhnt, zu Beginn verhaubt, dann ohne Haube frei im Auto.

Im nächsten Schritt legt man eine tote Krähe in direkter Nähe zu einem befahrbaren Feldweg offen sichtbar auf den Acker und lässt den Harris bei gemäßigter Fahrtgeschwindigkeit aus dem Beifahrerfenster, später auch dem Schiebedach – ein Mithelfer am Steuer ist also notwendig –, auf die Beute fliegen und belohnt ihn. Dies wiederholt man mit unterschiedlichen Geschwindigkeiten und unterschiedlichen Entfernungen, wobei möglichst die Entfernung zwischen Krähe und Auto sukzessive gesteigert wird.

T-Perch bei der Jagd mit Harris Hawks

Der Harris Hawk hatte Erfolg auf eine Stockente.

TAUBEN BESSER NICHT

Tauben mit einem Harris Hawk zu jagen, kann kontraproduktiv sein. Gerade im urbanen Raum gibt es vermehrt Brieftaubenzüchter. Schlägt ein Harris Hawk eine Brieftaube im Taubenschlag, kann das ein kostspieliges Unterfangen sein und im schlimmsten Fall tödlich enden. Stadttauben wiederum können diverse Krankheiten auf den Harris Hawk übertragen.

Dieses Training kann man durch eine nicht sichtbar aus dem Auto oder aus einer Deckung heraus geworfene tote Krähe ergänzen. Anders als bei der liegenden Krähe bewegen sich die Flügel der geworfenen Krähe durch den Luftstrom. Dadurch ist der Reiz, sie anzujagen, für den Harris Hawk wesentlich größer. Hat der junge Harris die geworfene Krähe geschlagen, kann man ihm durch leichtes Zupfen an der Beute die Illusion geben, eine lebende Krähe geschlagen zu haben, und den Vogel zur Belohnung aufatzen.

Kennt der Harris Hawk das Vorgehen und

ist er in Jagdkondition, sollte für den gewünschten baldigen Jagderfolg eine geeignete Krähe in Fahrbahnnähe ohne Hindernisse gesucht werden, die nicht argwöhnisch bzw. daran gewöhnt ist, aus Kraftfahrzeugen heraus bejagt zu werden.

ELSTERNBEIZE

Die Elsternbeize ist sicherlich wesentlich schwieriger für einen Harris Hawk als die Krähenbeize. Elstern sind extrem wendig und werden daher zumeist mit kleineren Harris-Terzeln gebeizt. Ausschlaggebend für einen Erfolg bei der Beize mit Harris Hawks auf Elstern ist es, den Vogel analog zur Krähenbeize einzufliegen.

Erschwerend kommt allerdings hinzu, dass die Elster häufig nicht auf dem freien Feld, sondern in kleineren Bäumen, Büschen oder Hecken zu finden ist. Der junge Harris Hawk muss also lernen, Elstern im Bewuchs zu schlagen. Dafür hängen wir zu Beginn eine tote Elster in einen lichten Busch in Straßen- oder Wegnähe und steigern die Schwierigkeit durch eine bewegte Elster, die von einem Hilfsfalkner an einer Lockschnur durch ein Gehölz gezogen wird, wobei es für den Harris Hawk so aussehen sollte, als flöge sie.

Jagt der Harris diese Schleppen, von der Faust oder aus dem Auto heraus sofort, zielgerichtet und ohne zu zögern an, kann man versuchen, eine Elster in Wegnähe zu beizen. Elstern sind sehr schlaue Vögel, die jede Deckung annehmen, um ihrem Verfolger zu entkommen. Aus zwei Gründen kann der Harris Hawk dennoch erfolgreich sein: Zum einen hat ein Harris Hawk für seine Größe außerordentlich lange Ständer, was ihn aufgrund der entsprechend großen Reichweite zu einem guten Jäger im Bewuchs macht, zum anderen besitzt er eine erweiterte Objekttransparenz. Das bedeutet, dass er auch den Aufenthaltsort von Beutetieren, die nicht direkt oder durchgängig für ihn sichtbar sind, antizipieren kann.

Das komplette Team in Aktion: Autor Claas Niehues mit Harris Hawk und Magyar Vizsla

ETHIK, TIERSCHUTZ UND WILD-VERSORGUNG

ETHISCHE FRAGEN DER BEIZJAGD

Es gibt unterschiedliche Definitionen für die Begriffe Ethik und Moral. In diesem Kapitel steht Moral für die Auffassung eines Einzelnen oder einer Gruppe von dem, was richtiges Handeln ist, Ethik untersucht und überprüft die unterschiedlichen Auffassungen. Daraus sollte sich eine Handreichung für ein gutes Verhalten des Falkners ableiten lassen.

Unter der mittelalterlichen Herrschaft von Kaiser und Papst gab es nur eine „richtige" Moral. Und auch wer technisch oder naturwissenschaftlich denkt, erwartet, dass es für eine konkrete Frage nur eine oder zumindest nur eine beste Antwort gibt. In weltanschaulichen Fragen ist das in der modernen, freiheitlichen und pluralistischen Welt

anders. Was gut oder was böse ist, wird nun von verschiedenen Menschen ganz unterschiedlich gesehen. Gerade was Jagd und Tierhaltung angeht, gibt es in der heutigen Gesellschaft unvereinbar unterschiedliche Auffassungen, die von völliger Ablehnung bis zu hemmungsloser Befürwortung reichen. Einige der Argumente werden wir in diesem Kapitel ansehen und diskutieren.

LEITLINIEN

RECHTSNORMEN

Gut im Sinne der folgenden Darstellung ist zunächst einmal die genaue Einhaltung der rechtlichen Vorgaben. Wo es keine Vorgaben

Falkner bei der Jagd

RÜCKSICHTSVOLL IST RICHTIG

Neben der grundsätzlichen Verpflichtung zu moralischem Handeln ist stets auch zu bedenken, dass davon das Ansehen der Falknerei in der Öffentlichkeit direkt abhängt. Hunderte gute Auftritte in der Öffentlichkeit können eine schlechte Aktion nicht wettmachen. Man kann es auch so formulieren: Wer rücksichtsvoll handelt, handelt richtig.

gibt, hilft die goldene Regel weiter, die in der populären Kurzform lautet: „Was du nicht willst, das man dir tu, das füg' auch keinem anderen zu." Wenn ich also z. B. nicht will, dass der Nachbar ungefragt in meinem Garten grillt, dann darf ich auch nicht ungefragt in seinem Garten beizen.

GLEICHHEITSPRINZIP

Ein weiterer allgemeiner Grundsatz ist das Gleichheitsprinzip. Wer Gleiches ungleich behandelt, handelt willkürlich. Das aber kann es nicht sein. Wer also akzeptiert, dass auf Bauernhöfen Katzen gehalten werden, um die Mäuseplage im Griff zu behalten, der kann auch nicht dagegen argumentieren, dass mit dem Habicht Kaninchen gebeizt werden, um die Friedhofspflanzen zu schützen, zumal die Kaninchen anschließend verzehrt und verarztet werden.

MORAL UND FALKNEREI

Themengebiete, in denen bei der Beizjagd eine moralische Entscheidung notwendig ist, sind insbesondere das *Verhältnis des Falkners* zum *Natur- und Artenschutz*, zu *fremdem Eigentum*, zu *anderen Falknern* und zur *Öffentlichkeit*. Im Zusammenhang mit dem Thema *Tierschutz* sind über die moralisch/ethische Dimension hinaus noch Aspekte der Biologie und des Rechts zu diskutieren.

TIER-, NATUR- UND ARTENSCHUTZ

Viele Aktivitäten von Falknern dienen direkt dem Tier-, Natur- und Artenschutz. Flaggschiff ist die Zucht und Auswilderung des Wanderfalken, die weltumspannend erfolgreich war und ist. Aber auch für den Erhalt der Beutetiere setzen sich Falkner weltweit ein, ob es sich um Sage Grouse in USA, Houbara im mittleren Osten und Nordafrika oder Rebhühner in Europa handelt.

Eine wichtige Tierschutzaktivität ist die Aufnahme und Rehabilitation von hilfsbedürftigen Wildgreifvögeln. Das allerdings verlangt Spezialkenntnisse, die über das durchschnittliche falknerische Wissen hinausgehen.

Zwar nicht im deutschsprachigen Raum, aber international und vor allem in Asien sind leider für Zwecke der Falknerei auch illegale Naturentnahmen von Greifvögeln immer noch nicht völlig unterbunden. Die International Association for Falconry and Conservation of Birds of Prey (IAF), der internationale Dachverband der nationalen Falknerverbände, arbeitet federführend in einem Projekt zum Schutz des Sakerfalkens, in dem diesen Praktiken entgegengewirkt wird.

FREMDES EIGENTUM

Ein gerütteltes Maß an Jagdpassion gehört zu jedem Falkner dazu. Die Jagdpassion darf aber nicht dazu führen, dass fremde Eigentumsansprüche verletzt werden. Auch wenn der Kaninchenbau im Garten des mutmaßlich abwesenden Hausbesitzers noch so verführerisch aussieht, ist fremdes Eigentum zu respektieren. Das gilt natürlich genauso für fremdes Jagdausübungsrecht, das ja auch ein Eigentumsrecht ist.

ANDERE FALKNER

Beuteneid und Gruppenegoismen sind grundlegende Eigenschaften des Menschen. Der Mensch besitzt aber die Fähigkeit, gegen diese in seiner Natur angelegte Antriebe erfolgreich anzugehen. Vor allem in der Öffentlichkeit ausgetragene Konflikte sind unwürdig

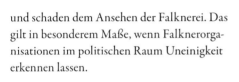

Verhaubter Wanderfalke mit gebeiztem Rebhuhn

Falknerei-Vorführung anlässlich der UNESCO-Anerkennungsfeier des DFO im Juni 2017 mit historischen Originalkostümen

und schaden dem Ansehen der Falknerei. Das gilt in besonderem Maße, wenn Falknerorganisationen im politischen Raum Uneinigkeit erkennen lassen.

ÖFFENTLICHKEIT

Wer als Falkner erkennbar in der Öffentlichkeit auftritt, steht automatisch im Mittelpunkt des Interesses. Das gilt ganz besonders, wenn der Falkner auch noch einen lebenden Vogel auf der Faust hat.

Meistens ist die Reaktion der unbefangenen Menschen positiv. Durch geduldiges Eingehen auf die unvermeidliche Frage, ob der denn wiederkomme, kann viel für ein positives Bild der Falknerei in der Gesellschaft getan werden. Überheblichkeit oder Unfreundlichkeit schaden dem Image. Zwar selten, aber dann meist heftig vorgebrachte Beschimpfungen dagegen kann man durch Diskussionen im Feld meist nicht aus der Welt schaffen. Hier hilft nur der Rückzug, bei wiederholten Angriffen durch immer die gleichen Personen die Polizei. Kleidung und Gehabe unterliegen Moden

und dem persönlichen Geschmack. Pseudomittelalterliches Outfit und hochherrschaftliches Auftreten wirken auf viele Menschen unangemessen und peinlich. Außerhalb organisierter Großveranstaltungen – etwa der Landshuter Fürstenhochzeit – schaden sie dem Ansehen der Falknerei.

MEDIEN

Der Umgang mit den Medien muss wohl überlegt erfolgen. Die meisten Medienvertreter stehen der Falknerei durchaus positiv gegenüber. Allerdings gibt es auch Journalisten, die nach dem Motto handeln: „Nur eine schlechte Nachricht ist eine gute Nachricht." Leider sind auch manche Falkner nicht vor dem Versuch gefeit, durch prahlerische Medienberichte, insbesondere auch in den Social Media, ihr Ego zu streicheln. Diese Aktionen können leicht zu Schäden für die Falknerei führen.

TIERSCHUTZ

Tierschutz steht auf drei Säulen, dem Tierschutzrecht, der Tierschutzbiologie und der Tierschutzethik. Von diesen ist die Tierschutzethik am schwierigsten zu behandeln, da es – wie schon ausgeführt – sehr unterschiedliche moralische Vorstellungen darüber gibt, welche Pflichten und Rechte Menschen im Umgang mit Tieren bzw. welche Rechte die Tiere selbst haben.

KONZEPTE

MORALISCH/ETHISCHE BEGRÜNDUNGEN

Es gibt sehr unterschiedliche Begründungen für Tierschutz, insbesondere für die Intensität des Tierschutzes, von der Anthropozentrik Immanuel Kants über die Pathozentrik Jeremy Benthams bis zur Biozentrik Albert Schweitzers. Dem deutschen Tierschutzrecht liegt die hierarchische Pathozentrik zugrunde. Eine ausführlichere Darstellung findet sich im Kasten.

BIOLOGISCHE KRITERIEN

Zur Beurteilung von Tierhaltungen zieht das deutsche Tierschutzgesetz – vernünftigerweise – moralisch relevante biologische Kriterien heran, nämlich die Vermeidung von Schmerzen, Leiden oder Schäden. Allerdings darf das tierliche Wohlbefinden eingeschränkt werden, wenn ein vernünftiger Grund vorliegt. Die beiden schweizerischen Ethologen Beat Tschanz und Markus Stauffacher beschreiben das Gelingen einer tierschutzkonformen Tierhaltung.

Nach Tschanz sind Verhältnisse als tiergerecht einzustufen, unter denen *„das Tier erhält, was es zum Gelingen von Selbstaufbau und Selbsterhaltung benötigt, und ihm die Bedarfsdeckung und die Vermeidung von Schäden durch die Möglichkeit adäquaten Verhaltens gelingen“*. Schäden in diesem Sinne sind nicht nur äußere Verletzungen, sondern auch Verhaltensstörungen und Störungen in der Funktion des Körpers, etwa durch Stresshormone hervorgerufene Krankheiten. Stauffacher definiert: *„Eine Haltung ist dann tiergerecht, wenn sie die Anpassungsfähigkeit der Individuen nicht überfordert; überforderte Anpassungsfähigkeit äußert sich in Störungen des Verhaltens, in chronischem Stress, in morphologischen Schäden und in chronischen somatischen Dysfunktionen.“* Morphologische Schäden wären z. B. Verletzungen der Wachshaut des Vogels oder Schäden am Gefieder infolge des Anfliegens an ungünstige Volierenabtrennungen. Tierschutzrelevante Verhaltensstörungen sind bei Greifvögeln bisher nicht beschrieben.

Zusätzlich zur Vermeidung der negativen Empfindungen soll nach aktueller Diskussion den Tieren auch positives Erleben ermöglicht werden. Visualisiert wird das im Drei-Kreise-Modell.

Die im Drei-Kreise-Modell geforderten positiven Empfindungen zu diagnostizieren, stellt allerdings eine große wissenschaftliche Herausforderung dar. Unbestreitbar ist, dass manche Verhaltensweisen nur dann gezeigt werden, wenn der Vogel sich in einer entspannten Situation befindet. Darunter fällt das Komfortverhalten, also z. B. die Gefiederpflege sowie das Wasser- und/oder Sandbaden. Auch durch Beobachtung des Ausdrucksverhaltens kann man erkennen, ob sich ein Vogel wohl fühlt. Für Falkner ist die intu-

ANTHROPOZENTRISMUS

Der Begriff Anthropozentrismus leitet sich vom altgriechischen ἄνθρωπος (anthropos oder der Mensch) ab, und bedeutet dass der Mensch sich selbst in den Mittelpunkt stellt. Er wird in mindestens drei verschiedenen Sinnzusammenhängen gebraucht.

Nach Immanuel Kant ist Tierschutz nur im Interesse des Menschen notwendig, da er den Menschen vor Verrohung bewahrt. Man kann diese Variante den spezies-egoistischen Anthropozentrismus nennen.

Der moralische Anthropozentrismus ordnet nur Menschen einen passiven moralischen Status zu. Ausschließlich Menschen seien Objekte der Moral, nur gegenüber Menschen könne man unmoralisch handeln.

Der erkenntnistheoretische Anthropozentrismus betont, dass nur Menschen sich über Moral, damit auch über den moralischen Status der Tiere, Gedanken machen können. Ausschließlich Menschen seien Subjekte der Moral, d.h. nur sie hätten aktiven moralischen Status.

Argumentationsmöglichkeiten
Denjenigen Menschen die anthropozentrisch oder hierarchisch pathozentrisch denkt und damit das Leiden oder das Leben jedes Tieres so schützen will wie das Leiden oder Leben der Mitmenschen, wird dagegen derartigen Argumenten gegenüber nicht aufgeschlossen sein. Diese Moral ist zudem zutiefst menschenverachtend wie ein Gedankenexperiment des Philosophen Ernst Tugendhat zeigt. Demnach müsste jemand der keinen Unterschied zwischen „Menschen und anderen Tieren" macht, in einer ausweglosen Verkehrssituation, in der nur die Wahl besteht einen Menschen oder ein Schaf tot zu fahren, zu 50 % den Menschen wählen.
Diese Position wird auch als Tierrechtsposition bezeichnet

Gegen die Position, dass nur Menschen über Moral nachdenken können, gibt es wohl keine vernünftigen Argumente. Nur Menschen als Objekte der Moral zu sehen ist unsinnig. Es können doch auch andere Entitäten Objekte der Moral sein, sogar unbelebte oder „virtuelle". Es wäre ja auch unmoralisch die Mona Lisa zu zerstören, oder Plagiat zu begehen. Menschlichen Nutzen und menschliches Wohlbefinden als alleinige Begründung für Tierschutz zu wählen, widerspricht sicherlich der Intuition der großen Mehrheit der Bevölkerung. Vielmehr wollen wir die Tiere um ihrer selbst willen schützen. Das Dilemma für Anthropozentriker besteht jedoch darin, dass sie nicht mehr als Begründung aufzuweisen haben, als eben diese Intuition.

PATHOZENTRISMUS

Auch der Begriff pathos stammt aus dem Altgriechischen (πάθος = das Leiden). In der Tierethik werden darunter Schmerzen, Leiden oder Schäden subsummiert. Er wird ebenfalls in drei Varianten verwendet.

Nach deutschem Recht dürfen den Tieren Schmerzen, Leiden und Schäden zugefügt werden, wenn es dafür *einen vernünftigen Grund* gibt. Hier dient das Pathos als das einzige Diagnostikum.

Auch der hierarchische Pathozentrismus tritt dafür ein, das Wohlbefinden und damit die Freiheit von Schäden, Schmerzen und Leiden von Tieren zu berücksichtigen, jedoch nicht im gleichen Maße, wie das gute Leben der Menschen. Das ist die Position des deutschen Tierschutzgesetzes.

Der klassische Pathozentrismus erhielt seine Formulierung durch J. Bentham (* 1748, † 1832): „Die Frage ist nicht: können sie denken? oder können sie sprechen? sondern: können sie leiden?" Benthams Kriterium ist egalitär. Es spielt keine Rolle wer leidet. Damit ist auf das gute Leben von Tieren in gleicher Weise Rücksicht zu nehmen wie auf das von Menschen. In moderner Zeit wird diese Position insbesondere von dem australischen Philosophen Peter Singer popularisiert.

Der egalitäre Pathozentrismus müsste belegen warum dem Pathos die entscheidende Rolle zukommt und nicht weiterreichenden Positionen, etwa dem Interesse am Weiterleben, also dem Biozentrismus. Das gelingt ihm nicht. Außerdem wäre jede Art von Tierhaltung, gar die Jagd obsolet, was der Lebenswirklichkeit der Mehrheit in der Gesellschaft widerspricht.
Der hierarchische Pathozentrismus verstrickt sich in Widersprüche, da er das Gleichheitsprinzip zunächst anerkennt und dann aber außer Kraft setzt. Er bedarf außerdem eines zusätzlichen Mechanismus, der die Grenzen zulässiger Zumutung von Pathos definiert. Das ist im deutschen Tierschutzrecht der *vernünftige Grund*.
Als Diagnostikum führt jedoch kein Weg am Pathos vorbei. Das Pathos ist die einzige zuverlässige Informationsquelle, wenn es um die Einschätzung geht, ob Tiere gut oder schlecht behandelt werden.

Argumentationsmöglichkeiten
Wer egalitär pathozentrisch oder konsequent biozentrisch denkt und damit das Leiden oder das Leben jedes Tieres so schützen will wie das Leiden oder Leben

BIOZENTRISMUS

Der aus dem Altgriechischen stammende Begriff bios (βίος) bedeutet Leben. Albert Schweitzer leitet seine Moral von dem Satz ab: „Ich bin Leben, das leben will, inmitten von Leben, das leben will". Er macht zumindest zunächst keinen moralischen Unterschied zwischen dem Leben von Bakterien, Pflanzen, Tieren und Menschen. Diese Auffassung wird als Biozentrismus bezeichnet.
Nimmt man diese Haltung ernst, so ist sie mit einem Weiterleben des menschlichen Individuums nicht vereinbar, auch eine vegane Mahlzeit enthält pflanzliches Leben. Schweitzer selbst ließ denn auch in der Praxis seines Lebens keinen Zweifel daran, dass er im Konfliktfall dem menschlichen Leben den Vorzug gibt, ja er schoss sogar Greifvögel weil sie die Nester anderer Vögel plünderten.

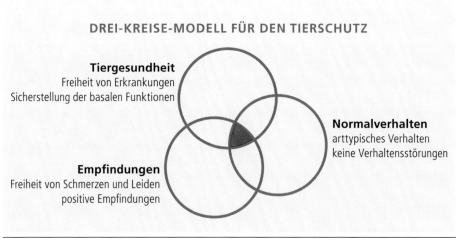

DREI-KREISE-MODELL FÜR DEN TIERSCHUTZ

Tiergesundheit
Freiheit von Erkrankungen
Sicherstellung der basalen Funktionen

Normalverhalten
arttypisches Verhalten
keine Verhaltensstörungen

Empfindungen
Freiheit von Schmerzen und Leiden
positive Empfindungen

Drei-Kreise-Modell (Appelby, Lund und Fraser; Fraser 2008; zit. aus Würbel 2019).

itive Erfassung des Ausdrucksverhaltens essenziell. Frei fliegende Beizvögel haben eine ganz einfache Möglichkeit zu zeigen, wenn sie sich nicht wohl fühlen: Sie können wegfliegen.

DAS KONZEPT DER „FÜNF FREIHEITEN"

In den 1970er-Jahren gab das britische „Farm Animal Welfare Council (FAWC)" für die Beurteilung landwirtschaftlicher Tierhaltungen das Konzept der „Fünf Freiheiten" heraus.

DIE „FÜNF FREIHEITEN" (FAWC)

Die vom FAWC definierten Freiheiten in der heute vor allem im angelsächsischen Sprachraum gebräuchlichen Form sind die Freiheit:

1. von Hunger und Durst durch Zugang zu frischem Wasser und einer Diät, die uneingeschränkte Gesundheit und Vitalität sicher stellt;
2. von haltungsbedingten Beschwerden durch die Bereitstellung von Witterungsschutz und einer komfortablen Ruhemöglichkeit;
3. von Schmerz, Verletzungen und Krankheiten durch Vorbeugung oder rasche Diagnose und Behandlung;
4. von Angst und Dis-Stress durch Bedingungen und Umgang, die mentales Leiden verhindern;

5. zum Ausleben (der meisten) der normalen Verhaltensmuster durch die Bereitstellung von genügend Platz, geeigneten Einrichtungen und der Gesellschaft von Artgenossen.

Mit Ausnahme der Verpflichtung zur Gruppenhaltung, die bei den überwiegend solitär lebenden Greifvögeln unangebracht ist, ja tödlich enden kann, gewähren gute falknerische Haltungen diese Freiheiten. Allerdings enthält das Konzept Forderungen, deren Einhaltung nur durch subjektive Einschätzung beurteilt werden kann, wie mentales Leiden oder haltungsbedingte Beschwerden.

Das Normalverhalten ist auch nicht in jedem Fall tierschutzkonform, gehört doch auch die innerartliche territoriale Aggression dazu. Auch kann und soll nicht mit jedem Beizvogel gezüchtet werden, so wenig wie mit jedem Hund. Nicht zuletzt wären ja nicht genügend Abnehmer da, die eine tierschutzkonforme Haltung gewährleisten könnten.

Insofern stellt das von Tschanz und Staufacher angewandte sogenannte Bedarfsdeckungs- und Schadenvermeidungskonzept das Verfahren dar, das eindeutigere Ergebnisse liefert.

TIERSCHUTZRECHT

Die grundlegende Norm für die Haltung von Tieren, also auch von Beizvögeln, Hunden und Frettchen und ggf. Futtertieren, ist das Tierschutzgesetz. Es regelt aber auch die Frage, ob und, wenn ja, wie gejagt werden darf. Zusätzlich ist darin noch bestimmt, was beim Töten von Tieren – sowohl von Futtertieren als auch von der Beute – zu beachten ist. Relevant sind die Paragrafen 1, 2, 3, 4, 4a, 11, 17 und 18.

§ 1 – GRUNDSATZ

§ 1 stellt den Grundsatz des deutschen Tierschutzrechtes dar: *Zweck dieses Gesetzes ist es, aus der Verantwortung des Menschen für das Tier als Mitgeschöpf dessen Leben und Wohlbefinden zu schützen. Niemand darf einem Tier ohne vernünftigen Grund Schmerzen, Leiden oder Schäden zufügen.*

Zunächst ist hier der grundsätzliche Lebensschutz hervorzuheben, der noch durch die Bestimmung in § 17 unterstrichen wird, die das Töten eines Wirbeltieres ohne vernünftigen Grund als Straftatbestand, also nicht „nur" als Ordnungswidrigkeit, bezeichnet. Dann stellt sich die Frage, was denn ein „vernünftiger Grund" ist. Der derzeit aktuellste Kommentar zum Tierschutzgesetz (Hirt, Maisack, Moritz) verlangt zunächst die Prüfung, ob ein legitimer Zweck verfolgt wird, und dann, ob die Elemente des Grundsatzes der Verhältnismäßigkeit – „Geeignetheit", „Erforderlichkeit" und „Verhältnismäßigkeit im engeren Sinne" – gewahrt sind.

Veranschaulichen wir das am Beispiel der Tötung von Sauen zum Schutze der Feldfrüchte. Vorgeschlagen sei als Methode dafür das Vergiften, was die Verwertung zum menschlichen Verzehr ausschließt.

Der Zweck ist zweifellos *legitim*. Die Methode ist auch *geeignet*. *Erforderlich* dagegen ist sie *nicht* und *verhältnismäßig* ist sie *noch weniger*: Die Sauen könnten ja auch waidgerecht bejagt und das Wildbret anschließend verzehrt werden. Also ist ein vernünftiger Grund zum Töten schon, zum Vergiften der Sauen aber nicht gegeben.

Juvenile Wanderfalken auf der Hohen Reck. Das Putzen in Anwesenheit des Falkners zeugt von Vertrautheit und Wohlbefinden.

Solch eine „Hohe Reck" mit hartem Metall-„Recktuch" ist verletzungsträchtig und damit tierschutzwidrig. Das schadet auch dem öffentlichen Ansehen der Falknerei.

Falkner präsentieren sich mit Beizvögeln auf einer Fachmesse.

§ 2 – TIERHALTERNORM

Der § 2 wird als Tierhalternorm bezeichnet, er gilt für jede Tierhaltung:

Wer ein Tier hält, betreut oder zu betreuen hat,

1. *muss das Tier seiner Art und seinen Bedürfnissen entsprechend angemessen ernähren, pflegen und verhaltensgerecht unterbringen;*
2. *darf die Möglichkeit des Tieres zu artgemäßer Bewegung nicht so einschränken, dass ihm Schmerzen oder vermeidbare Leiden oder Schäden zugefügt werden;*
3. *muss über die für eine angemessene Ernährung, Pflege und verhaltensgerechte Unterbringung des Tieres erforderlichen Kenntnisse und Fähigkeiten verfügen.*

Konkretisiert wird diese Vorschrift für die Haltung von Greifvögeln durch das Gutachten der Sachverständigengruppe über „Mindestanforderungen an die Haltung von Greifvögeln und Eulen" (s. Fußnoten S. 25 u. 71). Darin sind die verschiedenen Arten der Haltung sowie Größe und Beschaffenheit der Volieren für die einzelnen Greifvogelarten näher bestimmt. Obwohl es sich bei dem Gutachten nicht um ein gesetzliches Regelungswerk handelt, besitzt es zwischenzeitlich den Charakter eines solchen und wird von den meisten Entscheidungsträgern bei tierschutzrelevanten Fragen der Greifvogelhaltung herangezogen. Die Anforderungen an die Haltung von Frettchen finden sich im „Säugetiergutachten". Für die Haltung von Hunden gilt die „Tierschutz-Hundeverordnung".

Der Falkner ist also tierschutzrechtlich verpflichtet, seinen Beizvogel, entsprechend der guten falknerischen Praxis, angemessen zu ernähren, zu pflegen und verhaltensgerecht unterzubringen. Das Merkmal der *Angemessenheit* bedeutet in diesem Zusammenhang, dass insbesondere Altersstufe, gesundheitliche und andere individuelle tierspezifische Besonderheiten zu beachten sind. Zur artgemäßen Ernährung des Tieres gehört, dass es den physiologisch bestehenden Nahrungsbedarf und zugleich ethologisch begründeten Verhaltensbedarf befriedigen kann.

Eine *verhaltensgerechte Unterbringung* liegt vor, wenn dem Tier die Ausübung seiner elementaren artgemäßen Verhaltensbedürfnisse ermöglicht wird. Neben einer den Bedürfnis-

Adler auf Feldhasen. Oft tötet der Beizvogel die Beute selbst.

sen des Beizvogels entsprechenden Unterkunft zählen zu Letzteren dessen Flugmöglichkeiten. Eine Einschränkung der artgemäßen Bewegung darf daher nicht zu Schmerzen oder vermeidbaren Leiden oder Schäden führen.

§ 3 – VERBOTE

Verbote sind in § 3 des Tierschutzgesetzes definiert. Acht der 13 Nummern sind für die Beizjagd, die Greifvogelhaltung einschließlich der Auswilderung und Rehabilitation sowie die Hundeausbildung bedeutsam. Diese acht Punkte wollen wir näher beleuchten.

Es ist verboten,

1. einem Tier, außer in Notfällen, Leistungen abzuverlangen, denen es wegen seines Zustandes offensichtlich nicht gewachsen ist oder die offensichtlich seine Kräfte übersteigen.

Dieser Fall könnte eintreten, wenn ein Kurz- oder Rundflügler durch zu tiefe Kondition dazu veranlasst werden soll, Beutetiere zu schlagen – z. B. ein Habichtsterzel einen Hasen –, die er wegen deren Größe eigentlich nicht erbeuten will.

4. ein gezüchtetes oder aufgezogenes Tier einer wild lebenden Art in der freien Natur auszusetzen oder anzusiedeln, das nicht auf die zum Überleben in dem vorgesehenen Lebensraum erforderliche artgemäße Nahrungsaufnahme vorbereitet und an das Klima angepasst ist; die Vorschriften des Jagdrechts und des Naturschutzrechts bleiben unberührt.

Falkner haben das Fachwissen und die Erfahrung, diese Fehler nicht zu begehen. Jedoch werden von zwar wohlmeinenden, aber ahnungslosen Menschen recht häufig junge Greifvögel, meist Turmfalken, aufgezogen und ohne entsprechende Vorbereitung ausgelassen, worauf sie dann verhungern.

5. ein Tier auszubilden oder zu trainieren, sofern damit erhebliche Schmerzen, Leiden oder Schäden für das Tier verbunden sind.

Beim Abtragen von Greifvögeln spielt das keine Rolle, da aversive Methoden nur zu einer Ängstlichkeit gegenüber dem Falkner führen. Bei der Ausbildung von Hunden dagegen kann es zu Missständen kommen.

6. ein Tier zu einer Filmaufnahme, Schau-
stellung, Werbung oder ähnlichen Veran-
staltung heranzuziehen, sofern damit
Schmerzen, Leiden oder Schäden für das
Tier verbunden sind.

Den Verfassern ist kein Fall bekannt, aber
entsprechende Szenarien sind vorstellbar.

7. ein Tier an einem anderen lebenden Tier
auf Schärfe abzurichten oder zu prüfen.

Auch das kann allenfalls die Hundeausbildung betreffen.

8. ein Tier auf ein anderes Tier zu hetzen,
soweit dies nicht die Grundsätze waidge-
rechter Jagdausübung erfordern.

Die Beizjagd ist keine Hetzjagd, da der Beizvogel nicht aktiv aufgefordert wird, ein anderes
Tier (Beizwild) zu verfolgen. Ausgenutzt wird
nur das natürliche Verhalten des Greifvogels,
ohne dass es eines weiteren Anstoßes im Sinne
einer zielgerichteten Aufforderung durch den
Falkner bedarf. Zudem verfolgt der Beizvogel
das Wild nicht unter Ausnutzung seiner körperlichen Überlegenheit dauerhaft bis zu dessen körperlicher Erschöpfung: Sobald das Beutetier in einer Deckung verschwindet, endet
der Jagdflug des Beizvogels. Zuletzt ist der an-
jagende Beizvogel dem Beutetier „artbekannt",
weshalb es mit seinerseits arttypischem Ver-
meidungsverhalten reagiert. Die Beizjagd ist
eine nach § 15 Abs. 3 und 7 BJagdG anerkannte
Form waidgerechter Jagdausübung und damit
tierschutzrechtlich legitim.

9. einem Tier durch Anwendung von Zwang
Futter einzuverleiben, sofern dies nicht aus
gesundheitlichen Gründen erforderlich ist.

Das kann bei der unsachgemäßen Pflege hilfs-
bedürftiger Vögel auftreten.

11. ein Gerät zu verwenden, das durch direkte
Stromeinwirkung das artgemäße Verhal-
ten eines Tieres, insbesondere seine Bewe-
gung, erheblich einschränkt oder es zur
Bewegung zwingt und dem Tier dadurch
nicht unerhebliche Schmerzen, Leiden
oder Schäden zufügt, soweit dies nicht
nach bundes- oder landesrechtlichen Vor-
schriften zulässig ist.

Hierunter fallen Telereizgeräte in der Hundeausbildung.

§ 4 – TÖTEN VON TIEREN

§ 4 behandelt das Töten von Tieren, z. B. anlässlich der Beizjagd.

(1) Ein Wirbeltier darf nur unter wirksamer
Schmerzausschaltung (Betäubung) in einem
Zustand der Wahrnehmungs- und Empfin-
dungslosigkeit oder sonst, soweit nach den gege-
benen Umständen zumutbar, nur unter Ver-
meidung von Schmerzen getötet werden. Ist die
Tötung eines Wirbeltieres ohne Betäubung im
Rahmen waidgerechter Ausübung der Jagd
oder aufgrund anderer Rechtsvorschriften
zulässig [...], so darf die Tötung nur vorgenom-
men werden, wenn hierbei nicht mehr als
unvermeidbare Schmerzen entstehen. Ein
Wirbeltier töten darf nur, wer die dazu not-
wendigen Kenntnisse und Fähigkeiten hat.

Oft tötet der Beizvogel die Beute selbst, bevor
der Falkner zur Stelle ist. Ist das aber nicht
der Fall, so muss sie vom Falkner möglichst
rasch abgefangen werden. Bindende Rechtsvorschriften über das Abfangen gibt es nicht,
jedoch dürfen nicht mehr als *unvermeidbare*
Schmerzen entstehen. Da der Beizvogel nicht
verletzt werden darf und er meist nicht so
schnell von dem Beutetier abgenommen werden kann, wie es zu dessen Schutz nötig ist, ist
eine Betäubung in der Regel nicht durchführ-
bar; falls doch, kann sie durch einen Schlag
mit einem geeigneten Gegenstand auf den
Kopf – nicht auf den Nacken – des Beute-
tieres erfolgen.

Alles Wild kann durch das rasche Entbluten
durch Stich ins Herz oder Durchtrennung der
Blutgefäße im Hals, kurz hinter dem Kopf,
abgefangen werden. Auch der Stich direkt ins
Gehirn mit anschließendem Entbluten ist
möglich.

Kräftige Falkner können Kaninchen durch
Genickbruch (Strecken), bei dem gleichzeitig
ein gedecktes Entbluten durch Zerreißen der
Gefäße im Hals stattfinden muss, sehr rasch
töten.

Flugwild kann durch rasches Abtrennen des Kopfes mit dem Messer, einer geeigneten kurzschenkeligen Schere bzw. einem kräftigen Seitenschneider oder ebenfalls durch Genickbruch getötet werden.

Alles Abfangen ist zunächst an bereits totem Wild ausgiebig zu üben.

§ 4 A – SCHLACHTEN

Dieser Paragraf regelt das Schlachten, hierzu zählt auch das Töten von Futtertieren, für die auch die Vorschriften der Tierschutz-Schlachtverordnung bzw. der Verordnung (EG) Nr. 1099/2009 des Rates vom 24. September 2009 über den Schutz von Tieren zum Zeitpunkt der Tötung zu beachten sind.

(1) Ein warmblütiges Tier darf nur geschlachtet werden, wenn es vor Beginn des Blutentzugs zum Zweck des Schlachtens betäubt worden ist.

Zum Betäuben von Futtertieren ist in der Regel ein stumpfer Schlag auf den Kopf mit einem geeigneten Gegenstand auszuführen.

Das Schlagen des Tieres über eine Kante oder das Werfen auf den Boden sind verboten. Anschließend muss entblutet werden.

§ 11 – ERLAUBNISPFLICHT

Tätigkeiten, die einer Erlaubnis bedürfen, definiert § 11 des TierSchG:

(1) Wer

[...]

3. Tiere in einem Tierheim oder in einer ähnlichen Einrichtung halten,

4. Tiere in einem Zoologischen Garten oder einer anderen Einrichtung, in der Tiere gehalten und zur Schau gestellt werden, halten,

5. Wirbeltiere, die nicht Nutztiere sind, zum Zwecke der Abgabe gegen Entgelt oder eine sonstige Gegenleistung in das Inland verbringen oder einführen oder die Abgabe solcher Tiere, die in das Inland verbracht oder eingeführt werden sollen oder worden sind, gegen Entgelt oder eine sonstige Gegenleistung vermitteln,

[...]

Seeadler in einem „Adlerpark". Wer Tiere gewerbsmäßig zur Schau stellt, bedarf nach § 11 TierSchG einer behördlichen Erlaubnis. Im Publikumsbereich sollten die Vögel nur in Volieren gehalten werden.

7. Tierbörsen zum Zwecke des Tausches oder Verkaufes von Tieren durch Dritte durchführen oder

8. gewerbsmäßig, außer in den Fällen der Nummer 1,

a) Wirbeltiere, außer landwirtschaftliche Nutztiere und Gehegewild, züchten oder halten,

b) mit Wirbeltieren handeln,

d) Tiere zur Schau stellen oder für solche Zwecke zur Verfügung stellen,

e) Wirbeltiere als Schädlinge bekämpfen oder

f) für Dritte Hunde ausbilden oder die Ausbildung der Hunde durch den Tierhalter anleiten will, bedarf der Erlaubnis der zuständigen Behörde. Für das Zurschaustellen von Tieren an wechselnden Orten darf die Erlaubnis nach Satz 1 Nummer 4 oder nach Satz 1 Nummer 8 Buchstabe d nur insoweit erteilt werden, als die Tiere nicht einer Art angehören, deren Zurschaustellen an wechselnden Orten aufgrund einer Rechtsverordnung nach Absatz 4 verboten ist.

Diese Punkte beziehen sich v. a. auf gewerbsmäßige Aktivitäten, jedoch kann auch der private Falkner leicht der Erlaubnispflicht unterliegen, wenn er z. B. mit dem Vogel auf einer Messe wie der „Grünen Woche" auftritt. Nach § 16 TierSchG unterliegen die oben aufgeführten Aktivitäten der Aufsicht durch die zuständige Behörde.

§ 17 – STRAFTATBESTÄNDE

In § 17 definiert das TierSchG Tatbestände, die strafrechtlich verfolgt werden, und das Strafmaß:

Mit Freiheitsstrafe bis zu drei Jahren oder mit Geldstrafe wird bestraft, wer

1. ein Wirbeltier ohne vernünftigen Grund tötet oder

2. einem Wirbeltier

a) aus Rohheit erhebliche Schmerzen oder Leiden oder

b) länger anhaltende oder sich wiederholende erhebliche Schmerzen oder Leiden zufügt.

Das heißt auch, dass das jagdliche Töten immer einen vernünftigen Grund haben muss. Wird das Wildbret verzehrt oder die Beute verazt, so ist ein vernünftiger Grund gegeben. Auch der Schutz der Landwirtschaft vor Schäden, z. B. durch Rabenkrähen, stellt einen vernünftigen Grund dar. Reine Jagdpassion reicht dagegen nicht aus.

Ein Myxomatose-Kaninchen eignet sich nicht als Lebensmittel zum Verzehr durch den Menschen, es muss auch nicht verfüttert werden. Hier ist der vernünftige Grund eher das Erlösen des Wildes von länger anhaltenden Leiden bei vermutlich schlechter Prognose auf Heilung.

§ 18 – ORDNUNGSWIDRIGKEITEN

Im § 18 TierSchG finden sich die Ordnungswidrigkeiten. Hier wird alles Verbotene unter Strafe gestellt, das in § 17 des Gesetzes nicht aufgezählt wird.

WILDBRETHYGIENE

Da unser heimisches Wild nicht in der Lage ist, Fett in der Muskulatur zu speichern, kann Wildfleisch grundsätzlich als fett- aber auch cholesterinarm bezeichnet werden. Es stellt somit nicht nur eine Abwechslung auf dem Speiseplan, sondern ein äußerst hochwertiges Lebensmittel dar.

Aufgrund des stetigen Rückgangs der Niederwildbesätze in Deutschland und der daraus resultierenden geringen Verfügbarkeit sind Fasan, Hase und Rebhuhn als Delikatesse einzustufen und verlangen somit größte Aufmerksamkeit bei der Wildversorgung und Wildbretverarbeitung.

RECHTLICHE GRUNDLAGEN

Neben der hohen ethischen Verpflichtung des Jägers ist derjenige, der Wild in Verkehr bringt, nach der Verordnung (EG) 178/2002 ein Lebensmittelunternehmer und zur Eigenkontrolle verpflichtet. Das bedeutet, dass der Betroffene nur sicheres und einwandfreies Lebensmittel vermarkten darf.

„KUNDIGE PERSON"

Um dies zu gewährleisten, muss der Jäger eine Fortbildung oder über seine Jungjägerausbildung nachweisen können, dass er als „Kundige Person" im Anwendungsbereich der Verordnung (EG) 853/2004 gilt.

Die „Kundige Person" erwirbt dadurch die Befugnis, Großwildkörper (Haarwild) und Kleinwild (Niederwild) sowie alle ausgenommenen Eingeweide auf *bedenkliche Merkmale* hin zu untersuchen.

GROSSWILD

Falls Großwild (Haarwild) an einen *zugelassenen Wildbearbeitungsbetrieb* abgegeben werden soll, muss dies durch eine Bescheinigung über die Befunde der Untersuchung auf bedenkliche Merkmale mit Datum, Zeitpunkt und Ort des Erlegens ausgestellt werden. Die so bescheinigten Stücke dürfen dann ohne Kopf und ohne Organe an den zugelassenen Wildbearbeitungsbetrieb abgegeben werden. Eine Ausnahme stellen *trichinenanfällige Arten* dar, hier muss sowohl der Kopf als auch das Zwerchfell mit beigegeben werden.

KLEINWILD

Wenn Kleinwild (Niederwild) an einen zugelassenen Wildbearbeitungsbetrieb abgegeben wird, braucht das Fehlen bedenklicher Merkmale durch die „Kundige Person" nicht bescheinigt zu werden. Falls der Erleger nicht selbst den Nachweis über die „Kundige Person" nach der Verordnung (EG) 853/2004 erbringt, kann dies auch ein Teilnehmer der Jagdgesellschaft oder eine sonstige Person, die in unmittelbarer Nähe zum Jagdgebiet ansässig ist, z. B. der Jagdpächter, ein Jagdaufseher/ Berufsjäger oder Revierleiter sein, auch wenn er nicht selbst an der Jagd teilgenommen hat, aber die entsprechende Fortbildung nachweisen kann.

Bei der *Abgabe kleinerer Mengen* von erlegtem Wild *direkt an den Endverbraucher oder örtliche Betriebe des Einzelhandels* (z. B. Gastronomie oder Metzgerei) *zur unmittelbaren Abgabe an den Verbraucher* muss der Jäger nach § 4 der „Tierischen Lebensmittel-Hygieneverordnung (Tier-LMHV)" *ausreichend geschult* sein. Dies wird Jägern unterstellt, die ab 01. Februar 1987 die Jägerprüfung bestanden haben. Eine

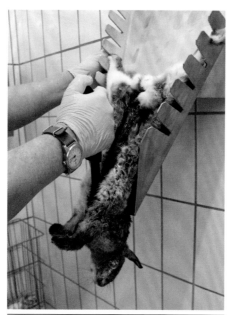

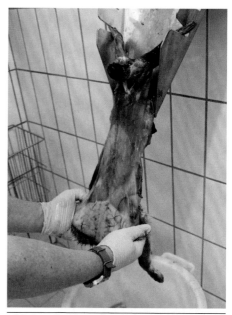

Aufbrechen bzw. Ausweiden eines kopfunter hängenden Kaninchens in der Wildkammer nach heutigen Hygienestandards

Abbalgen des Kaninchens. Die Zuhilfenahme einer Aufbrech-, Abbalg- und Zerwirkvorrichtung sollte heute ebenfalls Standard sein.

„kleine Menge" ist nach § 5 Abs. 2 Nr. 2 der Lebensmittelhygiene-Verordnung (LMHV) bzw. § 3 Abs. 2 Nr. 4 Tier-LMHV die Strecke

eines Jagdtages. Eine *lückenlose Dokumentation* der Rückverfolgbarkeit über die Abgabe von Wild oder Wildfleisch muss in jedem Fall vom Lebensmittelunternehmer vorgenommen werden. Diese muss auch auf Verlangen der Überwachungsbehörde vorgezeigt werden.

MINDESTKENNTNISSE

Die Verordnung (EG) 853/2004 stellt Anforderungen an den Mindestkenntnisstand des Jägers. Seine Kenntnisse müssen umfassen

– normale Anatomie, Physiologie und die Verhaltensweisen von frei lebendem Wild;

– abnorme Verhaltensweisen und pathologische Veränderungen beim Wild infolge von Krankheiten, Umweltverschmutzung oder sonstigen Faktoren, die die menschliche Gesundheit bei Verzehr von Wildbret schädigen können;

– Hygiene- und Verfahrensvorschriften für den Umgang mit Wildkörpern nach dem Erlegen, ihr Befördern, Ausweiden usw.;

– Rechts- und Verwaltungsvorschriften auf dem Gebiet der Gesundheit von Mensch und Tier und auf hygienerechtlichem Gebiet, die für das In-Verkehr-Bringen von Wildbret von Belang sind.

WILDVERSORGUNG

Nach Verordnung (EG) 853/2004 sind bei Großwild (Haarwild) nach dem Erlegen so bald wie möglich der Magen und die Gedärme zu entfernen, d. h. das Wild wird in der Praxis fachgerecht aufgebrochen. Ein Entbluten (Ausschweißen) des Wildes muss zuvor erfolgt sein! Wenn Kleinwild (Niederwild) an einen zugelassenen Wildbearbeitungsbetrieb vermarktet wird, kann diese Tätigkeit auch in diesem Betrieb erfolgen, was bei der Beizjagd aber sicherlich eine Ausnahme darstellt. Deshalb wird auch Kleinwild (Niederwild) ebenfalls so bald wie möglich fachgerecht aufgebrochen.

Fachgerechtes Auslösen des Kropfes inklusive Inhalts beim Federwild

Transport des gebeizten Wildes in der Falkner-weste mit Netztasche

Da je nach Wildart ca. 30 Minuten nach der Erlegung die Magen-Darmbarriere bricht, d. h. Keime aus dem Magen-Darm-Trakt in die Bauchhöhle gelangen, ist ein rasches Aufbrechen eine dringende Notwendigkeit für gute Wildbretqualität. Wenn beim Erlegen der Magen-Darm-Trakt verletzt wurde, empfiehlt es sich, sofort an Ort und Stelle aufzubrechen. Hier ist allerdings darauf zu achten, dass geeignete Arbeitsgeräte und weitere Hilfsmittel zur Jagd mitgenommen werden, um Verunreinigungen des Wildbrets und eine unnötige Keimbelastung auszuschließen. Das Mitführen eines Kanisters mit frischem Trinkwasser im Pkw ist deshalb unabdingbar. Vor dem Aufbrechen bzw. Ausweiden von Hasen und Kaninchen muss deren Blase gründlich ausgedrückt werden. Ansonsten besteht beim Öffnen der Bauchdecke mit dem Messer die Gefahr, dass das Organ verletzt wird und Harn auf das Wildbret gelangt. Es empfiehlt sich auch, beim Kaninchen gleich die Drüsen an der Innenseite der Keulen am

Schlossknochen zu entfernen. Wird das vergessen, führt es zu einer Geschmacksbeeinträchtigung beim Verzehr.
Bei unserem Federwild ist spätestens nach dem Rupfen oder Abbalgen mit einem Messer der Kropf zu entfernen.

BEDENKLICHE MERKMALE

Nach der Tier LMHV Anlage 4 ist beim Erlegen, Aufbrechen, Zerwirken und weiteren Behandeln auf Merkmale zu achten, die das Fleisch als gesundheitlich bedenklich (bedenkliche Merkmale) erscheinen lassen. Diese liegen vor bei
– abnormen Verhaltensweisen oder Störungen des Allgemeinbefindens;
– Fehlen von Anzeichen äußerer Gewalteinwirkung als Todesursache (Fallwild);
– Geschwülsten oder Abszessen, wenn sie zahlreich oder verteilt in inneren Organen oder in der Muskulatur vorkommen;
– Schwellungen der Gelenke oder Hoden, Hodenvereiterungen, Leber- oder Milzschwellung, Darm- oder Nabelentzündung, bei Federwild Entzündung des Herzens, des Drüsen- oder Muskelmagens;
– fremdem Inhalt in den Körperhöhlen des Wildes, insbesondere Magen- und Darminhalt oder Harn, wenn Brust- oder Bauchfell verfärbt sind;

– erheblicher Gasbildung im Magen- und Darmkanal mit Verfärbung der inneren Organe;
– erheblichen Abweichungen der Muskulatur oder der Organe in Farbe, Konsistenz oder Geruch;
– offenen Knochenbrüchen, soweit sie nicht unmittelbar mit dem Erlegen in Zusammenhang stehen;
– erheblicher Abmagerung;
– frischen Verklebungen oder Verwachsungen von Organen mit Brust- oder Bauchfell;
– Geschwülsten oder Wucherungen im Kopfbereich oder an den Ständern bei Federwild;
– verklebten Augenlidern, Anzeichen von Durchfall, insbesondere im Bereich der Kloake, sowie Verklebungen und sonstigen Veränderungen der Befiederung, Haut- und Kopfanhänge sowie Ständer bei Federwild;
– sonstigen erheblichen sinnfälligen Veränderungen außer Schussverletzungen.

Eingeweide, die mindestens eine dieser Veränderungen aufweisen, sind so zu kennzeichnen, dass die Zugehörigkeit zu dem betreffenden Wildkörper festgestellt werden kann. Sie müssen bis zum Abschluss der amtlichen Untersuchung beim Wildkörper verbleiben. In der Praxis entfällt i. d. R. eine amtliche Untersuchung und der Wildkörper wird unschädlich entsorgt.

WILDTRANSPORT

Erlegtes Wild wird während der Beizjagd entweder in der Falknertasche, dem Rucksack oder der Falknerweste mitgeführt. Hierbei ist darauf zu achten, dass es nicht verhitzt. Deshalb werden tunlichst nicht mehrere Stücke aufeinander in einem Behältnis aufbewahrt. Falknertaschen oder -westen mit Netztaschen zur Durchlüftung haben sich hier bestens bewährt. Bei schwülwarmer Witterung ist die Gefahr des Verhitzens besonders groß!

KÜHLUNG

Jedem Jäger, der ein Lebensmittel in Verkehr bringt, muss eine geeignete Kühlmöglichkeit zur Verfügung stehen. In dieser Kühlzelle oder auch einem Wildkühlschrank dürfen auf keinen Fall Stücke in der Decke, Balg, Federkleid neben Stücken ohne Decke etc. oder bereits zerwirktem Wildbret gelagert werden. Während der Beizjagd kann im Pkw eine Zwölf-Volt-Kühlbox mit regelbarer Temperatur mitgeführt werden, in der das Wild am Beiztag gekühlt werden kann.
Am Ende des Jagdtages sind die Wildkörper in eine Kühlzelle oder in einen Wildkühlschrank zu verbringen.

FLEISCHREIFUNG

Hängt Wild bei zu niedrigen Temperaturen beispielsweise im Freien, kann keine Fleischreifung stattfinden. Der Prozess der Fleischreifung, also die sogenannte „Säuerung", ist eine wichtige Voraussetzung für aromatisches und zartes Wildfleisch.

Die Reifung dient der Geschmacksbildung, erhöht die Zartheit des Fleisches und verlängert dessen Haltbarkeit durch die Absenkung des pH-Wertes. Allerdings kann es zu einer mangelhaften Reifung kommen, wenn das Tier vor dem Erlegen massiv unter Stress gesetzt wurde. Das kann z. B. infolge einer lang anhaltenden Verfolgung oder einer Hetze bei einer Nachsuche, Krankheit und Verhitzen des Wildes geschehen. Stress baut den Glykogenvorrat in den Muskeln des Wildes ab. Ein hoher Glykogengehalt in der Muskulatur ist aber eine wichtige Voraussetzung für eine

---

KERNTEMPERATUREN

Die Tier-LMHV definiert in Anlage 4 die Kerntemperaturen, auf die Wild „alsbald" herunterzukühlen ist:
Großwild (Haarwild): maximal +7°C,
Kleinwild (Niederwild außer Rehwild): maximal +4°C,
Nebenprodukte allen Wildes (Innereien), soweit sie zum Verzehr vorgesehen sind, müssen auf maximal +3°C gekühlt werden.

optimal verlaufende Fleischreifung. Als Faustregel für die Praxis gilt: Die Fleischreifung ist abgeschlossen, wenn sich die Totenstarre im Wildkörper wieder löst.

VERMARKTUNG UND RECHT

Jäger- und Falknerhaushalte zählen in aller Regel zu den Vielverzehrern in puncto Wildbret. Somit ist der Eigenbedarf für den häuslichen Ge- und Verbrauch in dieser Personengruppe am höchsten. Aber auch hier gelten die Vorschriften nach Tier-LMHV Abschnitt 1 des § 2b, nach denen die Wildkörper auf bedenkliche Merkmale untersucht werden müssen.

„WILDBEARBEITUNG"

In dem Moment, in dem ein Stück aus der Decke/Schwarte, Balg oder Federkleid befreit wird, findet eine „Bearbeitung" im juristischen Sinne statt. Jetzt ist der Jäger als Lebensmittelunternehmer nicht mehr in der Primärproduktion tätig. Für die fachliche Praxis bedeutet das: Für diese bzw. für die darauffolgende Tätigkeit des Zerwirkens muss eine nach der Verordnung (EG) 852/2004 Kapitel I und der LMHV registrierte Wildkammer zur Verfügung stehen, und in ihr müssen diese Arbeitsschritte erfolgen.

ANFORDERUNGEN AN DIE WILDKAMMER

Eine registrierte Wildkammer muss folgenden Mindestanforderungen genügen:
– Wände und Decken müssen hell, glatt und abwaschbar gestaltet werden. Als dauerhafte Lösung für den Wandbelag wird das Anbringen von Wandfliesen empfohlen. Im Bereich der Decke ist ein Anstrich mit wasserfester Farbe ausreichend. Schmutzansammlungen im Bereich der Decke und der Deckenkonstruktion sind zu vermeiden.
– Der Boden muss leicht zu reinigen sein, ggf. aus glattem, wasserundurchlässigem Beton

Hasen und Fasane sind Delikatessen. Gemäß Tier-LMHV muss das „Kleinwild" auf maximal +4° C Kerntemperatur heruntergekühlt werden.

bestehen. Als dauerhafte Lösung für den Fußbodenbelag wird das Aufbringen von Bodenfliesen empfohlen. Der Boden muss so beschaffen sein, dass Wasser leicht ablaufen kann. Es muss ggf. ein abgedeckter, geruchssicherer Abfluss vorhanden sein, der gewährleistet, dass der Zutritt von Schädlingen wirksam verhindert wird.
– Fenster und Türen müssen leicht zu reinigen sein. Fenster, die geöffnet werden können, sind mit Insektenschutzgittern zu versehen. Leicht zu reinigen sind Herstellungen aus Kunststoff oder abwaschbar beschichteten sonstigen Materialien. Dabei ist zu beachten, dass die Oberflächen instand gehalten sind und sich keine Materialien lösen.
– Es muss eine ausreichende Beleuchtung vorhanden sein, die Veränderungen des Wildfleisches erkennen lässt.
– Ein Handwaschbecken mit fließendem, warmem Wasser, einem Seifen- und Handtuchspender ist einzurichten. Empfohlen werden berührungslose Handwascharmaturen, um eine Rekontamination der Hände zu verhindern.

Die Wildkammer muss wildbrethygienerechtlichen Vorgaben genügen.

– Eine Einrichtung zum Reinigen der Arbeitsgeräte mit heißem und kaltem Wasser ist vorzusehen. Diese kann in Verbindung mit dem Handwaschbecken, z. B. durch eine Doppelspüle, eingerichtet werden.

– Ein Wasseranschluss, mit dem Kühlzelle bzw. Boden und Wände gereinigt werden können, z. B. ein separater Schlauchanschluss oder aber ein an den Wasserhahn anschließender Schlauchanschluss, ist vorzusehen. Das zu verwendende Wasser muss Trinkwasserqualität aufweisen.

– Für die Zerlegung des Wildes ist ein Bereich vorzusehen, der räumlich oder zeitlich getrennt vom Enthäuten zu benutzen ist. Der Zerlegetisch muss aus leicht zu reinigendem und zu desinfizierendem Material bestehen; ideal wäre ein Edelstahltisch mit Polyamid Schneidbrett.

– Abhängig von Größe und Anzahl des Wildes sind Gehänge bzw. Aufzüge vorzusehen, die ebenfalls aus Material bestehen müssen, das leicht zu reinigen ist.

– Die beim Enthäuten bzw. bei der Zerlegung erforderlichen Arbeitsgeräte (Messer, Zange, Säge, S-Haken, Zerwirkhilfe, Wildbretwannen, Schneidbrett usw.) müssen so aufbewahrt werden, dass sie keiner Kontamination ausgesetzt sind. Dies kann z. B. durch ein Magnetband für die Aufbewahrung der Messer bzw. ein sauberes Gefäß für die anderen Arbeitsgeräte erfolgen. Das saubere Aufhängen der Geräte ist ebenfalls denkbar.

– Zur ggf. Zwischenlagerung von Aufbruch bzw. Schwarte/Decke/Balg sowie verschmutztem oder blutigem Wildfleisch sind entweder separate Behältnisse (Plastiktonne mit Deckel) bzw. bei kleineren Mengen Müllbeutel, die nach dem Befüllen sofort verschlossen werden, vorzusehen.

WILDBRETREINIGUNG

Kurz zuvor aufgebrochene Wildkörper müssen – spätestens in der Wildkammer – mit Wasser in Trinkwasserqualität ausgewaschen werden. Bewährt hat sich hier eine Sparbrause, die über einen PVC-Schlauch mit Zulassung nach der „Food and Drug Administration (FDA)" angeschlossen ist. Mit deren weichem Strahl kann das Wildbret von eventuellen Verunreinigungen wie Haaren oder Gescheideinhalt, aber auch Schweiß schonend gereinigt werden. Schweiß im Wildkörper wirkt sich nicht negativ auf das Wildfleisch aus, ist aber Nährboden für Keime und sieht unschön aus.

PERSONALHYGIENE

Wer mit Wild- oder Wildfleisch in Berührung kommt, benötigt die Belehrung nach dem Infektionsschutzgesetz. In welchem Zustand auch immer das Wild vermarktet wird, diese Belehrung durch den Amtsarzt hat in jedem Fall zu erfolgen.

Da über die gesamte Produktionskette vom Aufbrechen bis zur Abgabe der Kleinmenge mehrere Arbeitsschritte erforderlich sind, ist hierbei auf absolute Hygiene zu achten. Wird im Revier aufgebrochen, ist deshalb dringend anzuraten, bei dieser Tätigkeit Einmalhandschuhe zu tragen.

DAS AUGE KAUFT MIT!

Beim Wildbretkauf durch Verbraucher ist zu bedenken: Das Auge kauft mit! Beim Enthäuten bzw. auch Rupfen von Wild ist penibel darauf zu achten, dass es möglichst nicht zu einem Kontakt des Wildbrets mit Haaren oder Federn kommt.

Da das Aufbrechen und das Enthäuten im hängenden Zustand sowohl aus ergonomischen als auch aus hygienischen Gründen als optimal gilt, müssen die Gerätschaften hierfür angepasst sein. Sauber vakuumverpacktes und etikettiertes Wildbret lässt sich zu einem guten Preis vermarkten und rückt den Stellenwert der Jagd in der Öffentlichkeit in ein positives Licht.

Der Endverbraucher erwartet hygienisch verpacktes und vakuumiertes Wildbret!

Autor Severin Wejbora mit Steinadler

DIE FALKNERSPRACHE

abhauben	dem Beizvogel die Haube abnehmen
abnehmen	den Beizvogel von Federspiel oder Beute auf die Faust nehmen
abnicken	Falke tötet seine Beute durch Genickbiss
abspinnen	mit einer Feder (Spinnfeder) den Beizvogel streicheln (abliebeln), um ihn mit Berührung bekannt zu machen
abspringen	wenn der Beizvogel von der Faust, Reck oder am Block/Sprenkel weg-springt
abtragen	bezeichnet den gesamten Prozess der Gewöhnung an den Falkner bis hin zur Jagd
anwarten	der Falke wartet an, wenn er hoch über dem Falkner oder dessen Hund im freien Luftraum ringholend auf Wild wartet
Anwarter	Beizvogel, der in vorstehend beschriebener (s. anwarten) Weise jagt
Ästling	junger Greifvogel, der fast völlig ausgefiedert ist und sich kurz vor dem Ausfliegen vorwiegend in Horstnähe (auf den Ästen) aufhält
atzen	dem Beizvogel Atzung (Futter) geben
Atzklaue	Klaue der vorderen Innenzehe des Fanges, die vorwiegend zum Festhalten der Atzung dient
Atzung	Futter/Nahrung des Beizvogels
aufatzen	dem Beizvogel seine Tagesration Futter geben
aufblocken	Beizvogel landet auf einer Sitzmöglichkeit (z. B. Ast, Block, Sprenkel etc.)
aufsteilen	Abfangen des Schwungs eines Stoßes durch fast senkrechtes Nach-oben-Fliegen, nach verfehltem Jagdflug auf Wild oder Federspiel
aufschirren	dem Beizvogel Geschüh, Bellen, Drahle, Adresstafel und Langfessel anlegen
aufstellen	einen Beizvogel neu anschaffen
aushorsten	einen jungen Greifvogel aus dem Horst entnehmen
Badebrente	flache Wasserschale zum Baden und Schöpfen
Balg	nicht zu hart ausgestopfter Hasen-, Kaninchen- oder Fuchsbalg zum Trainieren des Beizvogels
ballieren	wenn der Falke auf der Faust oder dem Block ausdauernd mit den Schwingen schlägt (Zeichen von Fluglust)
Beck	Schnabel des Beizvogels
beireiten	Rückkehr des Beizvogels zur Faust, zum Federspiel oder zum Balg
Beize, Beizjagd	die Jagd mit abgetragenen Greifvögeln auf frei lebendes Wild in seinem natürlichen Lebensraum
Beizvogel	der zur Jagd abgetragene Greifvogel
Bell	ein Glöckchen (Rolle oder Schelle) am Ständer des Beizvogels
binden	wenn der Beizvogel die Beute ergreift und festhält
bisstötend	die Beute mit dem Schnabel durch Genickbiss töten (Falken)
Blaufußfalken	Junge Saker-, Lanner- und auch Gerfalken werden so genannt, weil sie in der Jugend blaue Fänge haben.
blaujagen	wenn der Beizvogel allein jagt
Block	Aufsitzmöglichkeit für Beizvögel
Blume	hell gefärbte Endspitzen der Stoßfedern

Brehlriemen	schmaler Lederriemen mit Längsschlitz zum Fixieren der Flügel am Körper eines nervösen oder verletzten Beizvogels; heute kaum noch verwendet
Bruck	die Unterschwanzdeckfedern des Beizvogels
Cadge/Cage	quadratisches oder rechteckiges Tragegestell für mehrere verhaubte Falken
Dach	Rücken des Beizvogels
Deckpennen	die beiden mittleren Federn am Stoß/Staart des Beizvogels
Diehn	Oberschenkel des Beizvogels
Drahle	nicht rostender Metallwirbel aus zwei gegeneinander drehenden Ringen
Dunenkleid	watteähnliche, weiße Flaumbefiederung bei Jungvögeln, bevor sich Federn ausbilden
Durchgang	Aufsteilen beim Federspieltraining nach dem Anflug auf das entzogene Federspiel
einholen	den Beizvogel vom Freiflug zurückholen
einstellen	den Beizvogel auf eine bestimmte Wildart abtragen
Fahne	am Federkiel beidseitig abstehende Strahlen, die die eigentliche Feder bilden
Falknersheil	Gruß der Falkner
Fang/Fänge	allgemein Fuß oder Füße bei Greifvögeln
Fangklaue	Klaue an der Hinterzehe
Faustfalke	Falke, der von der Faust aus Wild anjagt
Federspiel	lederne Attrappe, auf der früher beiderseits Vogelflügel angebracht waren (heute verzichtet man aus hygienischen Gründen darauf, dient zum Einholen des Beizvogels nach erfolglosem Jagdflug)
Finger	Zehen der Falken
Flaggen	Schulterfedern zwischen Flügel- und Rückenfedern
Flug	Vogel vom ersten Flug ist ein Jungvogel, der im ersten Lebensjahr geflogen wird, Vogel vom zweiten Flug ist ein einjähriger Vogel, der im zweiten Lebensjahr als Beizvogel geflogen wird usw.
Flugdrahtanlage	Halteeinrichtung für Beizvögel während der Beizsaison mit größerer Bewegungsfreiheit
Freie Folge	Folgen des Habichts, Sperbers oder Adlers von Baum zu Baum über dem Falkner
Freigehege	ein Gehege im Garten, das vollständig mit einem Netz umspannt ist, auch von oben, damit der Beizvogel im Freien stehen kann und vor Gefahren geschützt ist
Füße	Fänge der grifftötenden Greifvögel (z. B. Habicht)
geatzt	gefüttert
Geschirr	umfasst alle Utensilien zur fachgerechten Ausstattung, die am Beizvogel angebracht werden
Geschüh	Lederriemchen an den Füßen des Beizvogels
Gewölle	Speiballen von unverdaulichen Atzungsresten (Federn, Haare, manchmal auch Knochen)
grifftötend	Beute mit den Fängen töten (z. B. Habicht/Adler)
Grimale	lückenhafte Querlinien in den Schwung- oder Staartfedern, die durch Stress oder unzureichende Ernährung beim Federwachstum entstehen
grimmen	ruckartiges Krampfen (Zudrücken) der Fänge des Beizvogels auf der Beute oder auf der Faust

Großgefieder	Hand-, Armschwingen und Schwanzfedern
Habichtler	Falkner, der mit dem Habicht jagt
Hände	Füße der bisstötenden Beizvögel (Falken)
Hagard	Wildfang im Alterskleid
Halteklauen	Klauen der Mittel- und Außenzehen der Greifvogelfänge
Haube	Lederkappe, die dem Beizvogel über den Kopf gesetzt wird, um optische Reize zu unterbinden
heben	das Wild durch den vorstehenden Hund oder den Falkner zum Auffliegen bringen
Hoher Flug	Beizjagd mit dem Falken, der die Beutevögel übersteigt und sie aus dem Stoß heraus zu schlagen versucht, Anwarten, Jagd aus dem freien Luftraum
Holländische Haube	Haube, aus drei Lederstücken geschnitten und vernäht (europäische Haube)
Horst	Nest der Greifvögel
Hosen	Befiederung an den Schenkeln der Greifvögel
Indische Haube	aus einem Stück geschnittene und vernähte Falkenhaube
Jerkin	männlicher Gerfalke
kämmen	Hinwegstreichen über das Federspiel, den Balg oder das Wild, meist bei zu hoher Kondition
Kalter Flügel	fast fleischloser Hühner- oder Taubenflügel, der den Beizvogel lange beschäftigt bei der Futteraufnahme und hilfreich beim Vertrautmachen von neuen Situationen ist
kleben	Beizvogel, der nicht vom Falkner wegfliegen will
kneten	ruckartiges, festes Zugreifen der Grifftöter (Habicht, Adler) auf Beute oder Attrappe, ausgelöst durch Bewegung oder Klagelaute (vgl. grimmen)
Kompaniefalken	Falken, die zu zweit abgetragen werden und gemeinsam auf Wild jagen
Kondition	Form der körperlichen und mentalen Verfassung des Beizvogels
Kopfgriff	Greifen und Halten der Beute am Kopf, bei Habichten und Adlern erwünscht
Krakel	T-Perch-ähnliche, aber deutlich kleinere Vorrichtung, die dem Abstellen des Beizvogels oder dem Abstützen des Arms dient
kröpfen	aktive Nahrungsaufnahme der Beizvögel
Krücke	Sitzgelegenheit für Beizvögel
Kurzfessel	kurzer Lederriemen, der mittels zweier Drahlen zwischen Geschüh und Langfessel angebracht wird, um dem Habicht oder Sperber auf der Hohen Reck mehr Bewegungsspielraum zu geben, damit der längere Staart keinen Schaden nimmt
lahnen	Bettelgeschrei junger Greifvögel
Langfessel	Lederriemen oder geflochtene Nylonschnur zum Befestigen der Beizvögel an Block, Sprenkel oder Hoher Reck
lange Penn	längste Schwungfeder des Flügels (zweite Handschwungpenne)
Lanneret	männlicher Lannerfalke
Lapard	nach dem 31.12. gefangener Wildfang im Jugendkleid
leiten	Wegtragen leichter Beute oder Federspiel durch den Beizvogel
locke	der Beizvogel ist vertraut mit seinem Falkner, er ist zahm

Lockschnur	lange, dünne, leichte und reißfeste Schnur, die man dem noch nicht sicheren Beizvogel bei Beireiteübungen anlegt
lüften	Beizvögel, die am Block/Sprenkel das Gefieder sträuben und die Schwingen öffnen, damit Luft und Sonnenlicht eindringen können, um sich anschließend ausgiebig der Gefiederpflege hinzugeben
madriert	mehrfach vermausert
manteln	Abschirmen oder Abdecken der Beute durch Ausbreiten der Schwingen und Fächern des Stoßes (resultiert aus Abtragungsfehlern bei zu schnellem Abnehmen von Beute oder Federspiel)
Mauser	Gefiederwechsel
Mesken	die vier kleinen Daumenfedern, die am äußeren Flügelknochen sitzen
Motivation	Handlungsbereitschaft des Beizvogels
Nestling	junger Greifvogel, der sich noch im Horst (Nest) befindet
niederschlagen	wenn der Beizfalke seine Beute durch die Wucht seines Stoßes so hart mit seinen Fängen trifft, dass sie zu Boden fällt (im Gegensatz zu binden)
Passagier	ein Wildfang im Jugendkleid, der im Herbst auf dem Durchzug (Passage) gefangen wird
Pennen	die zehn großen Handschwungfedern (Schwungpennen) und die zwölf Schwanzfedern (Stoß- oder Staartpennen)
punkten	wenn ein Beizvogel ein Beutetier verfolgt und durch plötzliches Aufsteilen anzeigt, wo es in der Deckung eingefallen ist
Reck	eine in Brusthöhe angebrachte Stange mit „Recktuch", auf der der Beizvogel abgestellt werden kann
Recktuch	unter der Reckstange gespanntes Tuch, welches das Durchschwingen des Beizvogels auf der Reck verhindert
ringholen	Kreisen des Falken über dem Falkner
Rönne	aufgestelltes Fangnetz zum Fang verstoßener Beizvögel
Rotfalke	Falke im Jugendkleid
Rothabicht	Habicht im Jugendkleid
Rundreck	von Renz Waller konstruierte runde Form der Reck
Sakret	männlicher Sakerfalke
Säule	die äußerste (erste) der zehn Handschwungpennen
schlagen	Ergreifen eines Beutetiers
schiften	Wiederherstellen einer abgebrochenen Schwungpenne mittels einer Schiftnadel
Schiftnadel	kleine, dreikantige oder gewellte Nadel aus Metall, Bambus oder Glasfieber mit gespitzten Enden zum Verbinden der Federn
Schleppe	mit Fleisch bestückter Kaninchen-, Hasen- oder Fuchsbalg, der mit einer langen Leine über den Boden gezogen wird, um den Beizvogel (Habicht, Adler) damit heranzulocken
Schmelz	Exkremente (Kot und Urin) der Greifvögel
schöpfen	das Trinken der Beizvögel
schweimen	das Hochsteigen und Abtreiben lassen in der Thermik bei warmem, sonnigem Wetter
Schwingen	Flügel der Greifvögel
sperren	Öffnen des Schnabels bei Stress, Überhitzung oder Überanstrengung

springen	durch Unruhe oder Angst verursachtes Wegspringen
Sprinz	männlicher Sperber
Sprenkel	bogenförmige Aufsitzmöglichkeit für Beizvögel
Staart	Schwanz des Beizvogels (bei Habichtartigen)
Ständer	Beine der Greifvögel
stehen	Beizvögel stehen auf der Faust
Stoß	Schwanz des Beizvogels (bei Falkenartigen)
stoßen	Beizfalken stoßen auf Wild, um es zu schlagen (fangen)
Terzel	männlicher Beizvogel (in der Regel ein Drittel kleiner als die Weiber)
tief	ein Beizvogel in schlechter körperlicher Verfassung
trocken	junger Greifvogel, dessen Federwachstum abgeschlossen ist, der also keine Blutkiele mehr hat
Trosch	Federbusch auf der Falkenhaube
über Wind	gegen den Wind
unter Wind	mit dem Wind
verbinzt	wenn Federn an den Spitzen beschädigt sind (abgestoßen)
verdrucken	das Drücken der Atzung vom Kropf in den Magen
verhauben	den Beizvogel die Haube über den Kopf aufsetzen
verstoßen	„verstoßen" hat sich ein Beizvogel, der weggeflogen und nicht auffindbar ist
verwerfen	Auswerfen der Atzung
voller Kropf	den Beizvogel voll belohnen, sodass der Kropf stark sichtbar ist
Vorlass	lebende Beutetiere zum Einjagen oder Zurückholen des Beizvogels in früherer Zeit (dieses Vorgehen ist heute nicht mehr erlaubt, nur bereits tote Tiere dürfen verwendet werden!)
Wachshäute	federlose, meist gelb gefärbte Hornhäute am Schnabelgrund und an den Füßen der Greifvögel
Wannen	die zehn Schwungfedern am Unterarm des Greifvogels
Warte	erhöhter Platz, auf den sich der Beizvogel stellt, um Beute zu machen
werfen	den Beizvogel von der Faust freilassen
Wildfang	für Beizzwecke gefangener Greifvogel, der zuvor schon selbstständig gejagt hat
Wildflug	Ästling oder Nestling, der so lange frei fliegen darf, bis er vom Falkner wieder eingefangen wird
Zieget	s. kalter Flügel

Dach (Rücken)

Deckschwingen

Mesken
Alula
Daumen

Mitteldecken

Bug

Armgefieder — Nacken

Hinterkopf

Scheitel

Stirn — Beck

Telemetriesender befestigt mit
Rucksack Montage

Deckwannen

Rechte Staartdecke

Linke Staartdecke

Staudfedern

Flaggen

Blume

Armschwingen
(Wannen)

Handschwingen
(Schwungpennen)

(8.) Vorlange Penn

(9.) Lange Penn

(10.) Säule

ACHTUNG!!
Die ornithologische Zählweise für Handschwingen (Schwungpennen) und Armschwingen (Wannen) beginnt jeweils beim Hand-
gelenk und verläuft daher bei den Handschwingen von innen nach außen und bei den Armschwingen von außen nach innen.
Dementsprechend ist bei dieser außerhalb der Falknerei allgemein üblichen Vorgehensweise die Säule Nummer 10., die lange Penn
Nummer 9. usw. Hingegen gibt es bei der Zählweise der Wannen keine Abweichungen.

Juveniler Wanderfalke, Draufsicht

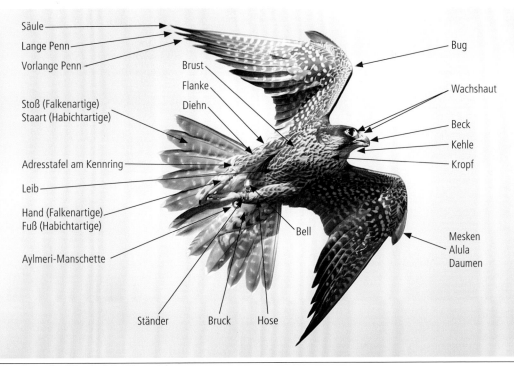

Säule

Lange Penn

Vorlange Penn

Brust

Flanke

Diehn

Stoß (Falkenartige)
Staart (Habichtartige)

Adresstafel am Kennring

Leib

Hand (Falkenartige)
Fuß (Habichtartige)

Aylmeri-Manschette

Ständer   Bruck   Hose

Bell

Bug

Wachshaut

Beck

Kehle

Kropf

Mesken
Alula
Daumen

Juveniler Wanderfalke, Untersicht

KOPFBEZEICHNUNGEN

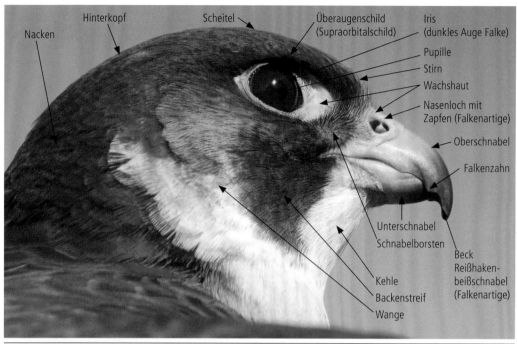

Nacken · Hinterkopf · Scheitel · Überaugenschild (Supraorbitalschild) · Iris (dunkles Auge Falke) · Pupille · Stirn · Wachshaut · Nasenloch mit Zapfen (Falkenartige) · Oberschnabel · Falkenzahn · Unterschnabel · Schnabelborsten · Kehle · Backenstreif · Wange · Beck Reißhaken- beißschnabel (Falkenartige)

Porträt Wanderfalke, adult

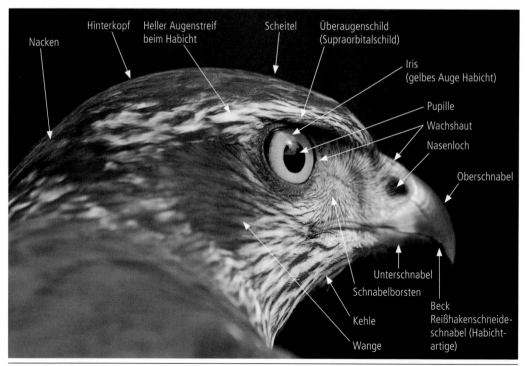

Nacken · Hinterkopf · Heller Augenstreif beim Habicht · Scheitel · Überaugenschild (Supraorbitalschild) · Iris (gelbes Auge Habicht) · Pupille · Wachshaut · Nasenloch · Oberschnabel · Unterschnabel · Schnabelborsten · Kehle · Wange · Beck Reißhakenschneide- schnabel (Habicht- artige)

Porträt Habicht, adult

214

Reißhakenbeißschnabel
(Falkenartige)

Atzklaue
am Atzfinger

Mittelklaue am Mittelfinger

Atzklaue am Atzfinger

Außenklaue am Außenfinger

Fangklaue am Fangfinger

Mittelklaue am Mittelfinger

Außenklaue am Außenfinger

Fangklaue am Fangfinger

Diehn

Hand (Falkenartige)
Fuß (Habichtartige)

Hose

Fänge des Gerfalken

DIE AUTOREN

An diesem Buch arbeiteten neben Herausgeberin Elisabeth Leix weitere Verfasser und ausgewiesene Experten des jeweiligen Fachgebietes bzw. Kapitels mit. Ihnen dankt auch der KOSMOS-Verlag herzlich:

Die Geschichte der Falknerei (S. 6–13) verfasste **Hans-Albrecht Hewicker**

Rechtsgrundlagen (S. 14–25) verfasste **André Knapheide**

Schutz und Förderung von Greifvögeln (S. 26–41) verfassten **Hans-Albrecht Hewicker** und **Elisabeth Leix**

Equipment für Beizvögel und Falkner (S. 42–65) verfasste **Elisabeth Leix**

Haltung, Pflege und Gesundheitsvorsorge (S. 66–95) verfasste **Prof. Dr. Michael Lierz**

Biologie, Allgemeines und Trainingsmethoden (S. 96–114) verfassten **Elisabeth Leix** und **Prof. Dr. Thomas Richter**

Abtragen und Beizjagd mit Vögeln vom Hohen Flug
   – *Wanderfalke* (S. 115–128) verfasste **Elisabeth Leix**
   – *Gerfalke* (S. 129–139) verfasste **Klaus Leix**

Abtragen und Beizjagd mit Vögeln vom Niederen Flug
   – *Habicht* (S. 140–151) verfasste **Jörg Frye**
   – *Sperber* (S. 152–156) verfasste **Bernd Pöppelmann**
   – *Steinadler* (S. 157–167) verfasste **Reiner Gulyasch**
   – *Harris Hawk* (S. 168–181) verfasste **Claas Niehues**

Ethik, Tierschutz und Wildversorgung
   – *Ethik* (S. 183–185) verfasste **Prof. Dr. Thomas Richter**
      Tierschutz (S. 186–192) verfassten **Prof. Dr. Thomas Richter** und **André Knapheide**, das Schaubild *Tierschutzethik* (S. 187) **Prof. Dr. Thomas Blaha**, **Prof. Dr. Peter Kunzmann** und **Prof. Dr. Thomas Richter**

Wildbrethygiene (S. 193–199) verfasste **Severin Wejbora**

Die Falknersprache (Glossar S. 200–204) verfasste **Elisabeth Leix**

REGISTER

ZUM WEITERLESEN

Bednarek, W. (1996): Greifvögel – Biologie, Ökologie, Bestimmen, Schützen. Landbuch, Hannover.

Bergmann, H-H. (2015): Die Federn der Vögel Mitteleuropas: Ein Handbuch zur Bestimmung der wichtigsten Arten; Aula-Verlag, Wiebelsheim.

Brüll, H. (1999): Das Leben europäischer Greifvögel: Ihre Bedeutung in den Landschaften. 4. Aufl., Spektrum Akademischer Verlag, Wiesbaden.

Bundesministerium für Ernährung und Landwirtschaft (1995): Gutachten Mindestanforderungen an die Haltung von Greifvögeln und Eulen. Bundesministerium für Ernährung, Landwirtschaft und Forsten, Bonn.

Deutscher Falkenorden: Die Jahrbücher des Deutschen Falkenordens, 1930–1988, Greifvögel und Falknerei. Neumann-Neudamm, Morschen–Heina 1988–2020

Hentschel, P. (2010): Beizjagd: Eine praktische Anleitung zur Haltung, zum Abtragen und zur Jagd mit dem Habicht. 2. Aufl., Peter N. Klüh Verlag, Darmstadt.

Hiebeler, J. (2012): Der Steinadler in der Falknerei. Neumann-Neudamm, Melsungen.

Hirt, Maisack, Moritz (2016): Tierschutzgesetz, Kommentar. 3. Auflage, Verlag Franz Vahlen, München.

Hussong, K. (2015): Falknerprüfung – Leitfaden zur Vorbereitung. 7. Aufl., Fürth/Bay.

Lierz, M. (2003): Erste Hilfe bei der Beizjagd. Tinnunculus, 15, 57–60.

Lierz, M., H.M. Hafezr. Korbel, M. Kraurwald-Junghanns, N. Kummerfeld, S. Hartmann und T. Richter (2010): Empfehlungen für die tierärztliche Bestandsbetreuung und die Beurteilung von Greifvogelhaltungen. Tierärztliche Praxis (K), 38: 313–324.

Martin, W. (1998): Faszination Beizjagd. L. Stocker, Graz.

Mavrogordato, J. (2001): Ein Beizvogel fürs Gebüsch. Peter N. Klüh Verlag, Darmstadt.

Mebs, T., Scherzinger, W. (2020): Die Eulen Europas: Biologie, Kennzeichen, Bestände. 3. Aufl., Kosmos, Stuttgart.

Mebs, T., Schmidt, D. (2014): Greifvögel Europas, Nordafrikas und Vorderasiens – Biologie, Kennzeichen, Bestände. 2. Aufl., Kosmos, Stuttgart.

Richter, T., S. Kunzmann, S. Hartmann und T. Blaha (2012): Wildtiere in Menschenhand - Überlegungen zum moralisch-rechtlichen und biologischen Status von Wildtieren. Deutsches Tierärzteblatt, 11: 1550–1553.

Schlegel, H., A.H. Verster de Wulverhorst: Traité de Fauconnerie. Leiden et Düsseldorf 1844–1853. Peter N. Klüh Verlag, Darmstadt.

Schöneberg, H. (2009): Falknerei – Der Leitfaden für Prüfung und Praxis. 3. Aufl., Peter N. Klüh Verlag, Darmstadt.

Schuster, J. (2006): Die Krähenbeize, Peter N. Klüh Verlag, Darmstadt.

Stauffacher, M. (1993): Refinement bei der Haltung von Laborkaninchen. Sonderdruck aus Der Tierschutzbeauftragte.

Tschanz, B. (1984): Artgemäß und verhaltensgerecht – ein Vergleich. Der prakt. Tierarzt 3/1984: 211–224.

Tugendhat, E. (1997): Wer sind alle? In: Krebs, A.; Naturethik. Grundtexte der gegenwärtigen Tier- und ökoethischen Diskussion. Suhrkamp, Frankfurt a. M., S. 100–110.

Weick, F. (1980): Die Greifvögel der Welt. Paul Parey, Berlin.

Willemsen, C. A. (1964): Über die Kunst, mit Vögeln zu jagen, Kaiser Friedrich II. (3 Bände). Insel, Frankfurt. Peter N. Klüh Verlag, Darmstadt 2001.

BILDNACHWEIS

IMPRESSUM

Umschlaggestaltung von Gramisci Editorialdesign, München, unter Verwendung zweier Farbfotos von Klaus Leix

Mit 213 Farbfotos, 3 Farbzeichnungen und 2 Schwarzweißzeichnungen

Unser gesamtes Programm finden Sie unter **kosmos.de.**
Über Neuigkeiten informieren Sie regelmäßig unsere
Newsletter, einfach anmelden unter **kosmos.de/newsletter**

Gedruckt auf chlorfrei gebleichtem Papier

© 2021, Franckh-Kosmos Verlags-GmbH & Co. KG,
Pfizerstraße 5–7, 70184 Stuttgart.
kosmos.de/servicecenter
Alle Rechte vorbehalten
Wir behalten uns auch die Nutzung von uns veröffentlichter Werke
für Text und Data Mining im Sinne von §44b UrhG ausdrücklich vor.
ISBN 978-3-440-17178-3
Redaktion: Ekkehard Ophoven
Gestaltungskonzept: Peter Schmidt Group GmbH, Hamburg
Gestaltung und Satz: typopoint GbR, Ostfildern
Produktion: Angela List
Druck und Bindung: Westermann Druck Zwickau GmbH
Printed in Germany / Imprimé en allemagne